En Cambio

EnCambio

Aprende a modificar tu cerebro para cambiar tu vida y sentirte mejor

ESTANISLAO BACHRACH

Grijalbo

EnCambio
Aprende a modificar tu cerebro
para cambiar tu vida y sentirte mejor

Primera edición en Argentina: agosto, 2014
Primera edición en México: febrero, 2015

www.megustaleer.com.ar

www.megustaleer.com.mx

Comentarios sobre la edición y el contenido de este libro a:
megustaleer@penguinrandomhouse.com

ISBN 978-607-312-882-7

Impreso en México/*Printed in Mexico*

Dedicado a Vicky, Uma y Valentín,
mis verdaderos impulsores del cambio.

A Joaco, Ale y mis padres, Silvia y Goyo.
A mis amigos Fer, Lucas, Dani y Gastón.
A Jorge Bracco.

Agradecimiento:
A Flor Cambariere, Juan Pablo Cambariere y Max Aguirre.
A Nano, Guso, Vale, Viki y Ailín:
Creative Brains at Work (www.cbatwork.com).

Índice

Capítulo 3. Preparándote para el cambio

Segunda parte. De mente somos

Capítulo 4. Expectativas

Capítulo 5. Experiencias

Capítulo 6. Atención positiva: tu mejor aliada

Capítulo 7. El poder de vetar

PRÓLOGO

Voy a empezar por contarte una historia personal. Durante mis años de estudiante de biología molecular en la Universidad de Buenos Aires, tenía una sola meta, llegar al lugar más alto al que un científico podía aspirar: Harvard. Cada año, desde el inicio hasta los últimos finales, fui alimentando ese objetivo con inquebrantable afán.

Luego de quince años de estudios ininterrumpidos, estaba en ese preciso lugar al que había aspirado. En 2005, ya llevaba cuatro años totalmente asentado en Boston. Alquilaba un pequeñísimo departamento victoriano cerca de Harvard Square, circulaba con mi bici por toda la ciudad, tanto en los veranos húmedos de más de treinta grados como en los tremendos inviernos de veinte bajo cero. Viajaba seguido a congresos por todo el mundo, tenía más de cien bibliotecas a mi disposición –el sueño de un verdadero *nerd*– y alrededor de quince seminarios distintos por día para elegir. Bono, Michael Crichton, Pedro Almodóvar o el Dalai Lama, entre otros, estaban, de algún modo, a nuestra disposición. Yo daba clases por la noche en el Science Center de Harvard y mis estudiantes de diferentes nacionalidades, culturas y religiones me elegían cada semestre como mejor profesor. Por el lado de mi trabajo de investigación, poseía una beca posdoctoral del Howard Hughes Medical Institute para colaborar con la difícil tarea de encontrar alguna cura, o al menos

una mejora, en la calidad de vida de pacientes con distrofia muscular de Duchenne. A pesar de lo increíble de ese momento, tenía un mal sueldo y una débil seguridad laboral, pero con el sabor del sueño cumplido por estar en la meca de la ciencia y la academia.

Sin embargo, cada vez me costaba más ir a trabajar, dialogar con mis colegas, pensar los experimentos y pasar horas bajo el microscopio buscando fibras musculares fluorescentes. No podía quejarme, estaba en Harvard. No obstante, algo sucedía que me hacía dudar de si estaba donde *quería* estar o donde *debía* estar. Un día que no olvidaré jamás, se acercó mi jefe y me ofreció una de las mejores ofertas a las que un científico de carrera puede aspirar. Quería ascenderme a un cargo oficial y de por vida en la universidad y en el hospital donde trabajaba, el Children's Hospital. Es decir, se terminaba mi inseguridad laboral y mi sueldo se cuadriplicaba. Era la oportunidad de mi vida, el gran cambio que necesitaba, a un paso de hacerse realidad. La lista de pros y contras era absolutamente dispareja. Al menos, la lista racional. Casi no había contras. Pero algo muy dentro de mí me despistaba, me hacía sentir inseguro, simplemente me decía: "No siento que sea lo que quiero" (atención al verbo "sentir"). A pesar de ello, evité escuchar(me), hasta que mi cuerpo empezó a enfermar.

Todo comenzó con unas espantosas migrañas que me nublaban la vida, ataques de ansiedad y unos dolores abdominales tremendos. Pero en realidad no estaba enfermo. Era simplemente la forma que había encontrado mi

cabeza para obligarme a recalcular. Y luego de diez meses de soportar con el cuerpo lo que mi mente no aceptaba, exclamé con una seguridad que nunca antes había experimentado: "No quiero vivir en Estados Unidos, no quiero ser un biólogo haciendo experimentos en un laboratorio. Me vuelvo a mi país. ¡Adiós, Harvard!" Inmediatamente después de esa decisión, mis dolores se fueron calmando como si me hubiesen dado la medicina esperada, hasta que se fueron por completo tres años más tarde, cuando ya estaba de vuelta en Buenos Aires.

Después de esa experiencia, me volví un experto en el arte de cambiar. Como me gusta decir, pasé a ser mi primer conejillo de Indias en todo lo que enseño, tanto en la universidad como en las organizaciones donde trabajo hace cinco años. Experto en abandonar lugares en los que ya no quiero estar, pero, sobre todo, en advertir cuáles son. Un gran trabajo de autoconocimiento gracias a terapia, meditación, correr y saber parar la pelota de vez en cuando. En esto último tengo mucho por mejorar.

Vivimos queriendo cambiar aspectos de nosotros mismos que no nos hacen felices. "Empiezo la dieta el lunes"; "Sé que no es la persona para mí"; "Quiero aprender a nadar"; "Me gustaría ser distinto en el trabajo"; "Si me animara a tomar ese avión..." A veces lo intentamos, otras nos da tanto miedo el fracaso que nos quedamos a mitad de camino o ni siquiera empezamos, y luego nos culpamos y castigamos por no generar el cambio tan deseado.

¿Por qué los cambios nos cuestan tanto? En los últimos años, investigadores de las más variadas disciplinas,

desde la neurociencia, sociología y psicología hasta el *management*, nos han confirmado lo que todos nosotros sabemos muy bien: el cambio es difícil. Y esto es una verdad. El cambio es, al mismo tiempo, delicado, frágil, caótico y complejo. Una de las razones principales de esta dificultad es que los sistemas complejos, como la mente humana, tienden a la homeostasis, es decir, a equilibrar el movimiento en una sola dirección, con mínimos movimientos compensatorios en la dirección opuesta. En otras palabras, si te sientes confortable con tus pensamientos, emociones y comportamientos, entonces eres *consistente* como persona. Pero si no, entras en conflicto. **Cambiar muchas veces implica entrar en conflicto.** Esto significa admitir que comportamientos de tu pasado estaban mal o simplemente no te hacían feliz, y esta ruptura con el pasado es un gran disparador de ansiedad. Ansiedad que se establece por la inconsistencia entre lo que hiciste –o cómo lo hiciste– en el pasado y tus nuevas creencias del presente. Si eres de los que creen que siempre todo tiene que "estar bien", o que siempre debes de "tener razón", entonces lo más importante para ti es que estés simplemente "bien". Pero muchas veces eso va en detrimento de tu felicidad, como me sucedió durante mis últimos años en Boston. Cambiar es aceptar que no siempre vas a estar bien, ni siempre vas a tener razón ni siempre vas a querer lo mismo para tu vida porque, por suerte, vamos evolucionando.

EnCambio te va a explicar cómo funcionan tu mente, tus pensamientos y tus emociones, con la intención

de que te conozcas más a ti mismo. Porque ese conocimiento te permitirá producir cambios en el nivel cerebral, y eso implica cambiar. Creo firmemente que es a través del conocimiento profundo de tu cerebro que vas a poder modificar conductas y ciertos hábitos que no te dejan ser feliz. Así como te enseñé en *ÁgilMente*, las neurociencias están pasando por un gran momento, y de los hallazgos científicos podemos extraer excelentes herramientas para vivir mejor y para construir una especie de manual de instrucciones de nuestro cerebro.

Nuestra subjetividad, tan propia del ser humano, nos hace únicos. Y el mundo interno que todos tenemos en nuestra cabeza es un lugar exquisito, muy fértil, lleno de pensamientos, emociones, recuerdos, sueños, esperanzas y deseos. Pero también puede ser un lugar tumultuoso, agitado, con miedos, arrepentimientos, pesadillas, penas y terrores. Todos nos hemos sentido sobrepasados alguna vez y dominados por estas últimas sensaciones. Algunas de ellas son pasajeras: una pelea con alguien que estimas, un mal día en el trabajo, ansiedad ante un examen, incluso a veces no puedes explicar por qué ese día, o esa noche, te sentías así. Y otras sensaciones parecen destinadas a convertirse en parte de tu esencia, de tu carácter, incluso de tu personalidad, y todo esto, sin que te des cuenta. Te dices que no puedes cambiar, que eres así. Es como si estuvieras en piloto automático, comportándote y reaccionando ante las diversas situaciones de tu vida siempre igual, o de manera muy parecida, casi sin pensar. **Esto no es casual.** Estas reacciones automáticas son deter-

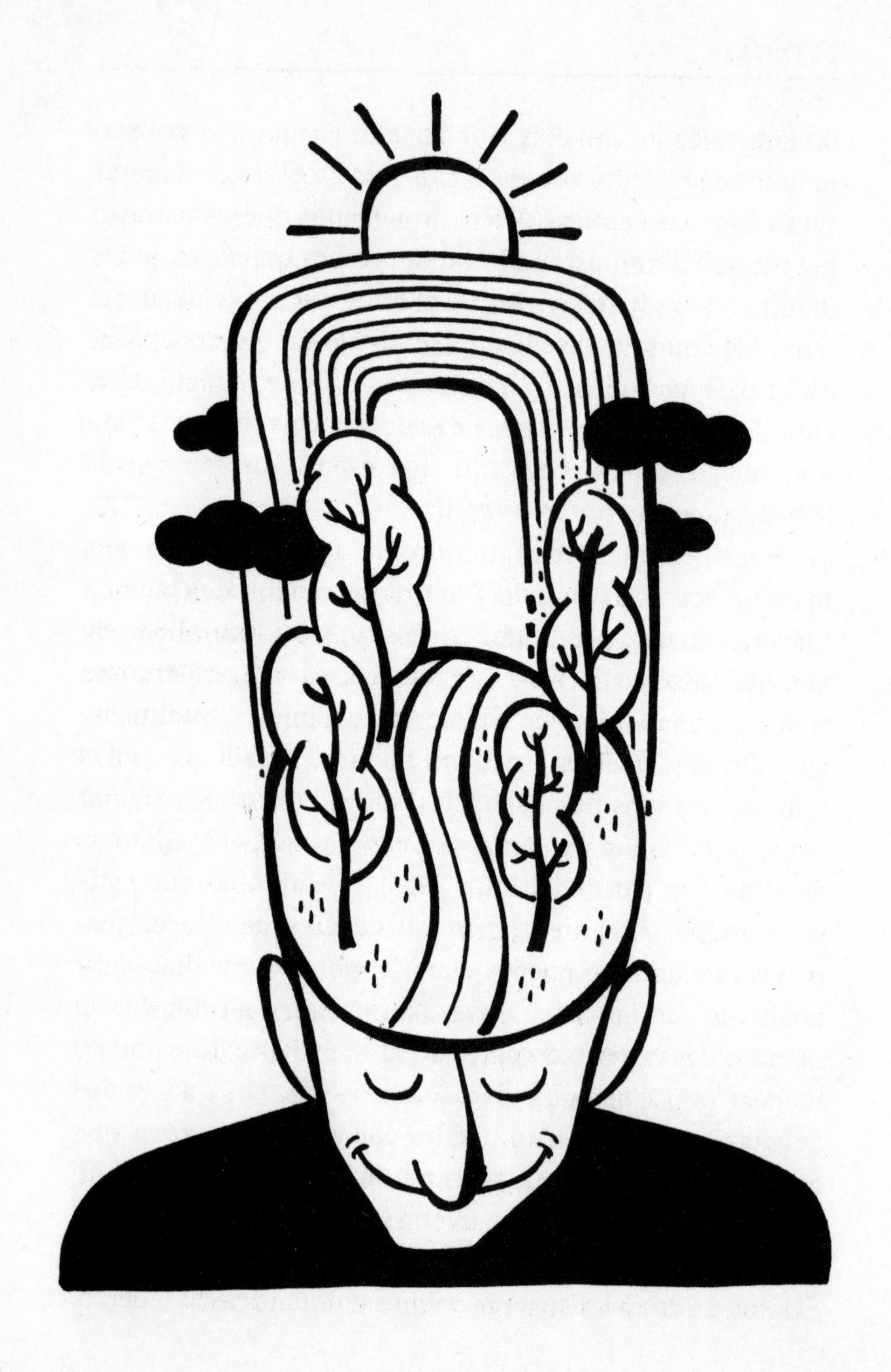

minadas por patrones cerebrales que vas construyendo a lo largo de tu vida. Como las piezas de un dominó, arman una especie de reacción emocional en cadena. Ante disparadores y eventos similares, tiendes a reaccionar igual. Y cuando tienes el tiempo de mirar hacia atrás, te das cuenta de que esas reacciones ya no te hacen bien. No te sirven, no te hacen mejor persona. No ayudan a que te conozcas mejor ni a alcanzar eso que anhelas. Pareces estar atrapado en tu cerebro y los patrones que construiste.

Quiero ayudarte a que examines de cerca y alumbres estos procesos por los cuales piensas, sientes y te comportas de determinada manera. Para que puedas pensarlos y luego re-esculpirlos. **El objetivo es que adviertas el potencial que tiene tu cerebro para cambiar y la capacidad que tienes para modificarlo.** Voy a transmitirte el conocimiento y las herramientas para que, por un lado, aprendas a conocerte más y mejor, punto de partida fundamental para lograr un mayor bienestar en tu vida. Y por otro lado, para que puedas, de manera eficiente, cambiar pensamientos, emociones, acciones e inacciones que entorpecen la vida que quieres para ti, con el fin de conseguir objetivos a largo plazo, en tu vida personal o profesional.

Con *ÁgilMente* comencé la extraordinaria aventura de compartir mis años de estudio y de experiencia con los demás. Quise decodificar esa fuente enorme de saber que encontré en la ciencia y compartirla con otros. Cuando comencé a pensar cómo pasé del laboratorio a las librerías, me di cuenta de que fue gracias a que había logrado cambiar. Ahora es tiempo de que comparta esto con us-

tedes. Luego de leer *EnCambio* vas a tener más libertad de elección en tus acciones diarias y, de esta forma, más poder para crear tu presente y tu futuro. **Ser el autor de tu propia historia.** Te voy a dar conocimientos en forma de herramientas para que puedas mejorar y hacerte cargo de tu cerebro. Pero, como verás, todo esto no es sencillo, sino que vas a tener que trabajar duro. Vale la pena.

PRIMERA PARTE
NO ERES TÚ,
ES TU CEREBRO

La cuestión: cambiar

Voy a hacer un cambio, por una vez
en mi vida. Me sentiré realmente bien,
lo voy a hacer distinto, lo voy a hacer bien.

MICHAEL JACKSON

El cerebro es diferente de todos los otros órganos del cuerpo. Mientras que el hígado y los riñones se gastan luego de ciertos años de uso, el cerebro se afila cuanto más se usa. En realidad, mejora con el uso.

RICHARD RESTAK

El tipo de vida que vivirás mañana
comienza con tu mente del hoy.

JOE BATTEN

Cambiar. Ésa es la cuestión. Casi como en un debate interno permanente, vivimos planteándonos si aquello que nos perturba seguirá siempre ahí, acechándonos desde el *backstage* de nuestra mente, o si podremos dar un giro y despistarlo para siempre. A veces nos gana el optimismo y creemos que sí. Otras veces los pensamientos negativos nos arrastran a un callejón sin salida. Pero no es cuestión de levantarnos con el pie derecho o el izquierdo. Es ciencia. Y la ciencia dice que sí. ¿Es posible? Sí. ¿Es sencillo? Sí. ¿Es fácil de lograr? No. Tu mente tiene la capacidad

de modificar la fisonomía de tu cerebro y lograr lo que te propongas cambiar. Pero tienes que conocerlo mejor que nadie y saber cómo funciona para destrabar los circuitos que están ahí aparentemente fijos.

Empecemos por el principio. Cerebro y mente. Mente y cerebro. Es bueno que desde ahora tengas en claro que no son lo mismo. No son sinónimos. Tu cerebro es como un hardware y tu mente como un software. El cerebro está constituido por tus neuronas y sus conexiones –llamadas sinapsis–, que forman circuitos o "cables". La mente o actividad mental son tus pensamientos y emociones que corren por tu sistema operativo, que es el cerebro. *EnCambio* te va a mostrar cómo usar tu mente para modificar tu cerebro, es decir, para cambiarlo. Tu mente es una fuente de actividad tal que, mediante entrenamiento y autoconocimiento, puede modificar la estructura de tu cerebro.

El potencial cerebral que tienes para crecer, aprender y desarrollarte es todavía desconocido para ti. Pero la ciencia hoy nos muestra que ese potencial es enorme y no declina tanto con la edad, como se pensaba. Tu cerebro posee esta increíble capacidad de cambio. Puede crecer y cambiar en respuesta a tus experiencias de vida, y al igual que tu cuerpo, tu cerebro mejora en lo que tú le pidas que haga.

Las creencias sobre la posibilidad que tienes para cambiar son fundamentales: pueden levantar o cerrar la barrera hacia el cambio que pretendes. Es decir, que creas o no que puedes cambiar puede ser la llave de tu felicidad, pero también de tus miserias. Ahí sí entran en juego tu actitud,

tus pensamientos y tus emociones, o sea, la materia prima de tu mente.

¿Y qué pasa con el contexto? ¿Crees que la actualidad nos exige una mayor capacidad de adaptación y cambio? Si bien todo parece indicar que sí, existe un concepto erróneo sobre la lenta y gradual aparición de cambios durante la prehistoria humana. El hombre siempre ha tenido que enfrentar y adaptarse a cambios muchas veces drásticos, y el cambio ha sido siempre parte de su experiencia. Y, por supuesto, no todos los cambios han sido iniciados por el clima o eventos del ambiente. El cambio siempre ha sido difícil, pero también inevitable.

Partimos de supuestos sobre nosotros mismos. "Yo soy bueno para las matemáticas –o para las ciencias sociales– pero no soy inteligente", etc. Suponemos que somos lo que nos tocó: bueno para los deportes, malo para lo intelectual. Para cambiar tienes que elegir quién quieres ser más allá de lo que te haya "tocado" en la repartición genética y más allá de las influencias culturales de tus progenitores. Para lograrlo, corremos con una ventaja: hoy sabemos que primero tienes que saber quién eres y quién quieres ser. Este libro te aportará el conocimiento y las herramientas para mejorar en este aspecto.

Lo que sí o sí está claro como el agua es que sólo puedes ser quien realmente quieres ser si tu cerebro funciona bien. **Cómo funciona este complejo y fascinante órgano determina cuán feliz y qué tan efectivo eres, y cómo interactuas con los demás.** Los patrones cerebrales que vas construyendo a lo largo de tus experiencias ayudan o lastiman cada aspecto de tu vida, como también tus momentos de placer y dolor. En la actualidad, muchos estudios reflejan que problemas como la ansiedad, el enojo, la distracción, la depresión y algunas obsesiones compulsivas, no son puramente psicológicas sino que además están relacionados con la fisiología del cerebro. Esto, sumado a que hay cada vez más evidencia de que esta fisiología, en ciertas ocasiones, la puedes modificar. Es decir, en algunos casos, puedes cambiar y arreglar eso que "anda mal" o que no te hace feliz o te desvía de tus objetivos a largo plazo como persona o como profesional. Conocer cómo funciona el cerebro es, entonces, beneficioso para cualquier persona. Situaciones que te incomodan, como cambios de humor, ansiedad, irritabilidad, rigidez y angustia –llamémoslos "problemitas"–, son cosas que tenemos muchos de nosotros. *EnCambio* parte de la ambiciosa intención de ayudarte a conocer tu cerebro, optimizar su funcionamiento eficaz, para luego promover el cambio.

¿Es un objetivo que te gustaría alcanzar? ¿O un hábito que quisieras empezar o dejar atrás? ¿Estás en un momento bisagra de tu vida, atravesando alguna transición? ¿Quieres empezar a disfrutar de tu trabajo, o volver a hacerlo? ¿Buscas la fuerza para animarte a vivir en otro lugar? ¿Quieres cambiar para sentirte más útil, creativo o autónomo en lo que haces? Cualquiera sea la razón para querer cambiar, ya sabes que es difícil conseguirlo pero, a la vez, es posible.

Es obvio que algunos cambios requieren de más energía, paciencia, voluntad y entereza, pero son posibles. Y todo aquello a lo que tratas de aferrarte sólo te creará más sufrimiento, ya sea un trabajo, la apariencia de tu cuerpo, el lugar donde vives, tu sentido de quién eres. Es decir, el deseo de dejar todo como está o la creencia de que todo debe ser de una forma, y no de otra, es una de las fuentes de mayor sufrimiento humano.

Es importante que sepas y entiendas profundamente que tus niveles de estrés, de sufrimiento o los reveses que tengas en tu vida, no dicen nada sobre quién eres como persona, sino que dicen que *eres* una persona. Es universal. Todos los humanos sabemos lo que es estar triste, enojado, desilusionado, ansioso, solo, dubitativo. Por eso, cuando estés dolido, es fundamental que recuerdes esta perspectiva amplia de cómo somos como humanos. Si empiezas a criticarte y hacerte la cabeza, te vas a convencer de que algo anda mal y de que eres, junto con tu forma de ser, la causa principal de sentirte así. La autocrítica no entiende que a veces el dolor es parte del proceso de cambio. Negarlo te hunde más en ese dolor que se vuelve sufrimiento. Incluso se puede cambiar en situaciones que parecen imposibles. Podrás hacerlo activa, intencional y deliberadamente si **entiendes primero quién eres y luego cómo hacer para que el cambio realmente ocurra**. Para ambas habilidades –conocerte y cambiar– deberás adquirir y utilizar disciplina y compromiso. Tiempo de calidad dedicado a entenderte y entender, buscarte y buscar para llevar adelante el proceso de cambiar.

Entonces, para nuestro propósito, **cambiar es también sinónimo de aprender y mejorar**. Aprender quién eres y aprender cómo ir transformándote en eso que quieres ser. Hoy la ciencia es categórica en cuanto a que el aprendizaje puede –y debe– ser sostenido a lo largo de toda tu vida, no sólo durante la niñez. Es decir, para poder tener oportunidades de lograr cambios importantes y sostenidos, nada más eficiente que empezar conociéndote mejor a ti mismo. Eso que eres, lo que sientes, lo que quieres, cómo piensas y cuáles son tus comportamientos y hábitos. En otras palabras, el conocimiento profundo sobre ti mismo es la piedra angular que te permitirá cambiar con más eficacia y de forma sostenida.

El primer obstáculo natural del cambio es que si bien éste es parte vital de nuestra vida, las personas también ansiamos un sentido de consistencia y continuidad. Así es, todos tenemos un sentido de quiénes somos como individuos. Nos gusta pensar que nuestras identidades permanecen estables en el tiempo. Llamemos a esto nuestra concepción de "éste soy yo".

El dilema es que "éste soy yo" se ve amenazado por cualquier tipo de cambio en tus patrones de pensamiento, emociones o tu forma de actuar, incluso si son cambios positivos. El nuevo "éste soy yo" tiene que acordar y llevarse bien con el viejo "éste soy yo". Una de las razones inconscientes por las cuales resistimos el cambio es que el nuevo "éste soy yo" puede invalidar años de un comportamiento particular. Por ejemplo, si logras cambiar tu estilo de vida luego de un *bypass* coronario, tu nuevo

"éste soy yo" se puede preguntar: "¿Por qué puse en riesgo mi salud fumando durante tantos años, cargado de estrés y comiendo más de lo que debía?" Si bien esto es una barrera inconsciente para el cambio, no hay un "éste soy yo" inmutable sino que constantemente lo estamos construyendo y reconstruyendo. Esto último lo haces a través de las historias que te cuentas sobre lo que te pasa en tu vida. Estás permanentemente reescribiendo tu biografía en tu mente para entender mejor tu pasado y presente y tus esperanzas y planes para el futuro. Cuando te conviene, prefieres olvidar ciertos hechos y detalles e interpretar otros de maneras totalmente nuevas. La mayoría del tiempo no te das cuenta de que esto es lo que estás haciendo.

Tienes que saber que pasar de un "éste soy yo" a "éste soy yo ahora" puede ser un momento de mucha vulnerabilidad. Como un cangrejo que para crecer debe quitarse primero su esqueleto arrastrándose afuera de su escudo, quedando indefenso frente a sus depredadores. Cambiar funciona de manera similar. Sin embargo, elegir mantener tu cabeza gacha y estar en "modo supervivencia" cada día, sin cambiar, no es una opción para una vida plena de bienestar y alegría. Conocerte más a ti mismo, cambiar para crecer o desarrollarte como persona y profesional, es, al menos al principio, como dejar tu escudo a un lado, quedar un poco vulnerable. Es tomar riesgos. Siempre hay espacio para crecer, pero para lograrlo vas a tener que salir de esa zona de confort y abrirte a nuevas posibilidades. Cuanto más te conozcas y sepas quién eres, menos

COMFORT

depredadores podrán hacerte daño. Es decir, a pesar de los riesgos de quedar un poco vulnerable, puedes elegir darles la bienvenida a los nuevos desafíos y tomarlos por lo que son: oportunidades para crecer, para aprender, para cambiar, para conocerte, y para estar mejor contigo y los demás. El cambio puede ser entonces, al inicio, la antítesis de la alegría. Requiere de coraje, resiliencia y al menos un poquitito de *disconfort* o malestar con tu estado actual. Pero esto último puede encender tu chispa de la curiosidad sobre qué otra cosa puedes ser, puedes sentir, puedes hacer. Como muchas veces el cambio será lento y sutil, los progresos serán difíciles de identificar, por eso te invito a celebrar los pequeños cambios recordándote siempre que te recompenses cada vez que los logres.

En definitiva, a lo largo de *EnCambio* verás cómo usar tu **mente**, pensamientos y emociones, para alinear objetivos y acciones, es decir, **tus expectativas** de cambio, integrando la moral, la conciencia, los *insights* o revelaciones que vayan apareciendo y los valores que provienen de **tus experiencias** y que van a guiar tus respuestas. Esto es lo que te fortalece a la hora de tomar decisiones que estén alineadas con tus intereses de largo plazo, con eso que quieres cambiar. El **cerebro**, por el contrario, va a tratar de asegurarte tu supervivencia del momento y sentido de seguridad actuando de manera automática. En efecto, trabaja en modo "supervivencia del más apto" tratando de asegurar seguridad, confort o alivio del momento sin importarle tu futuro. A pesar de estas diferencias, cerebro y mente trabajan juntos como un equipo y ninguno es me-

jor que el otro. Necesitas del cerebro para acciones rápidas de supervivencia cuando te confrontas con situaciones de peligro. Situaciones reales de escapar o pelear que nos han permitido subsistir en el planeta. Al final se trata de equilibrar estas acciones rápidas necesarias, originadas en el cerebro, que aseguran la supervivencia del momento, con las decisiones de largo plazo que se construyen en tu mente con tus pensamientos y emociones. Lo interesante es que todo eso que ya construiste a lo largo de tu vida, en muchas más situaciones de las que comúnmente crees, las puedes reconstruir y, de esta forma, cambiar. En definitiva, puedes seguir conociéndote, aprendiendo, mejorando y cambiando hasta el último día de tu vida.

Una de las primeras cosas que aprendí como científico de formación es que, si bien las teorías son interesantes, las prácticas son mucho mejores. *EnCambio* es como un experimento. Puedes –y deberías– ser el objeto de tu propio estudio en el mundo real en el que vives. Luego de que te muestre evidencias y estudios de otros, te recomiendo que uses las herramientas e ideas aprendidas para tu propia vida. Junta tus datos para averiguar qué es verdad y qué funciona para ti. Haz los ejercicios. A través de cada capítulo verás diferentes estrategias prácticas para conocerte y para mejorar, alentar y hacer más eficientes los cambios que suceden o aquellos que quieras hacer en tu vida. Puedes aplicar estas estrategias inmediatamente para desafíos reales de tu vida utilizando con cuidado tu sentido común.

EnCambio es una valija armada de conocimiento científico con herramientas, historias e investigaciones que te

ayudarán no sólo a poder cambiar aquello que deseas y adaptarte mejor a esos cambios que simplemente suceden, sino también a dar el primer gran paso para el cambio: que aprendas más sobre ti. Para lograrlo, veremos que la clave estará en vivir nuevas experiencias prestándoles lo que llamaremos atención positiva, establecer expectativas coherentes y valiosas que orienten y motiven tu cambio, y aprender a utilizar el poder de vetar pensamientos, emociones y acciones automatizadas de tu pasado que ya no te son beneficiosas.

Capítulo 1
Saber que se puede, creer que se puede

Tus mapas

¿Fracaso? Fracaso es una palabra rara.
No veo fracasos. Veo la evolución natural
hacia la solución de un problema.
ANÓNIMO

Tu cerebro crea patrones y luego
nunca para de buscarlos.
THOMAS CZERNER

Conocerte. Ése es tu principal desafío. El trabajo más importante para lograrlo es decodificar la lección que te deja cada experiencia por la que atraviesas, ya sea positiva o negativa, para luego seguir camino hacia tu próximo desafío. A medida que avances, vas a reescribir tu historia personal. En la medida en que puedas detectar qué quieres que sea diferente en tu vida y aceptes los desafíos que eso representa, tus experiencias comenzarán a tomar otra dimensión de claridad. Cambiar te brinda el beneficio de poder redirigir tu historia hacia donde tú quieras.

Pero ¿qué nos diferencia como sujetos? ¿Por qué frente a experiencias similares nos comportamos de modos tan variados? Hay algo de genética y de educación en las respuestas a estas preguntas. Los padres pasamos ciertas características a nuestros hijos de dos maneras: la primera y obvia es a través de nuestros genes, en el espermatozoide y el óvulo durante el desarrollo. La segunda es a través de nuestro comportamiento como progenitores. Durante años y años los científicos estuvieron estudiando esta forma social de transmisión de caracteres. Asumían que los chicos se iban moldeando, de manera consciente o inconsciente, como eran sus padres, adoptando o rechazando el amor del papá por el fútbol, la religión de su mamá, las tradiciones de los domingos, su generosidad, sus valores, su personalidad, etc. Hoy está claro que el modo en que nos comportamos como padres altera la química de los genes de nuestros hijos –lo que llamamos epigenética– provocando efectos a largo plazo en su comportamiento y temperamento. Las experiencias a muy temprana edad pueden tener consecuencias para toda la vida. Mucho de lo que quieres cambiar se fue solidificando en épocas tempranas de tu vida sin que te dieras cuenta.

Como te dije, estoy convencido de que el entendimiento básico de cómo funciona tu cerebro puede ayudarte a que te conozcas mejor y a que veas el tremendo potencial que tienes para cambiar. Es decir, crear un mayor bienestar mental, en tus relaciones y con tu cuerpo para tu vida, es algo que puedes aprender y adquirir.

Como vimos en la introducción de la primera parte, el cerebro es como el hardware. Las neuronas y sus conexiones –llamadas sinapsis– forman cables. Es bueno recordar que la actividad que llamamos cerebral no ocurre sólo en la cabeza. El corazón, los intestinos y todos los órganos y sistemas del cuerpo poseen redes nerviosas que procesan información compleja y utilizan los datos enviados "desde arriba". El cerebro es materia, la puedes tocar. La mente o actividad mental sería tu software. Pensamientos y emociones que "corren" por tu hardware. No es materia, no la puedes tocar. Algunos biólogos definen a la mente simplemente como "la actividad que realiza el cerebro". Un antropólogo diría "un proceso social que se comparte y se pasa de generación en generación". Para un psicólogo la mente podría ser "nuestros pensamientos y emociones". Para el doctor Daniel Siegel, "la mente es un proceso relacional dentro del cuerpo que regula el fluir de la energía y de la información". Analicemos la definición de Siegel y sus componentes.

Energía: es la capacidad para llevar adelante una acción, que puede ser desde mover la mano hasta desarrollar un pensamiento.

Información: es cualquier cosa que simboliza algo diferente de sí mismo. Por ejemplo, una piedra en sí misma

no es información, pero sí contiene datos. Podemos pesarla, medirla, conocer su textura, su color, su composición química, podemos imaginar las fuerzas naturales que le fueron dando forma, su edad geológica. Es decir, la palabra "piedra" es un paquete posible de información, hasta el solo hecho de imaginarla tiene un significado. Pero es tu mente la que crea ese significado, no la piedra en sí misma.

Dentro del cuerpo: porque ocurre en un lugar determinado, en los circuitos y las sinapsis del cerebro, pero también en todos los nervios que circulan monitoreando e influenciando la energía y la información que viaja por el resto de tus órganos y sistemas del cuerpo.

Fluir: porque la energía y la información cambian en el tiempo, son dinámicas, fluidas y en proceso de movimiento. Sin embargo, no puedes observar estos movimientos. Regular la mente es justamente cambiar el fluir creando nuevos patrones de energía e información. De esto se trata la esencia de tu experiencia subjetiva de la vida.

Relacional: porque la energía y la información fluyen entre las personas y son monitoreadas y modificadas durante este intercambio. Por ejemplo, esto está ocurriendo ahora mismo entre mi escritura y tu lectura. Mis palabras y la información que ellas producen, surgen de mi mente y entran en la tuya.

Ya hace muchísimos años que está claro para los científicos que las propiedades fisicoquímicas –algo que se puede tocar y medir– de las conexiones neuronales y sus sinapsis se correlacionan con la experiencia subjetiva de

lo que describimos como actividad mental. Es decir, lo que tienes o lo que le pasa a tu cerebro afecta de manera directa a tu mente. Por ejemplo, si tienes un derrame cerebral (hardware afectado) en el área del cerebro responsable del habla, seguramente no podrás hablar o tendrás dificultades para hacerlo (software afectado). Sin embargo, nadie sabe con precisión cómo esto ocurre, cómo se traduce de lo material a lo no-material.

Pero hoy existen pruebas de un nuevo paradigma, y es que también funciona a la inversa. Es decir, tu actividad mental puede estimular la modificación de conexiones neuronales existentes o la creación de nuevas conexiones neuronales. **Utilizando tu software puedes alterar y cambiar tu hardware.**

Principio fundamental de *EnCambio*: con tu mente, tus pensamientos y emociones, y lo que hagas con ellos, puedes cambiar mucho de lo que quieres. Por ejemplo, y como veremos en detalle, una de las lecciones aprendidas de la neurociencia moderna es el poder que tiene el hecho de dirigir tu atención (actividad mental, software) a reconfigurar y encender nuevos patrones neuronales, así como también afectar y modificar la arquitectura del cerebro (hardware).

CEREBRO ⇄ MENTE

Cuando tienes una experiencia, tus neuronas se activan. Dicho científicamente, una cascada de iones circula internamente por la pata de la neurona (axón) y fun-

ciona como una corriente eléctrica. En el final del axón esta corriente permite la liberación de neurotransmisores químicos a un lugar muy pequeño –fuera de la neurona– llamado espacio sináptico. Allí, estos trasmisores se conectan con otras neuronas. Dependiendo de qué neurotransmisor haya sido liberado, esto desencadenará una activación o desactivación de otras neuronas que están en ese camino. Bajo condiciones apropiadas, este "disparo" neuronal fortalece las conexiones entre esas neuronas. ¿Cómo funciona este fortalecimiento? Al principio, esas neuronas juntas forman una "cuerda" y luego, a partir de sucesivas repeticiones, forman un cable de acero. Las condiciones apropiadas para que este "cable" se forme son: la repetición, es decir, repetir un pensamiento, una emoción o una acción en la vida; la excitación emocional, que ese pensamiento te estimule emocionalmente; la novedad, al menos al principio; y la focalización cuidadosa de tu atención, o sea, que le prestes mucha atención consciente, dirigida, focalizada. Dadas estas condiciones, las conexiones entre esas neuronas se fortalecen y así se van creando tus patrones cerebrales. Estos patrones son como huellas digitales, cada uno tiene los suyos. Como senderos en la montaña. Y fortaleciendo esas conexiones sinápticas aprendes a través de la experiencia. Una de las razones por las cuales estás tan ávido de aprender –o al menos deberías estarlo– a través de la experiencia es debido a que desde nuestros días en el útero, la niñez y la adolescencia tu arquitectura básica del cerebro está en plena construcción y desarrollo. Tu cerebro racional

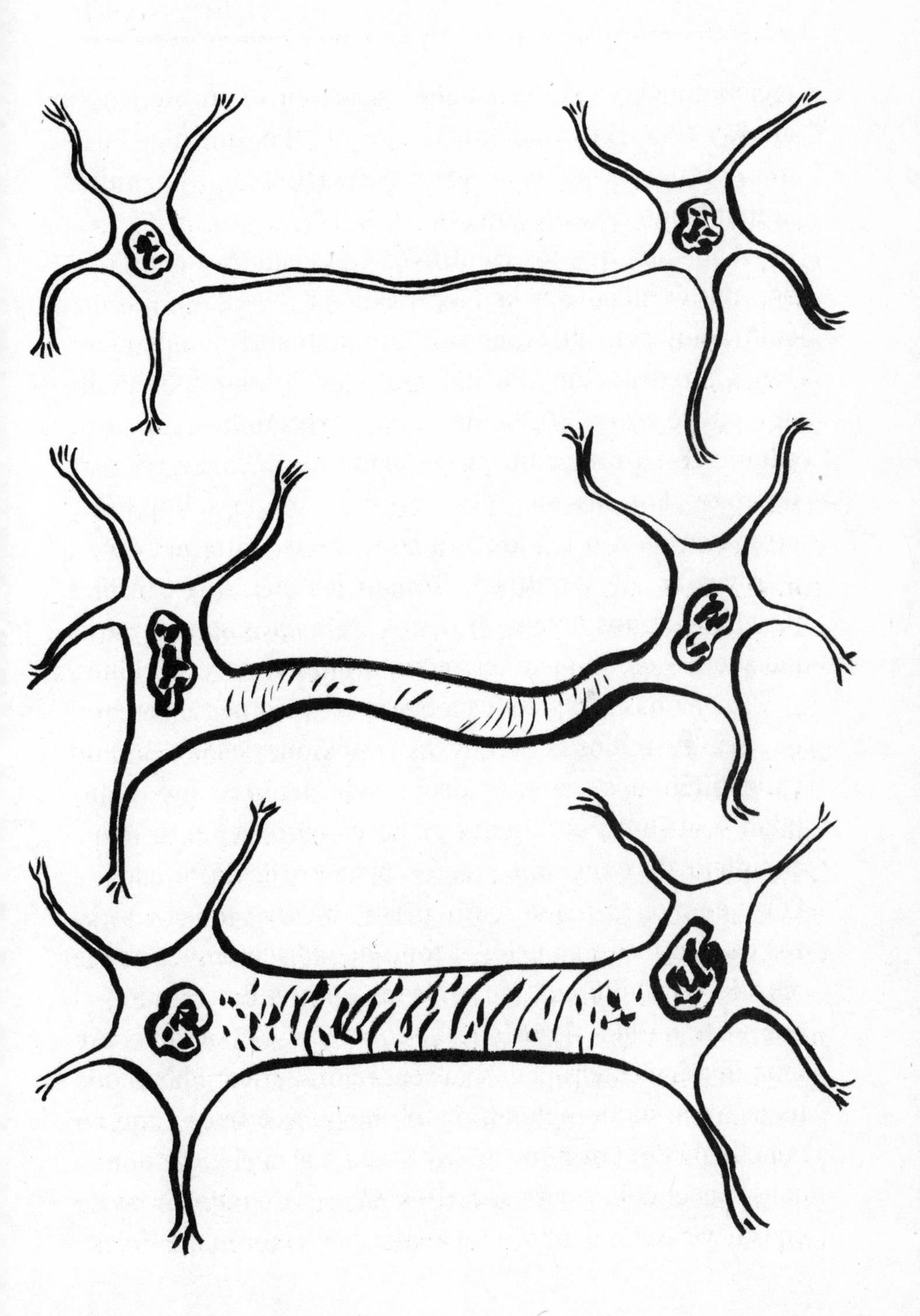

recién concluye su formación básica alrededor de los 23 años, y el cerebro emocional, a los 11. ¿Por qué digo básica? Porque tu cerebro se seguirá desarrollando y seguirás aprendiendo durante toda tu vida.

A medida que los científicos empezamos a comprender más en detalle estos mecanismos del cerebro, nos encontramos con un mundo de inimaginable complejidad. Tenés alrededor de 100 mil millones de neuronas. Cada una puede tener 100 000 dendritas, que son las ramas que adquieren información proveniente de un axón de otra neurona. Por las dendritas viaja la información hacia otras neuronas o tejidos. Las conexiones entre neuronas, a través de sus dendritas, forman los circuitos o cables (los llamaremos "mapas"). Estos últimos guían nuestros pensamientos, emociones, comportamientos y acciones.

Tus mapas son creados a través de un proceso cerebral que realiza millones de nuevas conexiones cada segundo entre diferentes áreas. Es decir, cada pensamiento, habilidad o atributo que tienes en tu cerebro tiene un mapa complejo de conexiones entre pedazos de información. Por ejemplo, tu mapa para "perro" incluye todas las razas que conoces, su pelo, el tono de ladrido, aquel que te mordió el tobillo cuando andabas en bici de chiquito, el que viste herido al costado de una ruta, tu noción sobre mamíferos y cuadrúpedos, la sensación de acariciar al que tenía tu novia de secundaria, el miedo que te dio uno en la película de terror que más te gusta, hasta el lugar donde colgabas el collar para sacarlo a pasear. Cuando tratas de pensar y procesar una nueva idea, creas un mapa de esa

idea en tu mente y luego la comparas subconscientemente en una fracción de segundo con otros ya existentes. Si logras encontrar relaciones o enlaces sólidos entre esa nueva idea y tus mapas, si detectas conexiones, entonces creas un nuevo mapa que se establece como parte de tu trazado cerebral. Se convierte, literalmente, en una parte más de lo que eres. Esto te sucede en general cuando dejas de hablar y estás pensando. Ahí empieza en tu mente un proceso donde "ves" diferentes conceptos tratando de unirse, de tener sentido.

Si quieres determinar cuántas posibles conexiones existen en tu cabeza, habría que multiplicar el número de neuronas por la cantidad de dendritas y luego multiplicarlo por la cantidad de mensajeros químicos o neurotransmisores que usas para comunicar. Una cantidad ridículamente grande. Esto no significa que tienes un poder mental ilimitado, aunque sea atractivo para películas de ficción, pero sí que tienes una capacidad extraordinaria para desarrollar conexiones. Si estás esperando el número que resulta de esas dos multiplicaciones, es igual a 300 billones de conexiones, que están en constante cambio en tu cerebro: 300 000 000 000 000.

Al nacer, nuestros cerebros son bastantes diferentes entre sí. A partir de entonces, los distintos mapas son moldeados por cada pensamiento, emoción, sonido, idea y experiencia durante toda nuestra vida. Es decir, a medida que creces, **es tu ambiente el que —de manera literal— contribuye a darle forma física a tu cerebro**. Mientras tu cerebro a la distancia se parece mucho al mío, la manera

de guardar, organizar, gestionar y buscar información es muy diferente. Por ejemplo, cuando quiero buscar un archivo en la computadora de alguno de mis colegas de trabajo, puedo pasar varios minutos e incluso puedo no encontrarlo. Sin embargo, en mi laptop sólo me lleva segundos. Somos así de diferentes. Y a pesar de que esto es cierto, en general no actuamos bajo esta verdad. Por ejemplo, cuando quieres ayudar a alguien, de manera inconsciente asumes que el cerebro de esa persona funciona como el tuyo. Entonces metes "su" problema en "tu" cerebro, "ves" las conexiones que puedes hacer para resolver el problema, y le dices a la otra persona qué tiene que hacer, convencido de que ésa es la solución correcta para ella. Es raro encontrar a una persona que quiera ayudar a alguien asumiendo que los cerebros no son iguales. Lo mismo ocurre con aquellas personas consideradas emocionalmente inteligentes. Pensar "por los demás" es un gasto de energía y tiempo, y se interpone en las respuestas y soluciones correctas de aquellos que queremos ayudar.

A tu cerebro le gusta crear cierto orden en el caos de la lluvia de datos que entra en él. Este orden es la búsqueda de asociaciones entre la muy diferente información que entra para que tu vida tenga más sentido. El cerebro se siente más cómodo rodeado de orden, dentro de la simetría, donde puede ver cómo está conectado todo. La teoría más respetada sobre por qué le gusta que todo esté conectado explica que, de esta forma, los mapas te ayudan a predecir más fácilmente diversas situaciones. Por ejemplo, cuanto más conectados estén esos mapas para realizar tareas repetitivas, más memoria y capacidad liberada tienes para realizar otras tareas más complejas.

Cada bit de información que llega a tu cerebro es tratado de igual forma, ya sea una nueva cara, una nueva idea de trabajo, una nueva forma de pensar sobre ti mismo. Estos nuevos datos se comparan con datos o mapas mentales ya existentes para ver dónde pueden conectarse. Luego, tratas de encajar los nuevos datos con los marcos de pensamiento que ya tienes, los patrones. Y esto se realiza sin importar si los datos vienen en forma de sonido, textura, olor, imagen, etc. Si la *info* no encaja muy bien, entonces te fuerzas para que encaje. Por ejemplo, **si una idea te gusta, buscas desesperadamente argumentos que la sostengan y conviertes asociaciones tenues en hechos evidentes.** Pero si la idea no te gusta, encuentras rápidamente evidencias muy fuertes en contra de ella misma. Aun si ciertas características de la idea son claras y concretas, las "verás" irrelevantes. ¿Te suena? Si no sales, usando tu mente, de este piloto automático cerebral, te será muy difícil cambiar.

Ahora imaginate que mientras tu cerebro está tratando de aproximar los datos nuevos con los existentes, paralelamente también está encargándose de procesar una cantidad enorme de información. Millones de bits de información entran por tus cinco sentidos a cada segundo, al mismo tiempo que se procesan datos internos muy complejos. Mucho de esto lo hace gracias a la "aproximación". Por ejemplo, una vez que aprendes a leer, lees mirando las primeras dos letras de la palabra y "adivinando"

—aproximando— el resto, en el contexto de la oración y o la palabra anterior. Lees a partir de tu experiencia y tus expectativas, no lees lo que está frente a ti. *Coko conricoetcia hatés mugcas cobas mal y tegtés a rerifir ernutes.* Es por esto que, como veremos más adelante, trabajando sobre tus experiencias y tus expectativas puedes promover, de manera más eficiente, el cambio que pretendes.

Es tu interpretación de los hechos y las decisiones que tu cerebro toma a partir de los estímulos que te rodean lo que determina cómo percibes la realidad. No hay una realidad, sólo aquella que decidas "ver". Si piensas que el mundo es un lugar peligroso, tu cerebro buscará la evidencia que lo demuestre y la encontrará. Si piensas que la gente está hablando mal de ti, encontrarás pruebas de que eso ocurre. Sea cual fuere el filtro que tienes en tu mente, tu cerebro encontrará evidencia para confirmar ese filtro. Ése es el filtro que muchas veces no te deja cambiar. Y encima esto lo hace de manera muy eficiente, segundo a segundo y sin que te des cuenta.

¡Con razón es tan difícil cambiar! **No eres tú, es tu cerebro que no quiere.**

Tus respuestas y tus percepciones automáticas son conducidas por cómo están cableados tus mapas. Es por esto que la gran mayoría de tus hábitos —a los que dedicaremos un capítulo entero de este libro— es disparada por decisiones que tomaste en el pasado y que ahora son, literalmente, parte tuya, un mapa. Lo que está claro es que si no percibieras el mundo a través de estos mapas específicos que tienes, sería muy difícil lidiar con la enorme

CREER ES PODER...
...CAMBIAR.

cantidad de información que entra por tus cinco sentidos a cada segundo. Sin ellos no podrías hablar ni leer ni escribir ni realizar alguna actividad.

¿Con quién? Con ciencia

Nuestra historia es increíble. Debemos de ser, hasta que alguien demuestre lo contrario, el único sistema en el planeta tan complejo como para que le dediquemos tanto tiempo a descifrar nuestro propio lenguaje de programación. Imaginate que tu laptop toma el control de sus dispositivos periféricos: se abre sola, imprime lo que quiere, cambia de dirección la cámara de video, etc. Eso somos nosotros, los humanos. Y lo que hemos descubierto gracias a los intelectuales más imponentes de nuestro viaje por la vida es reconocer que nuestras innumerables facetas de comportamiento, pensamientos y experiencias vienen inseparablemente pegadas a una vasta y húmeda red eléctrica y química llamada sistema nervioso. Esta maquinaria es absolutamente ajena a nosotros; sin embargo, somos nosotros. **Una de las primeras cosas que aprendes cuando estudias tus circuitos cerebrales es simple: la mayoría de lo que piensas, sientes, haces, no está bajo tu control consciente.** Los densos bosques de neuronas operan sus propios programas. El "yo" consciente, ese que se levanta cada mañana, es el bocado más chiquitito del gran banquete que hay en tu cerebro. Tu conciencia es como un pasajero que se "coló" en un gran trasatlántico, que encima se cree que lo está conduciendo, sin saber la masiva ingeniería que hay bajo sus pies. Que el cerebro sea muy complejo no quiere decir que sea incomprensible.

De la misma forma en que sucedió con tus ojos o páncreas, tu cerebro ha sido moldeado por las presiones evolutivas, al igual que tu conciencia. Esta última también se desarrolló porque era ventajosa, pero sólo en cantidades limitadas. Una vez escuché al joven neurocientífico David Eagleman comparar al cerebro con el funcionamiento de un país: si consideras alguna de las actividades que caracterizan a un país en cada momento, tienes, por ejemplo, fábricas como los tambos que producen leche, líneas de telecomunicaciones llenas de actividad y negocios entregando materias primas y productos. La gente come todo el tiempo. El drenaje y las alcantarillas eliminan los desperdicios. La policía busca criminales. Los acuerdos se cierran estrechando manos. Los amantes se aman, las secretarias llenan agendas, los profesores enseñan, los médicos operan, los atletas compiten, etc. No puedes saber todo lo que está pasando a cada momento. Ni siquiera sería útil para ti saberlo. Lo que necesitas es un resumen. Para eso agarras el diario o lo miras por internet. Allí verás que ninguna de las actividades descritas antes las encuentras en detalles. Quienes saber lo más importante. Quizá alguna ley que aprobó el congreso, pero no los detalles de cómo los asesores de diputados y senadores la pensaron, escribieron, los debates que hubo y los cambios pertinentes a raíz de esos debates. Tampoco te interesa si las vacas que dan la leche comieron bien hoy o si amane-

cieron aburridas –pero sí si hubo algún brote de aftosa–, o la nueva torre para generar señal para el celular que se está instalando en tal región –pero sí si se cayó la señal–, o cómo están desalojando la basura de la ciudad –pero sí saber dónde tienes que poner la basura que generas–. Esto es lo que obtienes al leer el diario. Tu mente consciente es como un diario. Tu cerebro zumba de actividad las 24 horas y, como un país, casi todo sucede de manera local. Pequeños grupos están tomando decisiones constantemente y mandando mensajes a otros grupos. Y de estas interacciones surgen coaliciones más grandes. En el momento que lees un titular o encabezado mental, las acciones importantes ya sucedieron. Tienes un acceso muy limitado al "detrás de escena". Eres el último en escuchar la información. Sin embargo, tu conciencia es un diario muy raro, ya que cree que fue el primero en pensarlo ("¡Acabo de pensar algo!"), cuando en realidad tu cerebro realizó una enorme cantidad de trabajo antes de tener ese momento de "revelación". Cuando la idea hace su aparición proveniente del "detrás de escena", tus circuitos neuronales ya estuvieron trabajando por horas o incluso días y años, consolidando información y tratando nuevas conexiones. El cerebro dirige el show de tu vida casi de incógnito. Como canta Roger Waters en "Brain Damage", de *The Dark Side of the Moon*: "Hay alguien en mi cabeza pero no soy yo".

Entonces **la conciencia es como el titular y a lo sumo el encabezado de la noticia, que proyecta toda la actividad del cerebro en una forma muy sencilla.** Resume lo que te es útil saber. *EnCambio* pretende que logres usar tu conciencia, es decir, los pensamientos que puedes generar, para meterte en el "detrás de escena" y cambiar algunos de esos circuitos que parecen dirigir todo el show de tu vida sin preguntarte si la estás pasando bien.

EJERCICIO DE AUTOCONOCIMIENTO: TU MAPA DE ACCIÓN

Comprometerte a cambiar para tomar una nueva dirección en tu vida personal o profesional puede ser muy emocionante, pero también abrumador. Tu inteligencia de cambio para conocerte mejor y tomar buenas decisiones, según cuáles sean tus metas y objetivos, es el combustible que necesitas para este viaje que es tu vida.

Te propongo que diseñes un mapa de tu territorio para identificar mejor dónde quieres ir. Como para cualquier viaje, es necesario saber qué llevar en la valija. En este caso, estás empacando tu autoconocimiento y tu crecimiento profesional y personal.

Conseguí un pequeño diario o libreta para anotar tus resultados. Registra tu progreso, ayudándote con las herramientas que te ofrece *EnCambio*, reconoce tus victorias y toma notas en el camino.

1. Define cuál es tu nuevo camino o tu nuevo destino: identifica y escribe al menos dos objetivos, uno personal y uno profesional, que quieras alcanzar el próximo año.

2. Define tu punto de partida: esas creencias y valores que van a mantenerte bien parado y orientado hacia tu norte. Tu punto de partida te sirve de plataforma inquebrantable,

aquellas situaciones o eventos en los cuales sabes que no vas a "transar", las áreas donde claramente dibujas las líneas sobre la arena para no cruzar. Tienen que tener mucha importancia para ti y ser innegociables. Escribe hasta cinco de estas creencias y valores.

3. Define tus comportamientos desde tres perspectivas diferentes:
a) Identifica y escribe cuáles son los comportamientos y acciones actuales que haces y que producen resultados sólidos y beneficiosos para ti. Aquellos que sientes naturales, y en los cuales tu rendimiento es regular y sencillo. Identifica estas áreas como comportamientos y acciones que quieres seguir haciendo y sosteniendo y, probablemente, fortalecer.
b) Considera las áreas donde tus comportamientos no estén produciendo ni logrando los resultados que quieres. Estas acciones disminuyen tu efectividad o generan conflictos con tus valores primordiales que necesitas cambiar. Identifica y escribe esos comportamientos que quieres cambiar o dejar de lado completamente porque no te sirven más. Para cada comportamiento, anota dos acciones específicas que van a ayudarte a cambiar cada uno de ellos.
c) Finalmente, identifica y escribe cuáles son aquellos comportamientos nuevos que necesitas empezar a incorporar. Pueden también ser acciones que necesitas dejar de hacer completamente. ¿Qué es lo que en realidad está pasando? ¿Qué está faltando? Piensa en las pequeñas mentiras que te dices a ti mismo, aquello que en lo más profundo de tu cora-

zón sabes que no es cierto. ¿Qué comportamientos podrían producir mejores resultados para ti? Si estás inseguro, pregunta a personas que sabes que pueden ofrecerte visiones y sugerencias para lograr cambios que aumenten tu efectividad.

Usa *EnCambio*, y las herramientas que te brinda, para hacer más eficiente estos cambios y para aprender a conocerte más. Identifica nuevos comportamientos y prácticas que pueden servirte más y mejor para conocerte a ti mismo, y que te ayuden a moverte hacia la vida personal y profesional que realmente quieres para ti.

Por ejemplo, si consideras tu meta profesional, ¿qué es lo que actualmente está funcionando y planeas continuar? ¿Qué necesitas cambiar? ¿Qué necesitas empezar a hacer? Haz lo mismo con tu objetivo de autoconocimiento o crecimiento personal. Vas a ver que a medida que identifiques cada comportamiento, las acciones específicas que necesitas en cada categoría serán casi evidentes. Lee *EnCambio* para aprender cómo dejar de hacer acciones que corresponden a tu pasado y presente, y cómo empezar a hacer nuevas acciones orientadas a tus objetivos de largo plazo.

4. Escribe en tu libreta de viaje seis nuevas iniciativas de acción para cada mes: tres enfocadas en tu objetivo profesional y tres en tu objetivo de autoconocimiento o crecimiento personal.

No eres tú, es tu cerebro

Por muchísimos años los científicos aceptamos la idea de que la mente es lo que el cerebro hace. Los pensamientos y emociones son expresiones de la actividad cerebral. Es decir, esta actividad da lugar a pensamientos, emociones y otras actividades cognitivas que juntas suman eso que llamamos "mente", según la describimos y definimos unos párrafos atrás.

En efecto, la sabiduría científica aceptada es que los estados cerebrales dan lugar a los estados mentales. Un patrón particular de neuronas disparando por acá y neurotransmisores liberándose y estimulando otras neuronas por allá dan lugar a algún estado mental, por ejemplo, "tener intención de hacer algo". Como cada estado mental, la intención tiene una correlación neuronal, un estado cerebral correspondiente marcado por una actividad en algunos circuitos específicos que hoy pueden ser detectados, por ejemplo, por resonancia magnética nuclear. Pero el estado cerebral de la "intención" es diferente del estado cerebral que causó esa intención, y puede dar lugar a otros subsecuentes estados cerebrales.

En el siglo XVII, el filósofo francés René Descartes postulaba al dualismo como un principio científico. Por un lado estaba el mundo material, las rocas y las cosas, y por el otro los pensamientos y emociones, la mente. Dos dominios distintivos pero paralelos de la realidad. Para esa época, los científicos no tenían ni idea de cómo funcionaba el cerebro y les era difícil imaginar que un pedazo

de gelatina dentro del cráneo podía ser capaz de producir los pensamientos, la fe, la genialidad y el amor. Es más, para esa época, era algo ridículo. Pero en la mitad de ese siglo Thomas Willis, el padre de la neurología moderna, y su equipo en Oxford, Inglaterra, estaban convencidos de la relación que había entre ambos. Todo lo que hace la mente se refleja en la química intrínseca de las células nerviosas que, con mucha paciencia, su equipo disecaba. Willis fue el que llamó a su trabajo "neurología". Cuatro siglos más tarde, cómo los patrones de actividad neuronal son transformados en la subjetividad de la mente y la conciencia sigue siendo el misterio más grande de la existencia humana.

Lo fantástico de la tecnología aplicada a la ciencia –en este caso, a la neurociencia– es que hoy podemos ver también el efecto opuesto. Algunos aspectos de nuestra mente actúan sobre el cerebro y causan cambios físicos en la mismísima materia que la ha creado. Pensamientos puros cambian la química cerebral, su actividad eléctrica, sus circuitos e incluso su estructura. **Éste es el conocimiento científico que provee el eje central de *EnCambio*. Tu mente puede cambiar tu cerebro.** Entonces, hay muchas cosas –no todas– que puedes cambiar según cómo uses tu mente, aunque esas cosas parezcan, o te hayan dicho que son, muy difíciles o incluso imposibles de lograr.

¿Se nace o se hace?

Ejercicio

Indica si estás mayoritariamente de acuerdo o en desacuerdo con lo que dicen estas afirmaciones sobre la inteligencia:[1]

1. Tu inteligencia es algo muy elemental que no puede cambiarse mucho.
2. Puedes aprender nuevas cosas, pero no puedes cambiar cuán inteligente eres.
3. No importa cuán inteligente eres, siempre puedes cambiarla un poco.
4. Siempre puedes cambiar de manera sustancial cuán inteligente eres.

Ahora indica si estás mayoritariamente de acuerdo o en desacuerdo con lo que dicen estas afirmaciones sobre tu personalidad y carácter:

1. Eres un tipo de persona y no hay mucho que puedas hacer para cambiar eso.
2. No importa qué tipo de persona seas, siempre puedes cambiar sustancialmente.
3. Puedes hacer muchas cosas de manera diferente, pero las partes importantes de lo que eres no pueden cambiarse.
4. Tú puedes cambiar hasta las cosas más básicas y fundamentales del tipo de persona que eres.

---

1. Adaptado del libro *Mindset, The New Psychology of Success*, de Carol Dweck.

Por ahora, dejemos a un lado tus respuestas. Ya volveremos a ellas.

Si las cualidades humanas son cultivadas durante la vida o escritas en nuestros genes con tinta indeleble, hoy ya es un tema viejo. Como dijo el prestigioso neurocientífico Gilbert Gottlieb: "No sólo los genes y el ambiente cooperan sino que, además, los genes necesitan información del ambiente para trabajar correctamente". Como es obvio, cada uno tiene su herencia genética y seguramente iniciamos nuestras vidas con diferentes temperamentos y aptitudes, pero hoy está claro que la experiencia y los esfuerzos personales son clave para determinar quiénes y cómo seremos en la vida. No se trata de una habilidad previamente fijada, sino de un compromiso con un claro propósito, con un sentido.

Durante años de investigación científica varios expertos han concluido, además, que **aquello que tú crees de ti mismo, afecta de manera profunda la forma en que llevas tu vida adelante.** Esa creencia hasta podría determinar si serás esa persona que quieres ser y si alcanzarás la mayoría de los objetivos que te propongas. Por el contrario, si crees que tus cualidades y aptitudes vienen "de fábrica", eso te creará una especie de urgencia en querer probarte todo el tiempo a ti mismo. Es decir, si crees que tienes una cantidad determinada de inteligencia, un cierto carácter, una cierta personalidad, todas más o menos fijas, entonces será mejor probarte que tienes una buena dosis de ellas para no parecer deficiente en la mayoría de estas características básicas de

lo que somos. Muchas personas pasan sus vidas probándose a sí mismas en sus carreras, en sus relaciones, en sus trabajos. Cada situación que atraviesan es una oportunidad para confirmar su inteligencia, su personalidad, su carácter. Cada situación es evaluarse: éxito o fracaso, vivo o tonto, aceptado o rechazado, ganador o perdedor. Es decir, lograr algo es (re)validarse a uno mismo, y para la mayoría de estas personas el esfuerzo es algo bastante malo.

Si eres uno de éstos, es porque crees, consciente o inconscientemente, que tu cerebro determina todo lo que eres y que eso es bastante fijo. Así viniste de fábrica y no se puede cambiar demasiado. Pero debes saber que esos rasgos tuyos no son sólo eso que te tocó y con lo que tienes que vivir. Esos rasgos son tu punto de partida. Puedes cultivar tus cualidades básicas a través del esfuerzo. Si bien podemos discutir –aunque no lo vamos a hacer– cómo surgen esos primeros talentos, aptitudes, intereses o temperamentos, todos podemos cambiarlos y crecer a través de la experiencia y el compromiso. No estoy diciendo que cualquiera puede ser, con la educación y la motivación adecuadas, un Messi, un Edison o un Picasso. Pero el potencial cerebral que tienes es bastante desconocido, por lo tanto, es imposible prever o saber qué y cuánto puedes lograr con años de pasión, entrenamiento, compromiso y trabajo duro.

Darwin, por ejemplo, era considerado un niño normal y Einstein tenía bajas notas en matemáticas durante su adolescencia. Conociendo que el cerebro tiene este potencial, que no es fijo sino que puede cambiar, crecer

y desarrollarse, no hace falta que estés probándote a vos mismo cuán inteligente eres, cuando sabes que en realidad puedes ser mejor en lo que haces. Tú, junto con tu actitud mental, podes alterar tu cerebro y cambiarlo. Como dice el sociólogo Benjamin Barber, "no divido al mundo en débiles y fuertes, o exitosos y perdedores, sino en los que aprenden y los que no aprenden".

Hoy existen estudios que muestran que **aquellas personas que creen que lo que son es lo que les tocó por genética, que el cerebro es fijo, son peores para estimar sus habilidades.** Lo que sucede es que si todo se dirime en buenas noticias o malas noticias sobre tus preciadas características, es inevitable que la distorsión sobre ellas se haga presente. Algunas son magnificadas, otras lo opuesto, y antes de saberlo realmente, no sabes nada de ti mismo. Además, **estas personas logran convertir una acción en una identidad.** Por ejemplo, fracasaste en algo (acción) y te dices que eres un fracasado (identidad). Si bien el fracaso es doloroso, no te define. Es un problema que tienes que enfrentar y aprender de él. Cuando este tipo de personas se somete a un cuestionario de preguntas difíciles, mientras se les mide nivel atencional en sus ondas eléctricas del cerebro y luego se les da una devolución sobre lo que contestaron, sólo prestan atención cuando se les dice si sus respuestas fueron correctas o incorrectas, pero no cuando se les presenta la información que podría ayudarlas a aprender algo nuevo; si contestaron mal, tampoco les interesa saber cuál era la respuesta correcta. Si este mismo experimento se hace con personas que sí creen que pueden cambiar, aprender, mejorar, las ondas cerebrales, que representan los niveles de atención, son tan intensas cuando se les dice si fueron o no correctas las respuestas como a la hora de escuchar la devolución. Además, estas personas tienden a amar lo que hacen, incluso durante momentos difíciles. Valoran mucho más lo que hacen independientemente del resultado.

No te estoy pidiendo que ames todo lo que haces, pero sí que comprendas que tus creencias sobre ti mismo pueden levantar o cerrar la barrera hacia el cambio que pretendes. Como dijo el famoso y exitosísimo jugador de basquet Michael Jordan: "Erré más de 9 000 tiros, perdí casi 300 partidos, me dieron la pelota 26 veces para definir en el último segundo del partido y no la metí". Pero algo es seguro: cada vez que eso sucedía, Michael Jordan volvía a practicar ese tiro que había perdido cientos de veces. Practicar, practicar, practicar. Vas a ver que para cambiar deberás repetir, repetir, repetir.

Sería como elegir entre mirar atrás en tu vida y decir "Pude haber sido..." por no haber logrado cambiar, o "Di todo por las cosas que tenían valor para mí", o sea, fuiste cambiando a medida que pasaba tu vida.

Todo esto no quiere decir que cambiar es como una cirugía. Cambiar tus viejas creencias no implica que serán removidas como un quiste o reemplazadas como un ligamento cruzado de rodilla. Al cambiarlas, las nuevas creencias se ubican al lado de las viejas, y a medida que se hacen más fuertes (de la cuerda al cable, ¿te acuerdas?) te dan a ti una forma diferente de pensar, sentir y actuar.

Tus creencias pueden ser la llave de tu felicidad y de tus miserias.

Cuánto crees que puedes cambiar

Volvamos al mini test de cuatro afirmaciones sobre tu inteligencia, personalidad y carácter. En la primera parte las afirmaciones 1 y 2 te indican que eres de los que creen que el cerebro es fijo; y las afirmaciones 3 y 4 reflejan que crees que lo puedes cambiar. Sustituye la palabra "inteligencia" por alguna habilidad (talento artístico, destreza en el deporte, bueno para los negocios, etc.). Por ejemplo, en la 4, "Siempre puedes cambiar de manera sustancial cuán bueno eres para los deportes". Los resultados son iguales: 1 y 2 indican que eres de los que creen que el cerebro es fijo, y la 3 y 4 reflejan que crees que puedes cambiarlo.

Del segundo test siguiente, de personalidad y carácter, las afirmaciones 1 y 3 indican que eres de los que creen que el cerebro es fijo, y las afirmaciones 2 y 4 reflejan que crees que puedes cambiarlo. En general, los primeros tienden a preocuparse por cómo serán juzgados, mientras que los segundos están ocupados o preocupados por cómo mejorar.

Imagínate que estás tomando un curso de chino. Al cabo de tres o cuatro clases el profesor comienza a hacerte preguntas delante de todo el curso. Si eres de los que creen que no se puede cambiar mucho (ni tu inteligencia, ni tus habilidades o características personales), tu habi-

lidad estará en juego. Los ojos de los demás te estarán mirando, la cara y los gestos del profesor te estarán evaluando. Sientes la tensión y tu ego desplomarse. Pero si eres de los que saben que puedes cambiar, seguro que te dices: "Hace poco que empecé el curso, estoy aprendiendo, el profe es un recurso para lograr ese aprendizaje, no hay tensión sino una mente abierta". Lo importante es que, ya seas uno o el otro, tus creencias sobre ti son algo que también puedes cambiar. Aquí un ejemplo.

¿Te acuerdas de la película *El día de la marmota*?[2] (*Groundhog Day*, de Harold Ramis, 1993). El actor Bill Murray es Phil Connors, un meteorólogo de un canal de televisión local de la ciudad de Pittsburgh que es enviado a un pueblo, Punxsutawney, a cubrir el Día de la Marmota. En esta ceremonia, una marmota es sacada de su casita el día 2 de febrero y, si es juzgada como que ha reconocido su propia sombra, entonces habrá seis semanas más de invierno. Pero si no la reconoce, la primavera llegará pronto. Phil se considera un ser superior y piensa que esa ceremonia, el pueblo y su gente son "rústicos pueblerinos idiotas". Quiere irse lo más rápido posible de allí. Pero una tormenta de nieve azota el pueblo y lo fuerza a quedarse. Y cada vez que despierta es otra vez 2 de febrero, otra vez el Día de la Marmota. Una y otra vez. Al principio Phil usa su conocimiento para reírse de los demás y hacerlos sentirse tontos. Como él es el único que se da cuenta de que el día se repite, empieza a conocer a la gente que se

2. También conocida con el título *Hechizo del tiempo*.

le cruza ese día y usa la información que va obteniendo de ellos para decepcionarlos, impresionarlos o hasta seducirlos. Puede probar su superioridad una y otra vez. (¿Te suena esto último?) Con el correr de los días ve que esto no va a cambiar e intenta suicidarse, algo que no logra. Finalmente cae en la cuenta de que podría usar ese tiempo para aprender. Toma lecciones de piano, lee muchísimo, aprende a esculpir sobre hielo, ayuda y cuida a la gente que lo necesita ese día. Muy rápido ese día ya no es tan largo. Cambió.

En definitiva, que creas o no que puedes cambiar es la primera clave para lograrlo. Es importante remarcar que el hecho de que creas que tus habilidades pueden cambiarse, mejorar, cultivarse, desarrollarse no dice mucho de *cuánto cambio* es posible o *cuánto tiempo* llevará ese cambio. Tampoco dice que todo puede cambiarse. Tampoco quiere decir que todo lo que pueda ser cambiado deba ser cambiado. Todos tenemos que aceptar nuestras imperfecciones, sobre todo aquellas que no lastiman nuestra vida ni las de los otros. Tus creencias sobre que el cambio es posible son fundamentales para que lo logres, pero **tú tienes que decidir dónde pondrás tu esfuerzo para cambiar**.

Todos nacemos con un amor por el aprendizaje que puede ir perdiéndose con el correr de los años. Si esto te ocurrió, piensa en algún momento de tu vida en el que disfrutabas mucho de algo, como aprender un deporte o un tipo de baile, hacer sopas de letras o sudokus, coleccionar autitos o boletos. Quizá en algún momento te aburriste, te cansaste o enojaste, pero siempre hay otro

desafío que puede aparecer, otra pasión, ganas, deseos para crecer, aprender y mejorar.

El nuevo aprendizaje causa nuevas conexiones en el cerebro. Esto tiene un efecto positivo en tu cerebro manteniéndolo joven. El mejor ejercicio mental es el de adquirir nuevo conocimiento y hacer cosas que nunca hiciste antes.

DANIEL AMEN

EJERCICIO

Pregúntate cuáles son las oportunidades que tienes para aprender y crecer hoy, para ti y para las personas que te rodean en tu vida. Mientras piensas en esas oportunidades, ármate un plan que diga —para que sea bien concreto— dónde, cuándo y cómo te embarcarás en ese plan. Cuando te encuentres con obstáculos, arma otro plan preguntándote de nuevo dónde, cuándo y cómo vas actuar en ese nuevo plan para superar ese obstáculo.

Oportunidad:

____

____

____

Plan:

____

____

____

En síntesis, si crees que no puedes desarrollar tu inteligencia, que eres lo que te tocó por genética sumado a *algo* de tus primeros años de vida, vas a ser dirigido por el deseo de tener que parecer inteligente, lo cual generará una tendencia en ti a evitar los desafíos, poniéndote a la defensiva o rindiéndote rápidamente, y creyendo que el esfuerzo es inútil. Vas a ignorar las críticas y sugerencias de los demás y te sentirás amenazado por el éxito de otras personas. Como resultado de esto vas a lograr muchos menos cambios en tu vida de los que tu potencial podría lograr. Pero si crees que tu inteligencia se desarrolla, entonces tu deseo será aprender, con una tendencia a aceptar y enfrentar los desafíos, resistiendo a los obstáculos que aparezcan. Verás al esfuerzo como algo necesario para dominar alguna habilidad, aprendiendo de las críticas e inspirándote con el éxito de los otros. Como resultado, obtendrás grandes logros y cambios en tu vida.

EJERCICIO DE AUTOCONOCIMIENTO LABORAL: DETECTAR OPORTUNIDADES PARA CONOCERME Y CAMBIAR EN MI TRABAJO

1. ¿Quién soy y qué tengo? (¿Cuáles son tus intereses, habilidades, conocimiento, contactos personales y profesionales, recursos tangibles e intangibles?)

(Ejemplo. Florencia, editora: interés en la escritura de alta calidad, habilidad en la edición, cuidado de sus autores, meticulosa, detallista.)

2. ¿Qué hago? (A partir de quién eres y qué tienes.)
(Ejemplo. Florencia, editora: edito, reescribo, investigo.)

3. ¿Cómo ayudo? (¿Qué es lo que haces para ayudar a otros?)
(Ejemplo. Florencia, editora: ayudo a los clientes a que publiquen sus artículos en importantes revistas académicas.)

4. ¿A quién ayudo? (La gente que en tu trabajo te necesita para hacer su tarea: clientes, jefes, supervisores, etc. Escribe sus nombres y apellidos.)
(Ejemplo. Florencia, editora: docentes universitarios, sobre todo de países europeos.)

5. ¿Cómo interactúo con otros? (Describe cómo interactuas.)
(Ejemplo. Florencia, editora: servicio personal, foco en retener clientes.)

6. ¿Cómo me conocen y cómo entrego lo que hago? (¿Cómo se enteran de que puedes ayudarlos, cómo deciden que te quieren a ti, cómo entregas lo que haces, cómo mantienes el contacto?)
(Ejemplo. Florencia, editora: e-mail, Skype, internet.)

7. ¿Qué obtengo? (Describe todos tus ingresos y beneficios, incluso los no tangibles, como satisfacción, reconocimiento, contribución social.)

(Ejemplo. Florencia, editora: dinero por la edición, satisfacción con cada edición publicada.)

8. ¿Qué doy? (Describe lo que das en tu trabajo —tiempo, energía y dinero—, como viajar, gastos sociales, cenar, almorzar con clientes, internet, teléfono, transporte, estrés, insatisfacción, etc.)
(Ejemplo. Florencia, editora: tiempo, energía y estrés por las investigaciones adicionales requeridas, costo de Internet y teléfono.)

9. ¿Quién me ayuda? (¿Qué profesionales u otros te ayudan en tu trabajo, te motivan, te aconsejan y te dan oportunidades para crecer?)
(Ejemplo. Florencia, editora: miembros doctorales del comité.)

Habiendo detectado y descrito estos aspectos tuyos y de tu relación con el trabajo, por un lado, puedes sorprenderte de cosas tuyas que no las tenías conscientes o muy presentes (por ejemplo, cuando yo trabajé con el virus del VIH durante un par de años estaba tan metido en mi trabajo de biólogo y en el laboratorio que olvidaba que la meta final de mi trabajo era curar una enfermedad o mejorar la calidad de vida de pacientes). Por otro, puedes detectar oportunidades de mejoras o cambios que quieras hacer.

Con miedo

Hoy existe una gran crisis en la industria de la salud que, sólo en Estados Unidos, consume 2.1 billones de dólares al año. Esto representa un séptimo de la economía total de ese país. La mayoría de este presupuesto está destinada al tratamiento de problemas de salud relacionados con el comportamiento de la gente. Por ejemplo, 80% de ese dinero es usado en cinco problemáticas relacionadas con el comportamiento: exceso de alcohol, tabaquismo, obesidad, estrés y falta de ejercicio físico. Y si bien éstos son números del gran país del norte, se estima que es bastante representativo del mundo occidental en general. Si analizas las cosas tuyas que quieres cambiar, vas a ver que la gran mayoría se refiere a ciertos comportamientos que determinan tus resultados o desempeño en tu vida. Aquí la paradoja es que solemos enfermarnos más seguido como consecuencia del estilo de vida que nosotros mismos elegimos y no por causas externas o genéticas.

En ese mismo país, un millón de personas se realizan al año un *by-pass* coronario o angioplastia, lo que equivale a 60 mil millones de dólares en salud. Este último procedimiento es un implante de un pedazo de plástico que abre las arterias que se tapan. Pero esta reparación es sólo temporal. La operación elimina el dolor de los pacientes, pero sólo 3% de ellos, gracias a la intervención, no sufre un ataque cardíaco en lo que le resta de su vida porque el *by-pass* se vuelve a tapar a los pocos años y las angioplastias a los pocos meses. Al salir de la sala de

operaciones los doctores explican que, para que el dolor no vuelva, las arterias no se tapen otra vez y evitar un ataque cardíaco, y quizá la muerte, los pacientes deben modificar su estilo de vida y sus comportamientos. Dejar de fumar, de tomar alcohol, de comer ciertos alimentos, de bajar el estrés y de comenzar a hacer ejercicio físico. Pocos lo logran. Está demostrado que 90% de los pacientes que tuvieron un *by-pass* coronario no cambia su estilo de vida luego de dos años de la operación. Saben que tienen algo serio y saben que deberían cambiar, sin embargo, por alguna razón no lo hacen. Los médicos conocen estas cifras, por lo cual debe ser difícil para ellos inspirar la creencia en el paciente de que puede cambiar cuando ellos mismos saben que eso no sucede. Los médicos no fueron entrenados en psicología, sino para ser grandes cirujanos y *prescribidores* de drogas. Y atención, en la incesante prescripción de drogas se encuentra escondido un peligroso mensaje: no cambies, total, las drogas hacen el trabajo por ti. La cirugía genera la ilusión de curación absoluta, pero no es así. Tras la cirugía, la motivación para el cambio de hábitos, y por ende de comportamientos, se basa en dos ideas que nos llevan por mal camino: los hechos y el miedo. Luego de unas semanas de la cirugía tienes tanto miedo a morir que vas a seguir las órdenes al pie de la letra. Pero la muerte es demasiado aterradora para pensarla durante mucho tiempo, entonces evitas hacerlo. Niegas y vuelves al comportamiento insano con facilidad, ya que, por ahora, el dolor ya no existe. Un estudio realizado con cinco marcas diferentes

de estatina, una droga recetada de por vida luego de las angioplastias y necesaria para favorecer que no se formen más coágulos arteriales, concluyó que todos los pacientes la toman los primeros dos meses, al tercer mes la mitad deja de tomarla y un año más tarde sólo un quinto la sigue tomando.

¿Imaginas algún cambio más fácil y pequeño en la vida de una persona que tomar una píldora por día? Sin embargo, tomarla te recuerda que estás enfermo, y de una enfermedad mortal, algo que no quieres recordar y por eso niegas. Cuando te encuentras ante una situación intolerable y te sientes sobrepasado de tensión, ansiedad y sin poder, o cuando la dura realidad amenaza con hacer añicos tu autoestima, tu mente –de manera inconsciente– activa una batería muy poderosa de estrategias para ayudarte a tolerar la situación. Te escudas de los hechos humillantes y amenazadores. Haces desaparecer las malas noticias de tu consciente. Son mecanismos de autodefensa que Freud llamó "la teoría de las defensas del ego" y que hoy la neurociencia considera un hecho. La negación es el más conocido de estos mecanismos. Niegas literalmente que te pasa algo o tienes un problema. La idealización es otro mecanismo: por ejemplo, cuando estás perdidamente enamorado de alguien, dejas de ver sus defectos o fallas. Proyectar, cuando atribuyes a otra persona tus virtudes o defectos. Racionalizar, cuando reduces todo a normas o conceptos racionales, lo cual te sirve para tapar los motivos reales de tu comportamiento. En lugar de ser seres racionales, somos seres que razonan.

Obviamente estas defensas no son intencionalmente elegidas. Es cómo tu inconsciente alivia las debilidades de tu conciencia. Tu cerebro automáticamente empuja aquello que no te gusta fuera de tus pensamientos conscientes y ni siquiera te das cuenta de que lo estás haciendo. Cuando la conciencia –los pensamientos que creas– no puede tolerar la realidad, el inconsciente acude a su rescate emocional. Pero sólo entendiendo cómo funciona tu mente no vas a cambiar cómo funciona tu mente. Tienes que hacer algo más. Cuando no puedes tolerar los hechos de la realidad, no sirve sólo enfrentarte a los hechos para poder cambiar y comportarte diferente. El remedio y la enfermedad aquí serían los mismos. Te gusta pensar que los hechos pueden convencer a las personas para cambiar, que vas a actuar por tu propio interés, si tienes la suficiente información. Dices que "el conocimiento es poder" y que "la verdad te liberará", pero no sucede. Piensas que cambiar está motivado por el miedo y que la fuerza más potente para cambiar es la crisis, que es la que crea el mayor de los miedos. Pero hay poquísimas crisis tan amenazantes como una enfermedad del corazón y no hay un miedo tan intenso como el de morir y, sin embargo, eso no motiva a estos pacientes a cambiar.

La gente se resiste al cambio, es parte de nuestra naturaleza. Hasta algunos de los más distinguidos expertos sostienen que es *naïf* y desesperanzador esperar que la gran mayoría de las personas podamos cambiar. El concepto erróneo, entonces, es que no cambias por conocer los hechos, sentir miedo y usar la fuerza para transformar una situación. Estrategia que usamos muchas veces para intentar, con recurrentes fracasos, un cambio personal o cambiar a otro, o a un equipo u organización.

Vives guiado por ideologías de todo tipo, por sistemas de creencia o marcos conceptuales, es decir, estructuras mentales que le dan forma a cómo ves el mundo. Como ya vimos, tus creencias más profundas son parte de tu inconsciente cognitivo. Esto quiere decir que los conceptos que van estructurando cómo piensas se van haciendo automáticos e instantáneos por sinapsis cerebrales (conexiones entre neuronas). En otras palabras, tus creencias –las cuales muchas veces no puedes explicar– son lo que sientes, y éstas son difíciles de cambiar porque se han desarrollado a lo largo de todos tus años de vida. Tomás los hechos, las cifras y los números y tratas de adaptarlos o pegarlos a tus sistemas conceptuales o de creencia. Si no logras hacerlo, seguramente desafiarás esos hechos o tirarás a la basura esa información, persistiendo en creer lo que quieres creer. Los conceptos no son algo que puedes cambiar porque alguien te dice que es un hecho. Te pueden presentar los hechos, pero para que tengan sentido deben adaptarse a las sinapsis que ya tienes en tu cableado cerebral. Si no, los hechos entran y salen como si nada. No son escuchados, o no son aceptados como hechos, o los desmitificas etiquetándolos como irracionales, locos o estúpidos ("¿Cómo alguien pudo haber dicho una cosa así?") Bueno, cambiar va a ser difícil, pero ya sabes la potencia que tiene el hecho de creer que sí puedes hacerlo. Y ahora aprendiste que ni los hechos, ni el miedo

ni la fuerza son elementos motivantes para un cambio de tus comportamientos a largo plazo.

Sin embargo, sucede

Hay cambios que suceden naturalmente. Experimentas y te enfrentas con algunas nuevas ideas que se te ocurren. Aprendes de la experiencia. Creces y maduras. Vas respondiendo a las nuevas demandas de cada etapa de tu vida. Hay veces que cuando estás atrapado o detenido, y ves que tus soluciones habituales no funcionan, buscas intuitiva y creativamente otras formas hasta que algo finalmente sucede y lo solucionas. El cambio parece ser más difícil a medida que envejeces, pero muchos neurocientíficos afirman que hay ciertas cosas, que veremos más adelante, que puedes hacer para "afilar" tu habilidad de cambio a medida que tu vida progresa. Es decir, muchas veces el cambio sucede, no se puede detener y tiene su propia energía.

Cada célula de tu cuerpo está en un proceso constante de transformación, cada una a su propio ritmo. Tus células del intestino son reemplazadas cada dos o tres días, las de la piel cada dos semanas; tus glóbulos rojos viven unos meses; tus músculos y huesos tienen una vida aún más larga y se renuevan cada diez o quince años. Hasta 1% de tu corazón se renueva cada año, incluso luego de un paro cardíaco no fatal puede hacer crecer nuevas células. Lo mismo ocurre si exploramos en niveles mole-

culares, bien profundos, por ejemplo en tu ADN, que contiene el código genético que determina bastante quiénes somos. La expresión de los genes, que creíamos un rasgo fijo, también puede cambiar en el tiempo a partir de tus experiencias en la vida. Es decir que tu cuerpo físico no es, literalmente, el mismo que diez años atrás, o que un mes atrás, o la semana pasada. Y quien eres hoy es en gran parte debido a lo que haces e hiciste con tu vida. Si ejercitas regularmente, tus músculos crecen, y con ellos crecen nuevos vasos sanguíneos para alimentar la nueva masa muscular para que pueda hacer el trabajo que tú le pides que haga. Hoy la ciencia muestra que si haces pequeños cambios en tu salud en el día a día, no sólo puedes revertir sino también prevenir enfermedades relacionadas con el corazón. Cambios relacionados con el manejo del estrés, la comida sana, caminar regularmente, etc. Con estos mínimos pero importantísimos cambios se ha visto que se puede revertir la expresión de genes relacionados con el cáncer de próstata en hombres que ya están afectados por esta terrible enfermedad, promoviendo además la expresión de otros genes que pueden luchar contra el cáncer. Tu cerebro también posee esta increíble capacidad de cambio. Puede crecer y cambiar en respuesta a tus experiencias de vida. Al igual que tu cuerpo, tu cerebro mejora en lo que tú le indiques. Por ejemplo, el cerebro de un músico o de un artista va a cambiar para poder asistir a las habilidades que se necesitan para el desempeño de estas actividades. Áreas que procesan la información visual o auditiva crecen y mejoran sus conexiones. Lo mismo ocurre con las áreas que son responsables del control motor, las que permiten que tus manos se muevan con un alto grado de precisión. Y es el proceso de practicar y practicar lo que hará progresar estas habilidades en el tiempo. Por ejemplo, aquellas personas que practican concentración a través de la meditación tienen cerebros que responden mucho mejor a todo desafío que requiera prestar mucha atención y focalizar. Y las áreas responsables del control de la atención de estos cerebros son más densas, gruesas y mejor conectadas.

El cerebro no sólo aprende, sino que también quiere crecer y curarse, lo que veremos en detalle en el segundo capítulo. En efecto, luego de un daño cerebral otras regiones del cerebro no dañadas pueden ir a ocupar la zona afectada para tratar de recuperar la función que se ha perdido. La neurociencia muestra que al mismo tiempo que el cerebro está siendo perjudicado por el estrés, se empiezan a acumular células madre (que pueden dar origen a nuevas neuronas). Es decir que cuando sufrimos estrés nuestro cerebro se está preparando para cuando se dé la circunstancia de poder curarnos y recuperarnos. Está creando y cuidando las células que vamos a necesitar para hacer crecer nuevas neuronas una vez que el estrés pase. Fíjate qué interesante: durante el estrés el cerebro no busca cambiar, sino que espera que éste pase. Como veremos, lo mismo pasa con nosotros: frente a un estado de amenaza es muy difícil cambiar. Pero la mayoría de la gente cree que es el mejor momento para hacerlo. Podríamos decir que el cerebro, como el cuerpo, tiene un

instinto para cuidarse, preservarse y atravesar los malos momentos. *EnCambio* te va a mostrar cómo redirigir esa capacidad con las elecciones que vas tomando sobre tu vida y lo que haces con ella.

Todos estos principios del cambio que afectan tu cuerpo y tu cerebro también aplican para tus emociones, pensamientos, hábitos, relaciones. El mundo en que vives está en constante cambio. Lo único constante es el cambio. Algunos cambios suceden rápido, otros más despacio, pero todos evolucionan en el tiempo. Cada cosa que hagas tiene el poder de intervenir en el proceso de cambio que ya está ocurriendo, al igual que algunas de esas cosas que parecen imposibles de cambiar por ti o por nadie, aquellas que parecen permanentes. La ciencia nos muestra que nada es permanente. Algunos cambios requieren de más energía, paciencia, voluntad y entereza, pero son posibles. Creo que todo aquello a lo que tratas de aferrarte sólo crea más sufrimiento, ya sea un trabajo, la apariencia de tu cuerpo, el lugar donde vives, tu sentido de quién eres. Si crees que en la vida sólo hay –o debe haber– una única forma posible y temes que pueda cambiar, inevitablemente sufrirás. El deseo de dejar todo como está o la creencia de que todo debe ser de una forma y no de otra es una de las fuentes de mayor sufrimiento humano. Para mejorar tu calidad de vida tienes que aceptar que el proceso de cambio existe, que es posible. Pero es fundamental que entiendas que hay muchas cosas y aspectos durante el proceso que no puedes apurar ni controlar. Si pretendes cambiar las cosas de manera inmediata, también

vas a sufrir. **Para ser tu propio piloto del cambio debes, sí o sí, en variadas ocasiones, salir de tu zona de confort, lo que te generará dudas, ansiedades y miedos.** También debés ser más consciente de quién eres, qué quieres, conocerte más. Conocerte a ti mismo, tus experiencias internas, tus motivaciones más profundas y tus trampas mentales o hábitos emocionales, los que muchas veces detienen las acciones que deberías tomar para mayor bienestar personal. La mayoría de las veces sabes que quieres cambiar, pero al intentar y sentirte poco cómodo, o cuando no sucede rápidamente, te rindes. Usas tu energía en controlar lo incontrolable, en lugar de ver qué es lo que sí puedes hacer para transformar tu experiencia.

Ejercicio

Te propongo que reflexiones sobre estas preguntas y te recomiendo que las escribas y las respondas en algún momento. Tómate todo el tiempo que quieras.

¿Cuál es el cambio que buscas o esperas que suceda en tu vida? ¿Qué es lo que ya está cambiando? ¿Qué es lo que ya crees que cambió?

____

____

____

Ejercicio: experimenta el cambio

Haz una cosa diferente hoy. Por ejemplo, toma otro camino para ir al trabajo; si siempre comes afuera de la oficina, lleva comida de tu casa; si en general sales a comer durante la

comida, hazlo en tu oficina; envía la agenda para la reunión del día siguiente. No es necesario que sea un gran cambio. Piensa lo que sucede cuando generas este pequeño cambio. ¿Cuál fue el impacto en tu rendimiento? ¿Cómo impactó tu cambio en el rendimiento de los otros? ¿Qué emociones se han disparado? ¿Tu día fue más sencillo o más difícil? ¿Te gustaron más los resultados obtenidos a partir del cambio?

____

____

____

La puntita, no

Muchas veces lo que quieres cambiar son los resultados que obtienes de lo que haces en casa, en el estudio, en el trabajo, con amigos, etc. Tu desempeño o *performance*. Estos resultados son conducidos, la mayoría de las veces y del tiempo, por una serie particular de comportamientos, tus hábitos. En forma resumida, un hábito se forma en tu cerebro en respuesta a un comportamiento que ya hiciste varias veces. Éste nace provocado o disparado por algún estímulo interno o en el ambiente, que conduce a que el cerebro reaccione en busca de alivio o placer instantáneo haciendo algo o no haciéndolo. Por ejemplo, tu revés en el tenis, tu forma de lavarte los dientes, cómo checas los mails en la compu o el lugar por donde empiezas a enjabonarte al bañarte. Pero fumar, comer de más,

no hacer ejercicio físico o pelearte con quienes te rodean también pueden ser hábitos.

Los hábitos no son sólo acciones, pueden ser también un pensamiento, una emoción repetitiva o una no-acción, algo que en determinadas circunstancias respondes no haciendo nada. Tus pensamientos sobre la política son casi siempre los mismos, como tus emociones cuando pierde tu equipo de futbol. Pasas casi 95% de tu vida pensando, sintiendo y haciendo lo mismo, o casi lo mismo. Este mecanismo cerebral hace del cerebro un órgano muy eficiente. ¿Para qué gastar energía si ya sé hacerlo, si ya lo sentí varias veces, si pensar igual es más "barato", energéticamente? En otras palabras, lo que hace tu cerebro gracias a los hábitos es pasar del estímulo o disparador directamente a la acción, pero sin darte la oportunidad de pensar si todavía quieres seguir haciéndolo de esa manera. Esto ahorra un gran gasto de energía. Si cuando empiezas a salir con amigos solés fumar con ellos, es altamente probable que en cada situación que te encuentres con amigos o sociabilizando enciendas un cigarrillo, sin ni siquiera haber pensando si querías o sentías hacerlo. El hábito quita el componente motivacional de la acción.

También están los llamados buenos hábitos, aquellos que te hacen más eficiente en el día a día y que no quieres cambiar, y los malos hábitos, esos que alguna vez te sirvieron para calmar o darte alivio (fumar, gritar, comer de más, no hacer ejercicio físico, drogarte, aislarte, etc.) sobre alguna situación, pero que hoy ya no coinciden con

tus metas y objetivos, con tu mirada de largo plazo de quien quieres ser. Eso que quieres cambiar.

Volvamos entonces a tus comportamientos, que son los que determinan los resultados que obtienes. Éstos son los que en ocasiones quieres, o a veces te piden cambiar. A su vez, estos comportamientos habituales son influenciados por tus emociones, lo que sientes, que paralelamente son influenciados por tus pensamientos, lo que piensas. Esto puede verse claramente en el modelo conocido como el modelo del iceberg. En él, tu desempeño y algunos de tus comportamientos son visibles, están afuera del agua. Pero otros comportamientos, más tus emociones y pensamientos, se esconden bajo la superficie. Hay mucho más de lo que impacta en tus resultados y desempeño que tan sólo algunos de los hábitos que puedes, literalmente. Es decir, la base de tu desempeño es lo que piensas usando tu mente. Dicho de otra forma, lo que logras en tu trabajo y en tu vida tiene directa relación con tu forma particular de pensar. Sin embargo, cuando tratas de cambiar esos resultados, tiendes a mirar lo que es visible, algunos comportamientos y el desempeño en sí mismo, en lugar de enfocarte en la base de tu *performance*: tus pensamientos. Rara vez te fijas o discutes con colegas o amigos acerca de tus hábitos o de los demás: "¿Qué estaré sintiendo?" Y mucho menos: "¿Qué estaré pensando?"

Te doy un ejemplo extremo para que sea más visual. Un empleado de comercio era despedido de todo tipo de trabajo porque cuando se encariñaba con un cliente, lo escupía. Se le pedía que cambiara ese comportamiento

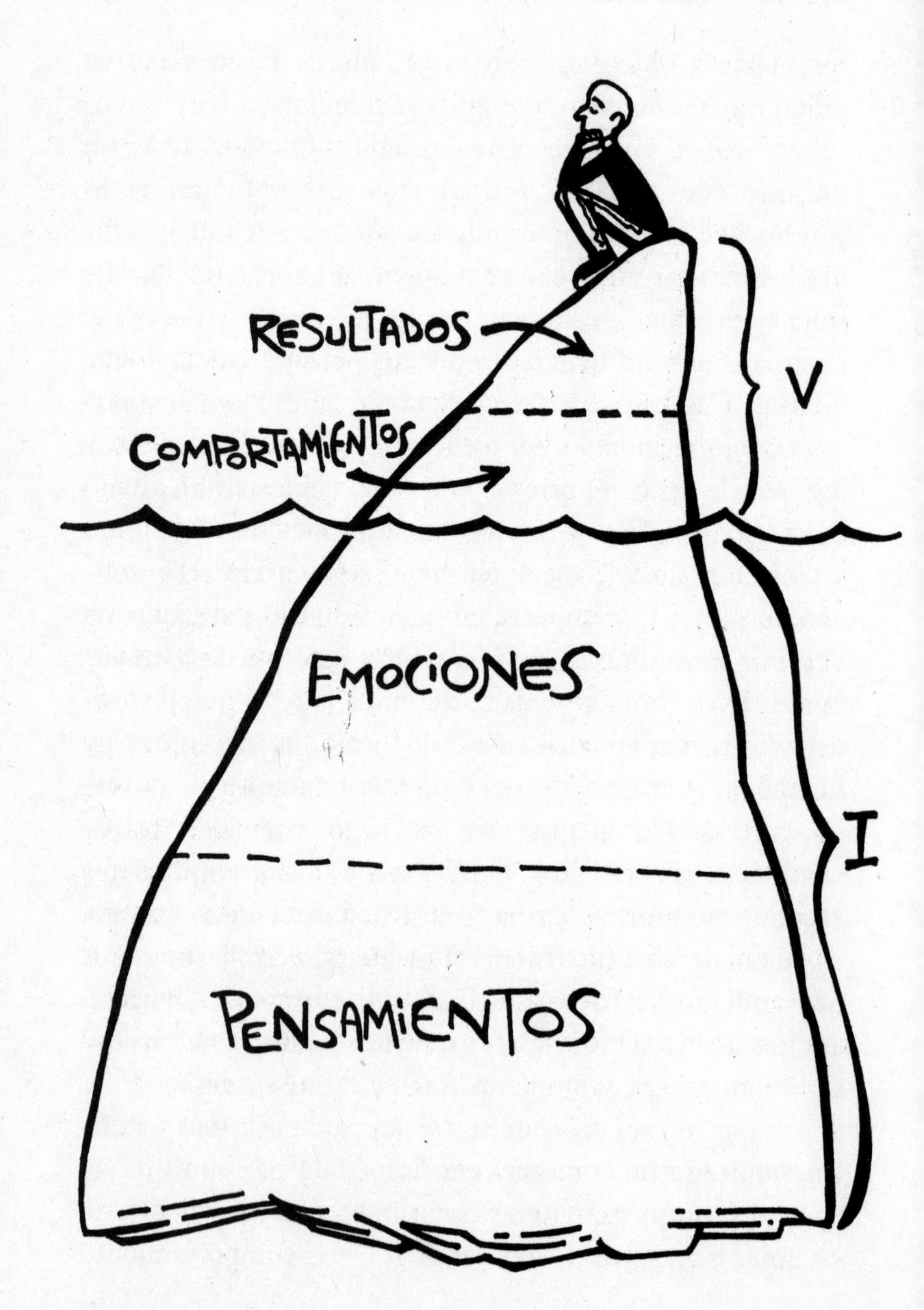

RESULTADOS
COMPORTAMIENTOS
V
EMOCIONES
I
PENSAMIENTOS

bien visible. Él se daba cuenta de que no era bueno escupir porque, cuando lo hacía, lo echaban. A veces, cuando era amenazado por el jefe pero se le daba una nueva oportunidad, lograba por unas semanas no escupir: cambiaba. Pero al cabo de uno o dos meses volvía a hacerlo. Finalmente, resultó ser que en su relación con sus padres y hermanos una escupida cariñosa era sinónimo de amor en la familia. Él "amaba" a su cliente, por eso lo hacía. Está claro que aquí el marco conceptual de pensamiento de esa persona sobre "escupir" es el que hay que cambiar. El cómo piensa al cliente y a la saliva. Atacar el pensamiento para cambiar la acción.

Las buenas noticias son que si tu mundo está definido por tus marcos mentales de pensamiento, puedes cambiar tu desempeño simplemente ayudándote a mover, trasladar o cambiar esos marcos. Pero cambiar lo que piensas es un desafío tremendo, dado que peleas y te aferras muy fuerte a tu mirada sobre el mundo. Sientes que si cambias lo que piensas, todo el mundo colapsará. Además, cuando la realidad externa cambia, tus realidades internas no se mueven tan rápido. Cuando el cambio viene de afuera –por ejemplo, tu jefe te pide que uses un software nuevo que no conoces–, necesitas tiempo para *recablear* tu cerebro y adaptarte, aprender. Esto lo haces creando nuevas conexiones acordes con tus propios cableados anteriores. Necesitas espacio, tiempo y motivación para que suceda. Pero luego debes dar un paso atrás y dejar que el proceso de recableado se desarrolle solo.

En este libro verás cómo usar ese espacio, tiempo y cómo motivarte para dirigir ese cambio en el cerebro, por ende, en ti. Además, dado que cada cableado de cada persona puede ser muy diferente, cualquier grupo de personas puede ver una misma situación desde diferentes perspectivas. En definitiva, si lo que haces y los resultados que obtienes –tu desempeño– dependen en primera medida de tus pensamientos, según vimos en el modelo del iceberg, lo que te propongo es que para cambiar debes trabajar primero con tu proceso de pensamiento o marcos mentales. Entonces, muchas de las cosas que quieres cambiar son determinadas primero por pensamientos –la mayoría de las veces no te das cuenta–, luego sensaciones o emociones que te empujan a hacer –o no– cosas que quizá a corto plazo te hagan sentir aliviado, pero que a largo plazo claramente te perjudican.

A continuación te dejo una serie de ejemplos sobre el proceso que se da en el cerebro para que termines haciendo algo de lo que la mayoría de la gente quiere cambiar. Acuérdate: piensas, sientes y actuas. Obviamente que sentir puede retroalimentar tus pensamientos y convertirlo en una bola de nieve –o espirales negativas– que empeora la situación. Es cuando tus emociones negativas les hablan a tus pensamientos, y luego piensas que "todo es cada vez peor", haciendo que tus emociones crezcan y, por ejemplo, una bronca termine convirtiéndose en enojo y luego en ira. Por ejemplo: imagínate que tu jefe te pide que termines un reporte para mañana (éste es el estímulo o disparador). Esta situación hizo en el pasado que pensa-

ras: "Uy, no soy lo suficientemente bueno para lograrlo". Eso llevó a sentirte ansioso, lo que te llevó a fumar (acción) un paquete de cigarrillos diario. Eso es lo que quieres cambiar en tu vida: dejar de fumar. El hábito hace que pases del pedido de tu jefe a salir a fumar de manera casi instantánea, sin pensar ni sentir. Si tan sólo pudieses frenar el "cómo estás pensando esa situación" y cambiar esa forma de pensar, habrá altas posibilidades de que logres cambiar lo que sientes y el comportamiento final. Esto veremos en *EnCambio*.

ESTÍMULO ⟶ PENSAMIENTOS ⇄ EMOCIONES ⟶ ACCIÓN = HÁBITO

En efecto, esta conexión entre estímulo-disparador-ambiente-situación con el pensamiento, la emoción y la acción que le sigue, surge generalmente durante la infancia o juventud en hechos que quizá no fueron importantes en el momento en que ocurrieron. Es allí donde se establecen los hábitos. Puede ser consciente o inconsciente, pero lo que es seguro es que fue una forma de responder del cerebro en busca de placer o alivio instantáneo en aquel momento, pero que a largo plazo y hoy no te benefician.

Ejemplos. Dada una cierta situación, pienso (1): no soy bueno para esto. Debería / no debería. Estoy loco / estoy enfermo. Quiero escapar de esta realidad. Últimamente tengo muchas ganas de comer algo que sé que no es bueno para mí. Quiero cosas que no son realistas, como sentirme bien todo el tiempo. Todos lo hacen bien menos yo.

No me merezco ser feliz. Todo lo que hago es para los demás. Nadie me quiere. No tengo control. Soy mala persona. No soy bueno para esto. Hay algo que está funcionando mal en mi cabeza. Todo piensan que yo... Todos son más importantes que yo.

Ese pensamiento me hace sentir (2): ansioso. Me duele la panza. Mariposas en la panza. Mi corazón va muy rápido. Tremendas ganas de comer algo dulce o salado. Sensación de desesperanza. Miedo. Fatiga, cansancio. Transpiración. Dolor en el pecho. Enojo excesivo. Calor en mi pecho, brazos, cara. Tristeza, depresión.

Y termino (3): fumando. Peleando o argumentando. Sexo compulsivo. *Shopping*, gastando plata que no tengo. Drogas. Alcohol. Revisando demasiado. No comiendo nada. Evitando personas, lugares o eventos. Comiendo cosas que no me hacen bien. Revisando algo repetidas veces (e-mails, hechos, info, mensajes de texto, etc.). Evitando hacer cosas que no me gustan pero que te harían bien (ejercicio físico). Pensando demasiado o sobreanalizando situaciones, eventos o personas.

Mezclemos ahora 1, 2 y 3 al azar: un cliente te hace una crítica sobre tu trabajo, entonces piensas "No soy bueno para esto", eso te lleva a sentirte un poco ansioso y triste, lo cual te lleva a pensar demasiado y sobreanalizar durante todo el día ese comentario. Es decir, quedándote en el problema en lugar de buscar soluciones.

Si te sentiste identificado, puedes ayudarte a cambiar. Recuerda que tus creencias sobre tus habilidades pueden levantar o cerrar la barrera hacia el cambio que pretendes.

Pero que también estas últimas son cambiables. Que el éxito es hacer lo mejor posible para mejorar y aprender, y el fracaso una señal de alarma, algo informativo que te debería motivar a volver a intentarlo. No sabes con exactitud cuánto cambio es posible o cuánto tiempo llevará ni que todo puede cambiarse. Y también aprendiste que motivar el cambio por conocer los hechos, sentir miedo y usar la fuerza es un concepto erróneo.

¿Cuál crees que es la forma más efectiva de cambiar? Atacando tu comportamiento habitual (sobreanalizando demasiado, del ejemplo anterior), o trabajando sobre los pensamientos que lo originan ("No soy bueno para esto"). ¡Exacto! Veamos entonces cómo los pensamientos pueden modificar el cerebro a partir de uno de los descubrimientos más excitantes de la ciencia: la neuroplasticidad autodirigida.

No todo lo que se enfrenta puede cambiarse, pero nada puede cambiar si no se lo enfrenta.

JAMES BALDWIN

Capítulo 2

Neuroplasticidad

En tu mano

Hay más posibilidades de conexiones entre neuronas en el cerebro que cantidad de átomos en el Universo.

JOHN RATEY

Te propongo que con tu mano hagas lo siguiente: si ponés tu pulgar en el medio de la palma de tu mano y luego lo

enrollas tapándolo con los otros cuatro dedos, obtendrás un modelo sencillo para describir a tu cerebro. Tu cara estaría al frente de tus nudillos y la parte de atrás de tu cabeza sería la parte de atrás de tu mano. La muñeca representa tu médula espinal, surgiendo desde tu columna, donde se "sienta" la cabeza. Y si levantas los cuatro dedos y luego tu pulgar, verás en tu palma tu cerebro reptiliano, la parte más antigua de tu cerebro, la que recibe datos de tu cuerpo, los analiza y reenvía nueva información para regular procesos básicos como el funcionamiento de tu corazón y pulmones. Si ahora pones de nuevo tu pulgar en el medio de la palma –lo ideal sería que haya dos para hacerlo simétrico– éste representaría las áreas límbicas que evolucionaron cuando aparecieron los primeros pequeños mamíferos. El límbico trabaja junto con el reptiliano y el resto del cuerpo para crear tus instintos básicos, deseos y emociones. Es crucial para formar tus relaciones con los demás. Juntos, reptiliano y límbico, tienen más de 200 millones de años sobre la Tierra. Finalmente, al enrollar los cuatro dedos formas el córtex. Ésta última es la capa más externa, también conocida como neocórtex, que se ha expandido muchísimo con la aparición de los primates. En nosotros, los humanos, la parte más frontal y elaborada del córtex nos permite tener ideas, elaborar conceptos y hasta pensar en lo que estamos pensando. Tu neocórtex tiene unos 100 mil años en el planeta.

De esta forma has esquematizado en tu mano el cerebro triuno –reptiliano, límbico y neocórtex– que fue desarrollando sus diferentes capas a través de la evolu-

ción. Estas áreas están verticalmente integradas, ya que se distribuyen desde abajo o adentro –cerebro reptiliano y límbico– hacia arriba o más afuera –el córtex más nuevo y desarrollado–. También se lo puede dividir en dos mitades, una integración horizontal. Más adelante veremos en detalle algunas áreas que, de manera directa o indirecta, están involucradas en los procesos de cambio. Con esta descripción básica y sencilla del cerebro estás listo para adentrarte en una de sus habilidades más increíbles y recientemente comprobadas por la ciencia: su capacidad para crecer, seguir desarrollándose, crear nuevas neuronas y reemplazar áreas dañadas tanto de pequeño como de adulto, hasta el último día de tu vida. Su neuroplasticidad. Tu neuroplasticidad.

Sí, se mueve

El primero en introducir el concepto de plasticidad del cerebro fue el padre de la psicología experimental en Estados Unidos, William James. En 1890 dijo: "Materia orgánica, fundamentalmente tejido nervioso, que parece dotado de un extraordinario grado de plasticidad. Una estructura lo suficientemente frágil para poder ser influenciada". El tema fue que Williams era "sólo" un psicólogo, entonces su especulación no fue muy lejos. Además, en ese mundo científico era mucho más prestigiosa la visión del español Santiago Ramón y Cajal, ganador del premio Nobel de Fisiología o Medicina, que en 1913 dijo:

"En adultos las estructuras nerviosas son algo fijo, terminado e inmutable". Estas afirmaciones que indican que los circuitos neuronales de un órgano viviente no pueden cambiarse, y que sus estructuras y su organización son estáticas, como las de un cadáver, permanecieron vigentes durante casi un siglo. Todavía la mayoría de los manuales describe al cerebro adulto como algo fijo, cableado en forma y función. Nos dicen que llegamos a grandes "pegados" a lo que ya tenemos en la cabeza, a lo que ya somos. Esto no significa que los científicos fallaban en reconocer que el cerebro debía sufrir cambios durante la vida. Después de todo, el cerebro es el órgano del comportamiento y el repositorio del aprendizaje y la memoria. Cuando adquirimos nuevos conocimientos, dominamos una nueva habilidad o guardamos algo del pasado en la memoria, el cerebro cambia de forma real y física para que aquello ocurra. Por años los científicos ya sabían que el aprendizaje y la memoria ocurren con la formación de nuevas sinapsis, que son los puntos donde se conectan las neuronas, o el refuerzo de sinapsis ya existentes. Es así, **desempeñamos acciones automáticamente porque hemos creado cambios permanentes en nuestro cerebro a través de la repetición**. Lo que mencionamos en el capítulo anterior y llamamos "nuestros hábitos". En personas muy especializadas, como músicos profesionales, esos cambios se ven claramente en escáneres cerebrales. Si tocas un instrumento durante varios cientos de horas, eso hará una gran diferencia en áreas del cerebro que controlan tus dedos, lengua y labios. Distorsionaste o esculpiste tu ce-

rebro. Un experto en negocios también tiene un cerebro distorsionado ya que está altamente entrenado. Los especialistas son realmente difíciles de crear y conseguir, y muy valorados en organizaciones, pero al mismo tiempo tienen algo de rigidez en su cerebro. La experiencia que van acumulando con el tiempo hace que sea más difícil de cambiar. Para lograrlo, una de las claves es **mantener a tu cerebro aprendiendo**. De joven, casi todo lo que haces es un comportamiento basado en el aprendizaje, poderoso y muy plástico. De adulto, cuando dejas de usar esa poderosa máquina de aprender, se pone como dura y empieza a morir. La salud del cerebro empieza a declinar alrededor de los treinta años, a menos que sigas trabajando con él y aprendiendo. Pero, cuidado, "permanecer activo" no es lo mismo que "seguir aprendiendo". **De adulto, estando más cómodos con nuestros éxitos, nos ponemos adversos a la práctica ardua y la repetición sostenida de nuevas cosas, que son las que llevan al cambio.** Si eres abogado, leer lo último que salió en el tema de leyes internacionales en revistas especializadas en Derecho no es lo que el cerebro entiende por "aprender". Ya eres un experto en leyes y derecho. En este caso particular, "aprender" para tu cerebro sería que tomes lecciones de *kitesurf* o tango de salón. Es decir, la idea es escapar de tu *expertise* y volverte novato en un desafío totalmente diferente. Es desafiarte en lo que seguramente vas a ser malo por un tiempo, en lugar de volver a los desafíos en lo que ya fuiste muy bueno por muchos años. Además, a eso hay que agregarle el uso de las diferentes inteligencias: verbal, espacial, mecánica,

práctica, emocional, etc. Es por eso que aprender a tocar un instrumento o un idioma es un verdadero "aprendizaje" para el cerebro. Vas a saber que realmente estás aprendiendo algo nuevo y diferente cuando te cueste por mucho tiempo dominarlo y cometas constantes errores, y hasta por momentos te sientas un idiota. Luego, de a poco, serás mejor en eso hasta que se convierta en un hábito y devenga automático.

Aprender cosas nuevas y complejas es difícil y desalentador, por eso es tan importante tener un maestro o *coach*. Los buenos maestros hacen mucho más que demostrar la técnica y corregir errores. Inspiran y sostienen tus ilusiones comunicándote que creen en ti, y marcándote los pequeños progresos que muchas veces ni siquiera tú notas.

Ya vimos la importancia de tus creencias a la hora de cambiar. Te muestran su competencia, sus métodos y las cosas importantes, pero lo fundamental para que lo logres es que te muestran tu propio potencial. Entonces, **un cambio de cualquier tipo requiere que aprendas nuevos hábitos (en el cerebro) y desarrolles nuevas habilidades.** Cambio es entrenar, practicar y enseñar, pero por sobre todo necesitas una motivación que sostenga el esfuerzo necesario para que lo logres en el tiempo. Esa motivación es emocional y no con hechos, datos y números, como vimos en el capítulo anterior.

CAMBIO = NUEVAS HABILIDADES ⇄ NUEVOS HÁBITOS

CAMBIO = ENTRENAR + PRACTICAR + MOTIVARTE –
MARCOS CONCEPTUALES VIEJOS

En los últimos años del siglo XX numerosos investigadores desafiaron el dogma del cerebro estático y realizaron varios descubrimientos que demostraron lo contrario, es decir, que el cerebro adulto contiene un fantástico poder de neuroplasticidad. Puede *recablearse* activando cables "dormidos" o desenchufados y creando nuevos cables. O apagar cables y circuitos con actividades aberrantes o negativas para sus dueños, como las que caracterizan, por ejemplo, la depresión. Cortar aquellas conexiones patológicas que sin cesar provocan un estado casi continuo de "algo malo está sucediendo", como aquellos con trastorno obsesivo compulsivo. En resumen, el cerebro adulto retiene mucha de la plasticidad de aquel cerebro en pleno desarrollo, incluyendo el poder de reparar regiones dañadas, de hacer crecer nuevas neuronas, de reubicar neuronas de una región que realizan una tarea determinada en otra región para que asuman nuevas funciones y de cambiar los circuitos del tejido neuronal en las redes que nos permiten recordar, sentir, sufrir, pensar, imaginar y soñar. Pero la revolución no consiste sólo en saber de este poder y capacidad de cambio que tiene nuestro cerebro adulto. Igualmente importante es el empezar a entender cómo el cerebro cambia. Las acciones que hacemos en la vida pueden literalmente expandir o contraer diferentes regiones del cerebro, poniendo más gasolina en algunos circuitos callados o silenciando otros muy ruidosos.

El cerebro ocupa mucho más espacio físico, más terreno o geografía en funciones que su propietario utiliza con mayor frecuencia, y deja poco espacio para las acti-

vidades que rara vez realizamos. Es decir, la mismísima estructura de tu cerebro, los tamaños relativos de las diferentes regiones, la fortaleza de las conexiones entre un área y otra, todo eso refleja la vida que vives. Como la arena en la playa, el cerebro lleva las huellas de las decisiones que tomas, las cosas que aprendes y las acciones que haces o dejas de hacer.

Como vimos en el capítulo anterior, ya existen evidencias científicas de que **tu mente puede re-esculpir tu cerebro sin ningún *input* del mundo externo, tan sólo con aquellos pensamientos que piensas.** Por pura actividad mental. Por ejemplo, si pensamos que estamos tocando la guitarra, se pueden medir cambios físicos en el córtex motor, responsable del movimiento de tus manos y dedos. Incluso algunos pensamientos pueden curar o restaurar algo de tu salud mental. Por ejemplo, haciendo pensar diferente a pacientes con depresión sobre el tipo de pensamiento que los amenaza y los deja en el abismo de la desesperación, pueden reactivar regiones del cerebro y aquietar otras, reduciendo así el riesgo de volver a tener recaídas depresivas. Atención, esto debe ser trabajado con un profesional de la salud. Algo tan no-sustancial como un pensamiento tiene la habilidad de alterar conexiones neuronales de manera de recuperarse de una enfermedad mental y quizá mejorar la capacidad de compasión y empatía. Entonces, tus actividades en la vida te informan quiénes somos. Sí, eres producto de tu pasado, pero tienes siempre la oportunidad de remodelarte.

Si usamos la definición del prestigioso doctor Peter Levine, **la neuroplasticidad es la habilidad que tiene**

el cerebro para asumir nuevas funciones basado en necesidades de cambio y acciones personales. "Plasticidad" proviene del griego *plastikos,* que significa "con forma o moldeado". Incluye cualquier proceso que resulte en el cambio en la estructura, circuitos, composición química o funciones del cerebro, en respuesta a cambios en el ambiente. Es una propiedad del cerebro mejor comprendida como una capacidad o potencial de áreas y circuitos para adoptar nuevos roles y funciones. Por ejemplo, cuando ocurre un derrame cerebral o un taponamiento de alguna arteria, más conocido como *stroke* o ACV (accidente cerebro vascular), el torrente sanguíneo decrece en áreas específicas del cerebro y puede resultar en daños permanentes de esas neuronas. Según dónde ocurra, determinará los déficits que esa persona podrá sufrir. Si ocurre en el córtex motor, quizá no pueda moverse o mover alguna parte de su cuerpo, como un brazo. El solo escuchar la palabra nos suena como una sentencia de vida de parálisis parcial, pérdida del habla u otros impedimentos trágicos. Pero un tercio de los pacientes se recupera espontáneamente, volviendo a obtener bastante rápido la mayoría o todas las funciones que había perdido. Otro tercio se recupera luego de terapia. La más efectiva y a veces controversial, introducida por Edward Taub, es la del movimiento inducido por restricción. Imaginemos que el ACV te dejó paralizado el brazo derecho, entonces se coloca tu brazo izquierdo en un cabestrillo para que no puedas moverlo. También se te inmoviliza la mano "buena", y así no te quedará otra opción más que "mover" el brazo

derecho. Muchos pacientes se benefician con esta terapia. El área dañada del córtex motor (la responsable del movimiento de tu brazo derecho) parece ser reubicada en otra área cerebral sana que asume la función perdida. El estudio más famoso de Taub fue cuando, en 2006, eligió a 41 pacientes que habían tenido en promedio un ACV cuatro años y medio atrás. De ellos, 21 fueron puestos en terapia de movimiento inducido por restricción seis horas por día, durante diez días. Durante el tratamiento, los pacientes recibían entrenamiento en diferentes tareas usando el brazo afectado, mientras que el otro estaba sujeto e inmovilizado. Los otros 20 pacientes, el grupo control, seguían terapias para el fortalecimiento, balance y resistencia del cuerpo, así como también ejercicios de relajación mental, pero nada con el brazo "malo". Dos semanas más tarde, el primer grupo mostró progresos en la calidad y cantidad de movimiento del brazo "malo" en comparación con el grupo control. Progresos que dos años después aún persistían. Te recuerdo que estos pacientes eran adultos con cerebros adultos. Sin embargo, cabe aclarar que no todos los pacientes se benefician con esta terapia ni tampoco está claro cuáles son las bases neurológicas que explican por qué esta terapia funciona.

¿Cómo?

La neuroplasticidad ocurre cuando otras áreas del cerebro o nuevas neuronas ocupan esas regiones dañadas por el ACV.

Esto muchas veces significa asignar nuevas funciones a áreas o circuitos que estaban siendo usados para otra cosa. Lo que la neurociencia aprendió estos últimos años, y llamaremos neuroplasticidad autodirigida, es que en ocasiones, si se le pide al cerebro repetidas veces una función determinada muy necesitada –usando nuestro último ejemplo, "mover el brazo"–, el cerebro "aprende" que esa nueva función es muy importante, y neuronas previamente alojadas en otros lugares son redirigidas para su nuevo uso. En este último caso, al córtex motor para devolver la movilidad del brazo. En general esto ocurre con áreas adyacentes a las áreas dañadas. Desde el punto de vista biológico, esto no es ni bueno ni malo, sino un simple mecanismo que se desarrolló para ayudarte a adaptar a tu ambiente y sobrevivir a condiciones muy cambiantes. Lo poderoso de la neuroplasticidad autodirigida es que te da una herramienta para *recablear* tu cerebro, es decir, cambiar. Esto se logra, como veremos en profundidad, a través de tus expectativas, experiencias, a qué y cómo le prestas atención, y el poder de vetar ciertos pensamientos, emociones y acciones automáticas del cerebro. Además, necesitas de un fuerte compromiso, trabajo, disciplina y dedicación sobre eso que quieres cambiar.

En conclusión, la neuroplasticidad está operando todo el tiempo. Si repetidas veces te involucras en los mismos comportamientos –por ejemplo, revisar tu e-mail cada cinco minutos o fumar–, tu cerebro va a designar esta acción como "preferida", sin importarle los efectos que tenga en ti o en tu vida futura. Es decir, las acciones o in-

acciones que haces hoy –donde estás focalizando tu atención– tienen un efecto sobre el cableado de tu cerebro y cómo vas a responder de forma automática a diferentes estímulos en el futuro cercano. Por ejemplo, si eres de mirar tu e-mail muy, muy seguido, te propongo que dejes de hacerlo durante 24 horas y vas a ver lo difícil que es. Lo mismo que dejar de fumar. En resumen, a lo que le prestas más atención en tu día va a crear el cerebro con el cual vas a vivir, y es por eso que veremos que dónde pones el foco es de extrema importancia para cambiar.

Nacimientos adultos

El término científico para describir el nacimiento de nuevas neuronas es "neurogénesis". Fue recién en 1962 cuando el equipo de Joseph Altman, en Boston, logró demostrar de manera elegante que esto ocurría en cerebros adultos de ratas, gatos y conejillos de Indias, y no sólo en la etapa de desarrollo cerebral. Altman pudo poner en evidencia la neurogénesis utilizando una herramienta molecular que para esa época estaba de moda. Cuando una célula se divide para formar dos células hijas, primero debe fabricar una copia nueva de su ADN. Para eso necesita diferentes moléculas más pequeñas que navegan por el núcleo celular. Una de ellas es la timidina, que tiene la particularidad de poder ser detectada radiactivamente... Para hacértela fácil: brilla. Si la timidina radiactiva, agregada por el investigador al caldo celular donde está

ocurriendo la división, se incorpora a una nueva cadena de ADN, ésta puede ser detectada fácilmente. Y esto fue lo que el equipo de Altman detectó en cerebros adultos: radiactividad producto de nuevas cadenas de ADN, es decir, nuevas células neuronales. Neurogénesis. Luego le siguió el equipo de Michael Kaplan, en 1977, con una técnica parecida –pero mucho más *cool*– en cerebros de ratas adultas. Los científicos son capaces de crear una especie de etiqueta molecular fluorescente que puede pegarse a la timidina, y bajo microscopio electrónico es posible ver neuronas fluorescentes. Eso detectó el equipo de Kaplan.

Podemos argumentar que cerebros de ratas, gatos o conejillos de Indias –luego se hizo también en diferentes aves, monos– no son ni parecidos a los cerebros humanos. Pero el tema era que la neurogénesis en cerebros humanos adultos no parecía fácil de demostrar. No hay técnica, que no sea invasiva, de imágenes tan poderosa –como FMRI o PET, que sólo pueden ver qué regiones del cerebro están activas– para ver el nacimiento de nuevas neuronas en cerebros intactos y vivos de personas. Para lograrlo, se debería "matar" al propietario del cerebro, remover el tejido que se quiere analizar y estudiarlo con técnicas de "etiquetado molecular que brilla" y microscopía muy sofisticada. Pero en 1996 un trabajo en conjunto entre un grupo sueco, liderado por Peter Eriksson, y un equipo estadounidense, dirigido por Fred Gage, logró romper lo que durante siglos había sido el dogma sobre el cerebro adulto humano: "No hay nacimiento de nuevas neuronas cuando eres adulto si eres humano".

Algunos pacientes con cáncer son inyectados muy seguido con una molécula llamada BrdU (bromodesoxiuridina), que también brilla cuando se duplican las células. Los oncólogos la usan para saber cuántas nuevas células "cancerígenas" van naciendo, y a qué velocidad, en el paciente para estudiar su evolución y lo agresivo y maligno del cáncer. La BrdU no es exclusiva de células tumorales sino que se incorpora en toda nueva cadena de ADN que se divide para formar otra célula hija. Entre 1996 y 1998, una serie de pacientes con cáncer que habían sido inyectados con BrdU murieron en Suecia. Tras la autorización pertinente, partes de su tejido cerebral fue removido y estudiado en busca de células fluorescentes de BrdU, es decir, nacimiento de nuevas neuronas. "Todos los cerebros tenían evidencia de neurogénesis en los exactos mismos lugares que las otras especies de animales anteriormente estudiadas", escribió en su artículo científico Gage, e indicó que además se trataba de neuronas adultas y maduras, y se habían creado entre 500 y 1 000 células nuevas por día. Este descubrimiento derribó generaciones de sabiduría convencional en neurociencia. El cerebro humano no está limitado a las neuronas con las que nace ni a aquellas que nacen durante la etapa temprana de desarrollo, sino que nuevas neuronas nacen hasta en la octava década de vida, y pueden crear estructuras cerebrales o migrar a estructuras ya existentes para armar nuevos circuitos y mapas.

En la actualidad, dada la evidencia científica, sabemos que todo sistema cerebral conocido –sistema visual, auditivo, de atención, del lenguaje– es neuroplástico, es decir, puede cambiar. Pero también sabemos que no todos son igualmente plásticos. Algunos lo son durante un período pero no en otro, mientras que otros son capaces de cambiar durante toda la vida. La neurociencia está avocada hoy a comprender mejor esto. **Estudiamos el desarrollo del cerebro para optimizar el desarrollo de las personas.** Entendiendo cómo cambian los cerebros podemos mejorar, por ejemplo, el diseño de las escuelas, de las oficinas, etc. Un nene de un año tiene el doble de conexiones neuronales que un adulto. Como si fuese un escultor con un gran mármol aún sin trabajar, el cerebro comienza de la misma manera, con un exceso de conexiones. Cada una de las más o menos 100 mil millones de neuronas de un cerebro recién nacido conecta con un promedio de 2 500 neuronas. Hasta los dos y tres años seguirá conectándose al máximo, hasta llegar a un promedio de 15 000 conexiones. A esa edad el cerebro empieza a perder conexiones en una especie de poda neuronal. Se estima que unos 20 mil millones de sinapsis se pierden por día desde esa edad hasta la adolescencia. Aquellas que perduran son las más utilizadas, las de mayor tráfico. Y los caminos no transitados se irán disolviendo. Este cambio dramático de pequeños nos deja con un mundo lleno de posibilidades en cerebros adultos, cuyos circuitos son menos maleables, pero maleables al fin.

Estoy convencido de que si cada uno supiese más y mejor cómo funcionamos y cómo podemos cambiar, haríamos del mundo un lugar mejor. Así que... ¡metámonos de lleno a aprender cómo cambiar nuestro cerebro para vivir mejor!

Capítulo 3

Preparándote para el cambio

Háblale a tu cerebro

Uno no puede enseñarle nada al hombre,
sólo puede permitirle aprender por sí mismo.
GALILEO GALILEI

Tu vida no mejora por azar,
sino que mejora por cambiar.
JIM ROHN

¿Es importante para ti pasarla bien mientras estudias o trabajas? Existen muchos estudios sobre la satisfacción de las personas en sus trabajos y todos llegan a conclusiones muy parecidas: seis de cada diez son infelices y tres de cada cuatro no están involucrados con su trabajo. Imagina si aquello que te gusta mucho hacer, un día dejara de gustarte. Probablemente no lo harías más, salvo que estés obligado. No hay dudas entonces de que la productividad y la creatividad para desempeñarte en cualquier función o trabajo están relacionadas con las ganas, la intención y el disfrute de lo que haces. Si a tanta gente no le gusta lo que hace, o se siente infeliz haciéndolo, podemos pensar en el cambio como una herramienta posible para transformar esto. Cambiar para empezar o volver a disfrutar de tu trabajo, para animarte a irte a otro lugar –y tal vez en otra función muy diferente–, cambiar para sentirte más

útil, creativo, autónomo en lo que haces. Cambiar para pensar cosas que sirvan, que te gusten, que mejoren la calidad de tu trabajo, el de tus colegas y el de todas las personas que directa o indirectamente tengan algo que ver con lo que haces.

¿Cómo llegaste hasta este lugar sin ser feliz? ¿Cómo sucedió? ¿Acaso no fuiste tú quien eligió, quien pensó y creyó que acá era donde debías estar? Fuiste comportándote de diferentes maneras hasta llegar acá, a tu presente. ¿Quién es el responsable –o irresponsable– de la creación de tus comportamientos, elecciones, creencias y pensamientos? La respuesta es tu **sistema de valores**. Este último se va imprimiendo y dejando una huella en tu vida desde el nacimiento. Es decir que para cambiar o eliminar alguno de tus comportamientos, o creencias, o pensamientos, o elecciones, debes cambiar *algo* de tu sistema de valores. Dicho de otra forma, **para obtener nuevos resultados** en lo que haces, **debes cambiar el sistema de valores** responsables de tus comportamientos y procesos de pensamiento, que sólo obtienen viejos resultados. Si aquello en lo que crees y valoras no cambia, tu cerebro seguirá filtrando información de la misma manera que siempre la ha filtrado, entonces las actitudes, los comportamientos y las formas de pensar no cambiarán.

Para entender la dimensión de su importancia: los humanos somos la única especie que mata para defender algún sistema de valores que fue violado. Es decir, cuando tus pensamientos o valores conscientes violan aquellos inconscientes, el cambio no es sostenible. Es lo que a mí

me gusta sintetizar con esta frase: "Cambias, pero a corto plazo". Por ejemplo, si en tu sistema de valores a todas las personas, sean quienes fueren, hay que tratarlas por igual pero en la "cultura" de tu nuevo trabajo a los aprendices y a las secretarias se los puede sobreexplotar pidiéndoles infinidad de cosas, incluso fuera del horario laboral, pero a tus compañeros de proyecto y a tu jefe no puedes llamarlos ni escribirles luego de las seis de la tarde, dado tu sistema de valores, hay altas posibilidades de que no uses ese permiso de pedir "extra" a ciertos compañeros (aprendices y secretarias) y a los otros no (compañeros de proyecto y jefe). Y si tu jefe te pide que lo hagas, podrás hacerlo, pero no será sostenible en el tiempo. Salvo que cambies tu sistema de valores. Una vez un jefe me dijo: "No puedes ni tienes que tratar a las secretarias igual que me tratas a mí". Al principio no entendí, luego pensé que era una broma. Finalmente, lo que sucedía es que su sistema de valores era muy diferente del mío.

Parece entonces que si es tan difícil cambiar tu sistema de valores, se trataría de lo que se conoce como un sistema cerrado. Éstos son sistemas que no son influenciados por variables externas, se autocontienen y sólo cambian por condiciones internas. Sin embargo, no es así. Tu sistema de valores –como también tu cerebro, que lo ha creado– es abierto. Puede continuar toda tu vida adaptándose, creciendo y evolucionando en relación con tu ambiente. Ajustando los cambios según el contexto. Ése eres tú, o más bien, lo que podrías ser si te lo propones.

Cuanto más abierto es un sistema, más intercambio, más retroalimentación con el ambiente y flexibilidad pueden darse. Por ejemplo, a diferencia del cerebro, muchos de nuestros órganos y sistemas del cuerpo trabajan con límites concretos para su preservación y seguridad –sistemas más bien cerrados–. Pero el cerebro es un sistema capaz, como venimos viendo, de enormes cambios, y puede reconstruirse extensivamente a sí mismo, a pesar de daños traumáticos o contextos caóticos, como vimos en el capítulo anterior. El cerebro logra ser un sistema abierto gracias a lo que se conoce como **estabilidad dinámica.** Algunos autores se refieren a la neuroplasticidad cerebral como sinónimo de estabilidad dinámica, otros autores lo denominan *flow* o, sencillamente, **cambio positivo.** Esto último es justamente lo que quieres, ¿no? Cambiar de manera positiva, para mejor. Para los fines de *EnCambio*, la estabilidad dinámica será ni más ni menos que la capacidad que tiene el cerebro de cambiar para bien. Dicho de otra forma, **la estabilidad dinámica es el resultado de la habilidad que tienen los sistemas abiertos –como tu cerebro– para relacionarse con el ambiente**, y que permite el crecimiento y la evolución constante de esos sistemas. Estos últimos, en estabilidad dinámica, se desarrollan en el tiempo y se hacen cada vez más complejos. Es el poder de cambio que permite a un sistema adaptarse y desarrollarse, en lugar de quedar inflexible y sin poder responder. Este cambio debe hacerlo sin quedar sumergido en el caos. Esto último sería un cambio negativo. Por ejemplo, quieres y tratas de dejar de fumar y terminas fumando más, y ahora encima dejaste de hacer actividad física y además ya no crees que te sea posible dejar el cigarrillo. Es decir, un caos. Por último, cuanto más fácil pueda pasar la información entre el sistema y el ambiente, mejor podrá el sistema adaptarse, evolucionar y mantener su integridad en un mundo caótico de incertidumbre. Por ejemplo, tu mente, con su sistema de valores y patrones de pensamiento, puede ser un filtro o incluso una barrera para ese pasaje necesario para el cambio, de tu contexto y ambiente hacia tu cerebro.

Veámoslo de esta manera: para un bebé, aprender a caminar es físicamente complicado. Pero neurológicamente, dado el dinamismo del sistema neurológico, que es abierto, y su habilidad para intercambiar información con su ambiente, mientras que el bebé casi no cambia nada en su aspecto físico, eventualmente aprende a caminar de un día para otro. En efecto, como seguramente ya habrás visto, los primeros pasos de un bebé son un poco torpes, poco diestros, toscos, pero con el tiempo su cerebro y su cuerpo se desarrollan para que pueda ejecutar hasta complejos pasos de hip-hop o ballet. Cambió de manera positiva. Si bien el cerebro de un niño de dos o tres años tiene el doble de conexiones neuronales que un adulto, algunas de sus neuronas y conexiones que no usa o no usará comienzan a ser "podadas". Aquellas que logran quedar forman redes de conexiones cada vez más complejas, estimuladas por el cambio del ambiente. Esas que quedan son las que usas hoy. Enfrentar desafíos a veces abrumadores, como aprender a bailar hip-hop, puede terminar en

frustraciones y sensación de fracaso pero, por otro lado, tener que hacer repetidas veces lo mismo que ya sabemos hacer casi a la perfección puede traer aburrimiento y falta de motivación. En ambos extremos no cambiamos y en ambos casos se trata de emociones negativas. Es por esto que la búsqueda de la estabilidad dinámica o cambio positivo tiene que ver con la búsqueda de cierto sentido de compromiso y empeño para ir creciendo y desarrollándose como persona, ya sea en el ámbito personal o en el profesional. Sin compromiso es muy difícil cambiar. Sin decirte a ti mismo que este cambio que pretendes, o que en ciertas situaciones te exigen desde algún lugar (trabajo, familia, amigos, etc.), es "bueno para ti", será muy difícil lograrlo. Compromiso es darte cuenta y convencerte de que "esto que quiero cambiar es bueno para mí, me desafía, aprendo, crezco, me desarrollo, etcétera". Sería como si tu mente le hablase a tu cerebro:

Mente *(hablándole al cerebro)*: –¿No te das cuenta de que esto está bueno para nosotros? Nos sirve. Vamos a aprender algo nuevo. Y además... nos gusta. En efecto, si además de darte cuenta de que te sirve, te gusta, pasas de estar comprometido con el cambio a estar apasionado. Cambiar será aún más fácil.

Cerebro *(le contesta a la mente)*: –Buenísimo. Entonces, si dices que nos sirve, eso significa para mí que obtendré más placer que amenazas. Dale para adelante, usa todas las neuronas y las conexiones que quieras para cambiar.

La mente –la posibilidad de pensar a largo plazo– le habla al cerebro –la supervivencia a corto plazo– y lo convence de que le preste todos sus recursos (neuronas y conexiones) para poder cambiar.

Sin embargo, nuestra cultura y nuestra educación condicionan a nuestro cerebro a trabajar más como un sistema cerrado. Sin darnos cuenta, migramos hacia acuerdos inconscientes de vivir siempre la misma vida. Los procesos de educación de masas no nos dan alternativas para diferentes estilos de vida. Nuestra independencia no le sirve al "gran sistema". Sólo sirve el cumplir, la conformidad, que es justamente lo que ofrecen los sistemas cerrados. Nos condicionan a comportarnos como sistemas cerrados. Sin embargo, la eficiencia y la consistencia requieren de un sistema mental abierto que pueda reconstruirse, responder y adaptarse continuamente a los cambios del contexto. Una suerte de ir "resintonizándose" para adquirir nuevas habilidades. Además, los sistemas cerrados rara vez son motivados a obtener algo por fuera de su conformidad. No nos damos cuenta con facilidad de cuán dependientes somos de una forma particular de pensar o de hacer las cosas. Sólo cuando tienes la oportunidad de parar y mirar hacia atrás con otro marco de referencia puedes apreciar cuán atrapado estás o estuviste en una situación, y cuánta libertad te ofrece un nuevo escenario. Es lo que yo llamo poner pausa. Muchos decimos que queremos seguridad económica, independencia, libertad, pero pocos hacemos lo necesario para aprender las habilidades que se requieren para obtener lo buscado. Lo dejamos librado a la suerte,

al azar, al gran sistema. Hablamos de necesitar espacio. Espacio para respirar, para elegir, para jugar, para la aventura, para crecer. Pero los sistemas cerrados sofocan los espacios. No elegimos de forma consciente sofocarnos, pero de alguna forma nos sucede.

CEREBRO = SISTEMA ABIERTO
SISTEMA ABIERTO = POTENCIAL DE CAMBIO

Put pause

Para cambiar, primero tienes que poner pausa. En pausa puedes pensar, quizá y ojalá, diferente, y no actuar de manera automática, reaccionando. Recuerda que éste es el estilo preferido del cerebro. "¿Para qué pensar?", se pregunta. "Mucho gasto de energía. Si tú ya pasaste por esta situación o una similar, repetí", te dice el cerebro. El automatismo, los hábitos, la repetición, hacer siempre lo mismo le asegura al cerebro poco esfuerzo, poco gasto de energía y mucha supervivencia. Lo que el cerebro no sabe, pero tu mente sí, es que esa reacción, ese "otra vez actué sin detenerme a pensar", te puede hacer zafar del presente, o a veces hundir más, pero no se condice con tus metas a largo plazo. Es como arrojar una moneda al aire. Y es justamente lo que quieres cambiar: tus comportamientos reactivos, que no se llevan nada bien con eso que tú quieres obtener de tu vida. Veamos un ejemplo: tu jefe te manda un mail un poco disgustado —así lo interpretas tú—

porque no te vio en la convención de la semana pasada. Lees y piensas: "No lo puedo creer. Diez días atrás, cuando se estaba yendo de la oficina, le dije que no iba a poder ir a la convención porque tenía que ir al interior a cerrar un acuerdo con un cliente importante..." Esto te genera un poco de bronca (emoción): "No me escucha cuando le hablo, no se acuerda de mí". Entonces vuleves a leer el mail, tres veces más, porque no puedes creer que te haya escrito eso. Estás convencido de que le habías avisado que no podías ir y sin embargo... Y luego reaccionas y le contestas el mail (acción, comportamiento): "Estimado Carlos, te recuerdo que yo te había dicho que no iba a poder ir...", bla, bla, bla. Cinco minutos más tarde vuelve la respuesta de Carlos –o mejor dicho, su reacción–, que te detalla con precisión sus encuentros diez días atrás en los cuales tú no estuviste y donde tú nunca le dijiste que no ibas a la convención. Ahora necesitas leerlo diez veces en lugar de tres. Es más, lo imprimes y te lo llevas al baño porque NO PUEDES CREERLO. Ya la bronca pasó a enojo y luego de leerlo en el baño a ira –lo que conocemos como espirales emocionales negativas, de las que es muy difícil salir–. Ira que va a soltarse probablemente en tu casa, con tu familia. Bola de nieve. Empiezan los mails, ida y vuelta. Te peleas fuerte con tu jefe. Nadie gana. Ahora, imaginemos que estas historias se repiten en tu vida: reacciones frente a broncas que no te llevan a nada y empeoran tus relaciones. Quieres cambiar. Entonces, primero vas a tener que poner pausa para poder pensar y dejar de reaccionar, para responder, eligiendo con tus pensamientos durante

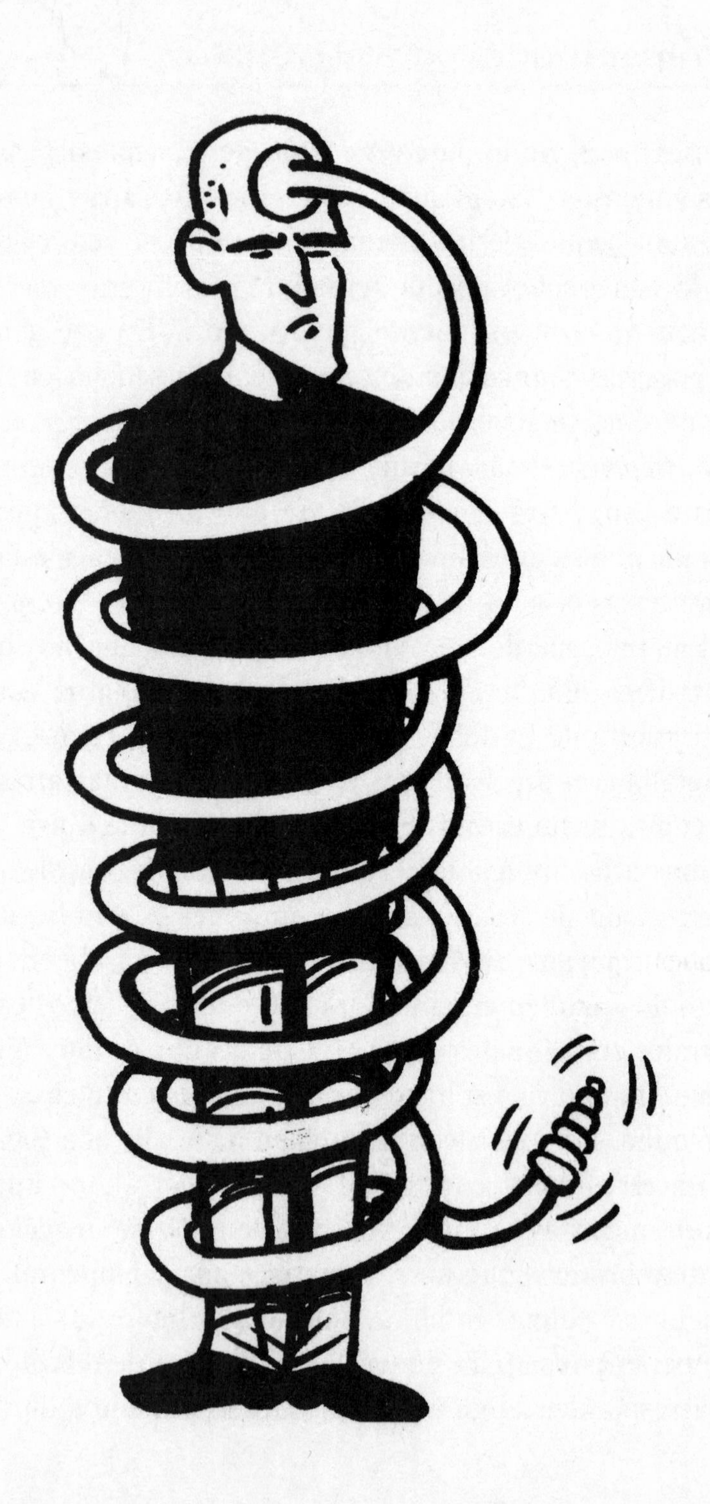

la pausa cuál es la mejor opción para ti. Esto último requiere de más recursos, más esfuerzo, más atención, más energía. ¿Cómo pongo pausa? En tres pasos que tienes y puedes hacer al mismo tiempo:

Ejercicio: poner pausa

Paso uno: si con algún estímulo (mail de Carlos) estás empezando a sentirte mal —por esto es tan importante que conozcas al máximo sobre tus emociones—, en la medida de lo posible retírate visualmente de ese estímulo, cambia de ambiente. En nuestro ejemplo sería no leas el mail cuarenta veces: cerrá la compu, levantate y da una vuelta, sal de tu oficina. Si no lo haces, todo tu córtex visual y áreas del cerebro relacionadas con la visión quedarán "secuestradas" en ese estímulo. Estas áreas comprenden casi un tercio de tu cerebro. Dicho de otra forma: imagínate que tu cerebro está compuesto por 100 empleados. Ahora tenés 30 de ellos que no puedes usarlos y que además se están llevando todos los recursos de tu empresa, dejando a los otros 70 sin poder hacer mucho, sólo reaccionando. ¿Cuántas veces, intuitivamente, hemos pedido pausa o un recreo cuando nos peleamos con nuestras parejas e ido a dar una vuelta a la cuadra o hacernos un té a la cocina? Cuando te alejas visualmente del estímulo que causa tu reacción, estás recuperando esos 30 empleados que habían sido secuestrados.

Paso dos: respira profundo. Tres o cuatro veces será suficiente. Cuando te invaden emociones negativas, aunque mu-

chas veces de modo imperceptible, tu respiración se agita: menos oxígeno entra a tu cerebro y peor es la limpieza de las toxinas que se acumulan en las neuronas. ¿Sabías que el cerebro es el órgano más tóxico del cuerpo? El oxígeno, además de permitirles respirar a tus células, es un gran estimulador de fabricación de nuevos capilares. Así es, respirar profundo favorece la construcción de una red más amplia de venas y arterias, y esto favorece más y mejor acceso a los nutrientes y oxígeno a más neuronas (arterias), además de tener más rutas para que las toxinas sean evacuadas (venas). Más neuronas limpias, alimentadas y respirando mejor equivale a pensar mejor. Al respirar profundamente estás favoreciendo el uso de más neuronas para pensar qué hacer con ese mail, o sea, responder, crear en tu cabeza varias alternativas, quizá de una manera diferente de tus habituales reacciones, es decir, cambiar. Por ejemplo, dejar pasar un día y luego ir a la oficina de tu jefe y platicarlo en persona.

Paso tres: mientras cambias de estímulo visual o te vas del lugar y lo haces respirando profundamente, también focaliza en hacerlo con tu espalda derecha. Esto no sólo permite que respires mejor, sino que además favorece el traslado más eficiente de los mensajeros neuroquímicos desde la médula espinal hacia el resto del cuerpo. Como una autopista sin tráfico. Quienes practican yoga tienen razón. Y encima, cuando nos sentimos mal por algo, tendemos a encorvarnos. Así que recuerda: frente a algún bajón o si no te sientes bien, espalda derecha y respiración profunda. Además: piensa, no te cases con los primeros pensamientos habituales que suelen venir de reacciones emocionales. Para cambiar, primero debés poner pausa.

PAUSA ⇄ PIENSO = RESPUESTA ⇄ CAMBIO
NO PAUSA entonces AUTOMÁTICO =
REACCIÓN entonces NO CAMBIO

No a los churros

Ya tenemos el compromiso de cambiar, es decir, **tomar el cambio como un aprendizaje**, entenderlo como un desafío en el que habrá errores y fallas, pero que al final será algo bueno para ti. Ya sabemos que **sin hacer pausa es difícil controlar las reacciones habituales que no nos dejan cambiar**. Ahora, un condimento más: necesitás voluntad. Definimos a la voluntad como la habilidad para controlar la atención, las emociones y los deseos que influyen en tu salud, seguridad económica, relaciones con los demás y el éxito personal. Todos sabemos bien que habitualmente necesitamos controlar distintos aspectos de nuestra vida para no entrar en conflicto permanente con todo, ya sean los impulsos para decir, actuar repentinamente, consumir, etcétera. Todos luchamos en algún momento con tentaciones, distracciones o inacciones, como procrastinar. Es lo imperfecto de lo perfecto del comportamiento humano. No son debilidades individuales que revelan tus defectos como persona, son experiencias universales y parte de la condición humana.

Hoy existen evidencias psicológicas y neurocientíficas que determinan que la voluntad es como un músculo que puede ejercitarse. Muchos de los cambios que te propones en la vida se frustran por no tener suficiente fuerza de voluntad. Todos sentimos alguna vez a nuestra voluntad fallar, controlando alguna cosa, pero sobrepasada y dejando sin control otra. Comprender tus límites biológicos sobre cómo ejercitar tu voluntad, para tener cierto autocontrol, es un paso importante en cualquiera de las estrategias que quieras emplear cada vez que desees cambiar algo.

Una forma simple para entender cómo funciona tu voluntad es entender primero cómo y por qué pierdes el control. Comprender esto te va a ayudar a evitar ciertas trampas que hacen que falle tu voluntad para hacer o, en ciertos momentos, no hacer ciertas cosas. Estos hallazgos científicos han ayudado a recuperar a personas de distintos comportamientos disfuncionales que sesgaban sus vidas: desde adictos al alcohol, a los videojuegos o al e-mail hasta compradores compulsivos, y ayudó a otros desde entrenarse para una maratón hasta comenzar un negocio nuevo, redirigir el estrés laboral, resolver conflictos familiares o prepararse para terminar la escuela o ingresar a la universidad.

Experimentos realizados en la Universidad de Cornell, de Nueva York, que luego repitieron otros científicos y llegaron a los mismos resultados, encontraron que las personas que creen tener más voluntad para hacer o no hacer algo, son aquellas que, al ser tentadas, pierden el control con más facilidad. Por ejemplo, fumadores que son optimistas en su habilidad para dejar definitivamente de fumar son los que tienen más posibilidades de volver a fumar cuatro meses luego de haber dejado. Los que hacen dieta y creen poder bajar muchos kilos son los que menos bajan. Estas personas fallan en predecir cuándo, dónde y por qué se darán por vencidos. Se exponen a más tentaciones, como salir con otros fumadores o dejar galletas y chocolates en sus cocinas. El mismo estudio sugiere que aquellas personas que llevan un mejor control sobre su atención, sus emociones y acciones, son más felices, saludables, y sus relaciones les brindan más satisfacciones y son más duraderas. Además ganan más plata y llegan más lejos en sus carreras, manejan mejor el estrés, el conflicto, y se sobreponen más rápido de la adversidad. Hasta viven más años. Además, la fuerza de voluntad es la mejor predicción del éxito académico, incluso más que la inteligencia IQ, y un determinante mucho más fuerte de liderazgo que el carisma. Finalmente, parece que la voluntad es más importante que la empatía en la dicha del matrimonio. Lo que conocemos como "saber cuándo mantener tu boca cerrada" requiere fuerza de voluntad.

[QUÉ + CUÁNDO + POR QUÉ] (HACER) = MÁS FUERZA VOLUNTAD

Lo primero que tienes que desarrollar para mejorar tu fuerza de voluntad es darte cuenta de qué es lo que estás haciendo, cuándo lo haces, y comprender por qué lo estás haciendo. En neurociencia esto se conoce como

self-awareness o autoconocimiento. Es muy importante que sepas reconocer cuándo estás tomando una decisión que requiere de voluntad. Recuerda que tu cerebro tenderá a responder de la forma más fácil aquella que requiera menos gasto de energía. Como ya vimos, la mayoría de nuestras elecciones se hacen en piloto automático, sin una conciencia real de qué es lo que las está conduciendo, y sin casi ninguna reflexión seria de sus consecuencias. Esto quiere decir que la mayoría de las veces ni te das cuenta de que estás eligiendo o tomando una decisión. Por ejemplo, en un estudio muy conocido se le pidió a la gente que dijera cuántas decisiones por día toma relacionadas con la comida. En promedio, la gente intuyó unas 14 decisiones, pero cuando se dedicaron cuidadosamente a darse cuenta, el promedio fue de 277. Dicho de otra forma: tomaron 200 decisiones sin darse cuenta. Y esto sólo fue con cuestiones relacionadas con la comida. Además, muchos estudios muestran que **cuando tu mente está preocupada es cuando tus impulsos van a guiar aún más tus elecciones** y, como vimos, éstos van en contra de los objetivos que te propones a largo plazo. Además, si tu mente está distraída, caerá más en las tentaciones. Por ejemplo, estudiantes que deben retener un número telefónico durante el almuerzo tienen 50% más de posibilidades de pedir pastel de chocolate en lugar de ensalada de frutas. La ciencia ha descubierto que tu voluntad no es sólo dominio de la psicología, sino también de la fisiología. Se trata de un estado temporario de tu cuerpo y mente que te da la fuerza y la calma para anular o hacer caso omiso a tus impulsos. Cada vez sabemos más sobre este estado y cómo el mundo actual interfiere con él.

Imaginemos el siguiente escenario: estás caminado por la calle y pasas frente a una panadería que ofrece en su vidriera unos churros con chocolate. Antes de que te digas a ti mismo, mientras te tocas la panza, "Me estoy cuidando", tus pies ya se dirigen hacia la puerta del negocio. Tu mano acciona el picaporte y hueles las banderillas recién salidas del horno. Empiezas a salivar cuando ya estás adentro. Estás sintiendo la "promesa de la recompensa", sistema del cerebro que te hace actuar de manera casi automática. La dopamina, liberada por este sistema, ya inundó las áreas del cerebro que controlan tu atención, motivación y acción. Los neurotransmisores te dicen: "Compra YA MISMO esos churros con chocolate, es una cuestión de vida o muerte". Mientras todo esto sucede, cae tu nivel de azúcar en sangre. Es decir, apenas tu cerebro anticipa el primer mordisco *churresco* libera un neuroquímico que le indica al resto del cuerpo absorber toda la energía –azúcar– que esté circulando en la sangre. La lógica es la siguiente: como voy a comer el churro que es súper rico en azúcar y grasas, esto va a producir un pico de azúcar en mi sangre. Para prevenir un desagradable coma por azúcar y la rara muerte por churro con chocolate, tengo que bajar el nivel de azúcar que circula en este momento. Pero este descenso del azúcar te deja un poco débil y raro, haciendo que esas ansias por el churro aumenten aún más. Es decir, si fuese un concurso entre tú cuidándote y haciendo dieta *versus* el churros con choco-

late, este último tiene todas las de ganar. Salvo que tengas voluntad. La habilidad de hacer lo que realmente importa, aun en momentos difíciles. Y ese escenario donde el chocolate está incrustado en tu paladar no es lo importante. Tú tienes otros objetivos, como salud, bienestar y seguir usando la misma talla de pantalón la semana que viene. El churro amenaza tus objetivos a largo plazo. Necesitas voluntad. Un plan que encienda un set coordinado de cambios en el cerebro y cuerpo que ayuden a resistir la tentación. La doctora Suzanne Segerstrom, de la Universidad de Kentucky, lo llama "respuesta de la pausa y el plan". ¿Te acuerdas de que te enseñé a poner pausa cuando te invadan, por los motivos que sean, las emociones negativas? Acá haces lo mismo: aléjate de la vidriera de la panadería, respira profundo y con la espalda derecha. Vas a poder hacerlo si logras percibir rápidamente que existe un conflicto interno (me quiero cuidar) ante una amenaza externa (churro con chocolate). Parece que quieres hacer sólo una cosa –comer el churro, salir a fumar, tomar alcohol– pero sabes que no deberías. O al revés, sabes que deberías hacer algo –pagar los impuestos, ir al gimnasio, terminar el proyecto– pero prefieres no hacerlo. Éste es el conflicto interno en el cual tus instintos o hábitos te están llevando hacia una potencial mala decisión. Tienes entonces que protegerte de ti mismo. De esto se trata utilizar la voluntad para tener cierto autocontrol. Y es la percepción del conflicto interno la que debe disparar cambios en el cerebro y luego en el cuerpo para bajar un

Pan

cambio: primero pausa –no apurarse– y luego controlar tus impulsos –plan–.

La mejor forma fisiológica de medir cuán exitoso puedes ser en la respuesta de la pausa y el plan es lo que se conoce como variabilidad del ritmo cardíaco. Todos los corazones varían en cierto grado su ritmo de latidos. Es fácil darte cuenta si corres una cuadra. El ritmo cardíaco de una persona sana tiene variaciones normales, aunque esté sentada leyendo esta página o su *tablet*. No me refiero a arritmias graves, desde ya. Son pequeñas variaciones. Aumentan un poco al inhalar y disminuyen al exhalar. Esto es bueno, es sano. Significa que tu corazón está recibiendo señales del sistema nervioso autónomo. Este último tiene dos componentes: el sistema nervioso simpático, que revoluciona tu cuerpo hacia la acción, y el parasimpático, que promueve la relajación. Cuanto más estresado estás –lo cual no ayuda a la respuesta de pausa y plan, por lo tanto no ayuda a tu fuerza de voluntad–, el ritmo cardíaco aumenta y la variabilidad del ritmo cardíaco disminuye. Esto último sucede porque el corazón se queda atrapado en un ritmo muy veloz casi sin variar, lo que contribuye a la sensación física de ansiedad y enojo. Sin embargo, cuando ejerces exitosamente tu voluntad para controlar algo, el corazón se relaja y la variabilidad aumenta. Otros estudios muestran que las personas con mayor variabilidad del ritmo cardiaco, ya sea por genética o porque aprendieron a hacerlo, son mejores para ignorar distracciones, posponer las gratificaciones y manejar situaciones de mucho estrés. Además, estas personas se rinden menos frente a las dificultades o cuando fracasan y reciben críticas. La variabilidad del ritmo cardíaco es entonces una especie de reserva de la fuerza de voluntad, por ende, de cierto autocontrol. Los factores que influyen directamente con esta reserva van desde lo que comemos hasta el lugar donde vivimos. Como te puedes imaginar, la comida chatarra y un aire con mucha polución bajan la variabilidad del ritmo cardíaco, o sea, baja la reserva de voluntad. Cualquier cosa que estrese tu mente o tu cuerpo interfiere con la fisiología de tu voluntad y así controlas menos: ansiedad, enojo, depresión, soledad, dolor crónico, enfermedades.

Para aumentar la variabilidad del ritmo cardíaco, y por ende tu fuerza de voluntad, todo lo que tenga que ver con reducir el estrés y cuidar tu salud cuenta. Chocolate por la noticia. Ejercicio físico, dormir bien, comer mejor, pasar tiempo de calidad con amigos y familia. ¿Quién no lo sabe?

Lo que quizá no sepas es que la técnica más comprobada que aumenta la variabilidad del ritmo cardíaco —o sea, tu voluntad— es la meditación. Además de mejorar todas tus habilidades de voluntad y autocontrol, esta práctica mejora tu poder de atención, foco, manejo del estrés y el controlar los impulsos. Reduce tu estrés y le enseña a tu mente cómo actuar frente a distracciones internas como preocupaciones, ansias, deseos y tentaciones externas (sonidos, olores, cosas que ves). A diferencia de lo que creemos la mayoría de los occidentales, la meditación no se trata de eliminar tus pensamientos sino de

aprender a no estar tan perdidos en ellos, lo cual hace que muchas veces te olvides de tus objetivos. Incluso, si meditás "mal", con el tiempo la práctica se hace más efectiva. Es decir, si tus pensamientos se alejan del foco durante la meditación –llámese foco a tu respiración, un mantra, un sonido– sólo tienes que volver al foco sin tratar de esforzarte de que no haya pensamientos.

Otra práctica fácil para fortalecer tu fuerza de voluntad es disminuir tu respiración a cuatro o seis respiraciones por minuto. Eso es unos diez a quince segundos por respiración. Mucho más despacio de lo normal, pero no tan difícil de lograr con un poco de práctica y paciencia. Hacer esto activa tu córtex prefrontal –lo que te permite usar la razón, el análisis lógico–, es decir, pensar mejor, e incrementa la variabilidad del ritmo cardíaco. Unos pocos minutos de esta técnica te ayudan a calmarte y a estar más en control, y vas a sentirte capaz de manejar impulsos, ansias o desafíos. Nada mejor que practicar la técnica cuando estés frente a los churros con chocolate. Cuando lo hagas, recuerda no contener tu respiración, esto sólo incrementará tu estrés. Si no llegas a cuatro por minuto no te preocupes, la variabilidad del ritmo cardíaco empieza a aumentar con tan sólo alcanzar doce respiraciones por minuto. Hoy existen dispositivos y aplicaciones de celular para ayudarte a medir y monitorear tu respiración. Se usan programas de entrenamiento sobre variabilidad del ritmo cardíaco para reducir el estrés en policías, operadores de bolsa y de servicios al cliente, profesiones muy estresantes.

Otra forma de aumentar tu fuerza de voluntad para combatir tentaciones es el ejercicio físico. Cuando miramos el interior de cerebros de personas que empiezan a ejercitarse regularmente, vemos un aumento de la materia gris (tus neuronas) y de la materia blanca (lo que aísla y protege a las neuronas para que puedan comunicarse más y mejor). Sin embargo, no existe un consenso científico sobre cuánto se necesita ejercitar para que esto último ocurra. Sin embargo, analizando varios estudios independientes podemos concluir que entre 30 y 45 minutos por día es suficiente. Caminar, hacer jardinería, jugar con tu perro o tus hijos, practicar yoga o un deporte de equipo, nadar, etcétera. Al cerebro le da lo mismo. Y si te diviertes, mejor.

Dormir mal también aumenta las posibilidades de perder el control y caer en tentaciones, además de perder el control sobre tus emociones y la atención durante el día. La falta de sueño perjudica el modo en que el cerebro y el cuerpo usan la glucosa, la forma base de energía de las células. Cuando estás cansado, a tus células se les dificulta absorber la glucosa del flujo sanguíneo. Esto las deja con poca energía, y a ti, exhausto. Tu cuerpo y tu cerebro se desesperan por energía. Pero aunque empieces a reponer la energía con dulces o cafeína, como no es capaz de absorberlo eficientemente, te embarcas en una causa perdida.

El área del cerebro que más consume energía y que se ve inmediatamente afectada por su escasez es la que más usamos para pensar, el córtex prefrontal. También dirige y controla otras áreas cerebrales, y cuando le falta glucosa empieza a soltar el control de esas otras áreas. Los científicos del sueño muestran que con tan sólo una noche de buen dormir se restaura la función óptima del cerebro. Es decir, si tuviste una mala semana o te acostaste muy tarde la noche anterior, puedes usar el fin de semana para recargar las pilas durmiendo bien. Otras investigaciones sugieren que lo más importante no es la cantidad de horas seguidas que duermes sino los intervalos que haces para descansar entre las horas de vigilia. Dicho de otra forma, con una siestita puedes restablecer el foco y la voluntad si no dormiste mucho la noche anterior. Prueba cuál de las dos estrategias te funciona mejor.

Control freak

Todos sabemos que el estrés es malo para tu salud. Si sufres de estrés crónico, tu cuerpo empieza a malograr el uso de la energía necesaria para las tareas de largo plazo: digestión, reproducción, reparación de tejidos dañados, lucha contra infecciones y respuesta a constantes emergencias aparentes. Así, el estrés crónico puede conducir a enfermedades cardiovasculares, diabetes, dolores, infertilidad, o a disminuir tus defensas y a exponerte a toda gripe o resfrío que ande dando vueltas por ahí. Pero la voluntad también requiere del gasto de mucha energía. El abuso de autocontrol o control crónico también puede aumentar tus posibilidades de enfermarte desviando recursos de tu sistema de defensa. Mucha fuerza de voluntad puede ser mala para tu salud. No se trata de ir en busca de la voluntad perfecta. Aun si mejoras tu autocontrol no puedes controlar todo lo que piensas, quieres, dices y sientes. Voy a repetirlo: incluso si mejoras tu autocontrol NO vas a poder controlar todo lo que piensas, quieres, dices y sientes. Vas a tener que elegir sabiamente, durante el día, en qué batallas usarás tu voluntad.

Tiene pilas

Los investigadores encontraron que ejercer tu voluntad para controlar impulsos es más fácil de mañana que de noche. Es más, al ir transcurriendo el día, esta habilidad se va deteriorando. En el momento que vas a hacer lo que más te importa (ir al gimnasio después de trabajar, sentarte a terminar un proyecto, mantenerte tranquilo cuando tus hijos convierten tu sillón en una obra de arte, estar alejado de la heladera) es cuando menos voluntad tienes. Y si encima tratás de hacer o controlar muchas cosas a la vez, terminas exhausto. Esto no dice nada acerca de quién eres, sino que nos dice cómo funciona la voluntad. Como una pila que se va gastando a medida que la usas, a medida que transcurre tu día.

El psicólogo Roy Baumeister, de la Universidad de Florida, fue uno de los pioneros en observar, probar y demostrar los límites de la fuerza de voluntad en docenas de estudios. Sin importar el tipo de tarea o acción en

los experimentos (diciendo que no a apetecibles galletitas, zafando de distracciones, aguantando el enojo o metiendo las manos en agua helada), en todas se observa que la voluntad se deteriora con el paso del tiempo. Sus observaciones sugieren que la voluntad es como un músculo: cuanto más se usa, más se gasta. Si no descansas, puedes agotarla completamente. Es un recurso limitado. Te cuento otros ejemplos: una tarea que requiere de mucha concentración con el paso del tiempo no sólo empeora el foco, sino que deja a esa persona sin fuerza física; controlar la expresión de las emociones no sólo conduce a una explosión emocional, sino que hace que la gente sea más propensa a gastar más dinero en cosas que no necesita ni quiere; resistir ante unos dulces súper tentadores no sólo hace que dispare las ansias por chocolate, sino que además promueve la procrastinación. Entonces, si por cada acto de voluntad se reduce tu fuerza de voluntad, por cada acto de autocontrol se pierde el control. Si sales a almorzar y le dices que no a un flan, cuando regreses a tu oficina te será más difícil enfocarte en tu trabajo. Cada vez que te sientas en una aburridísima reunión, manejas en el tráfico, tratas de encajar en la cultura de una organización, quieres impresionar a la chica o chico con quien sales, luchas contra un impulso, filtras una distracción, o haces algo difícil, estás usando un poquito de ese recurso limitado que es tu voluntad.

Consejo: pon en tu día primero lo que es primero, las urgencias y las cosas difíciles. Prioriza. Y si no encuentras el tiempo y la fuerza para hacerlo, trata de investigarte: ¿cuándo tengo más voluntad durante el día? Ése es el momento para que te sientes a priorizar lo que tienes que hacer en la semana o en el mes.

Los experimentos de Roy se complementan con aquellos que miden los niveles de azúcar antes y después de las tareas que requieren de voluntad. Cuanto más caen los niveles de azúcar luego de una tarea que requiere de control, peor es el desempeño en la tarea siguiente. Ejercer mucho tiempo seguido la voluntad vacía al cuerpo de su energía, y esta pérdida de energía debilita el autocontrol. Esto se confirmó cuando se les dio a los participantes del experimento una limonada con azúcar entre tareas y mejoraban el desempeño gracias a un aumento visible del autocontrol, en comparación con los participantes que tomaban limonadas sin azúcar. Por eso, atención cuando tomamos una bebida sin glucosa, las famosas *light* o *diet*. El sabor dulce engaña al cuerpo, que va a sacar la glucosa de la sangre anticipando un pico de azúcar que está por llegar. Pero el azúcar nunca llega (porque es *diet*), entonces te quedas con menos energía y menos autocontrol, mientras que tu cuerpo y cerebro se quedan preguntando: "¿Qué pasó con el azúcar que me prometiste?" Hay estudios que relacionan a las bebidas *light* con el aumento de peso, ya que ese azúcar que no entró te deja menos fuerte frente a las tentaciones y quizá, como suelo hacer yo, te comes una ensalada con una bebida *light* pero de postre pides un mousse de chocolate.

Parece ser, además, que el azúcar nos vuelve menos egoístas, menos impulsivos y más persistentes. Según

Robert Kurzban, investigador de la Universidad de Pensilvania, la cantidad de energía que necesita el cerebro para ejercer un poco de voluntad es menos de la mitad de un Tic Tac por minuto. Pero esto es más de lo que el cerebro usa para otras tareas mentales, y muchísimo menos de lo que nuestro cuerpo necesita para ejercitarse. Si bien el cerebro puede guardar algo de energía en sus células, depende mayoritariamente de suplementos continuos de glucosa que circulan por la sangre. Existen unas células especiales que se dedican a monitorear los niveles de glucosa disponibles. Cuando se detectan niveles bajos, el cerebro se pone un poco nervioso y decide dejar de gastar energía. Como cuando los gobiernos recortan sus presupuestos, en general, y los primeros en sufrir son la educación y la salud, en el cerebro son los circuitos destinados a la voluntad y el autocontrol quienes sufren el recorte, ya que son altos consumidores de energía. Quiero decir que, para conservar energía, el cerebro se pone reticente a darte los recursos mentales que necesitas para resistir tentaciones, focalizar tu atención y controlar tus emociones. Trata a la energía como al dinero: cuando los recursos son altos, la gasta, pero si son bajos, deja de hacerlo.

Esta renuncia a gastar energía en el autocontrol frente a escenarios de azúcar en baja puede deberse, además, a que cuando nuestro cerebro evolucionó, lo hizo en un ambiente con escasez de azúcar. En el África de hace cien mil años, una baja en los niveles de azúcar era un indicador del tiempo de reserva que te quedaba para buscar alimento. Eran indicadores de cuánto tiempo más podías

pasar sin encontrar alimento. Hoy, en el siglo XXI, seguimos usando nuestro cerebro como si nos enfrentáramos a escenarios de abundancia o escasez de azúcar en el ambiente. Tener un cerebro que desvía sus decisiones hacia la gratificación inmediata cuando los recursos eran escasos, pero hacia el largo plazo cuando los recursos eran enormes, era de una gran ventaja hace cien mil años cuando encontrar comida era impredecible. Aquellos humanos que eran lentos en escuchar a su hambre o demasiado amables para buscar su trozo de carne luego de la cacería probablemente no sobrevivían mucho tiempo. En tiempos de poca comida, los que seguían rápidamente sus impulsos y su apetito (poca voluntad y autocontrol) tenían más posibilidades de dejar descendencia. Fueron aquellos que tomaban más riesgos explorando nuevos territorios y probando nuevas comidas. Entonces, **cuando perdemos control en el mundo actual, se trata, a nivel cerebral, de un vestigio de nuestro instinto para tomar más riesgos biológicamente estratégicos**. Hoy, por ejemplo, muchos estudios muestran que las personas estamos dispuestas a tomar todo tipo de riesgos cuando se trata de tener hambre. Cuando la gente tiene hambre, es más infiel e invierte de manera más riesgosa en la bolsa. En panza llena...

Ahora bien, en tiempos modernos, este instinto o la liberación de los impulsos frente al hambre ya no nos sirven. Pocas veces una caída en los niveles de azúcar cerebrales indica hambruna o necesidad de pasar tus genes en caso de que no sobrevivas el invierno. Pero, ya sabes, cuando cae tu azúcar, tu cerebro va a favorecer el pensa-

miento a corto plazo y el comportamiento impulsivo. No te dejes engañar. La prioridad para el cerebro será obtener más energía, no la de estar seguro de que tus decisiones se alineen con tus objetivos de largo plazo. Como por ejemplo, cuidar tu silueta.

Pero atención. Un *shot* de azúcar puede darte un aumento de tu fuerza de voluntad, pero a súper corto plazo. No es una estrategia indicada ni sana a largo plazo. Durante momentos estresantes de tu vida es muy tentador acudir a comidas ricas en grasas y azúcares. Pero hacer esto te va a llevar a que tu voluntad descarrile completamente. Como vimos, los altos picos de azúcar pueden interferir con la habilidad que tiene el cuerpo y el cerebro para usarla. Es decir, terminar con altos picos de azúcar pero con bajísima energía, como es el caso de millones de personas con diabetes de tipo II. La mayoría de expertos en nutrición y cerebro recomienda una dieta que permita mantener constante niveles adecuados de azúcar. Proteínas sin grasas, nueces, porotos, fibras y cereales, la mayoría de frutas y vegetales. Básicamente, comida en su estado natural sin agregados de grasas, químicos ni azúcares.

En definitiva, con respecto a la voluntad, tu desafío es entrenarla como si fueses un atleta. Empujando un poco los límites pero cuidando el paso y la velocidad. **Cuando estés tratando de hacer un gran cambio, practica pequeñas formas de controlar tus impulsos y reacciones. De esta manera fortalecerás tu voluntad.** Pero no te pases. Mucho control no es bueno. Recuerda que tu voluntad es como un músculo: se cansa al ser usada, pero usarla regularmente la hace más fuerte. Y cuando te sientas débil o con poca voluntad, busca fuerzas en tu motivación interna para lograr tus objetivos de cambio utilizando los siguientes ejercicios.

Ejercicio: entrenando mi voluntad

a) ¿Cuáles son tu desafíos "Voy a..."? ¿Qué es aquello que te gustaría hacer más o hacer menos, sabiendo que si lo logras vas a mejorar la calidad de tu vida?
b) ¿Cuáles son tus desafíos "No voy a..."? ¿Cuáles son los comportamientos que perjudican tu salud, felicidad y éxito? ¿Y cuáles mejorarían tu vida si los hicieras más seguido o dejaras de hacerlos?
c) ¿Cuáles son tus desafíos "Quiero..."? ¿Cuál es el desafío a largo plazo hacia el cual quieres dirigir tu energía? ¿Cuál es el "quiero inmediato" que está minando ese desafío o alejándote de él?

Ejercicio: el poder de quiero

Si tu voluntad está baja, renuévate utilizando el poder de quiero para motivarte durante tus desafíos. Considera las siguientes preguntas para motivarte.
a) ¿Cómo voy a beneficiarme si tengo éxito en este desafío/cambio? Piensa qué vas a obtener como persona: salud, felicidad, dinero, seguridad económica, éxito, etcétera.
b) ¿Quién más se va a beneficiar si tengo éxito en este desafío/cambio? Seguramente hay otros que dependen de este desafío tuyo y son afectados de forma directa o indirecta

por tus decisiones: familia, colegas, amigos, empleados, empleador, comunidad. ¿Cómo pueden beneficiarse los demás con mi éxito?

c) Imagina que este desafío/cambio se va a poner cada vez más fácil con el tiempo. Si estás dispuesto a hacer lo más difícil ahora, ¿cómo sería tu vida?; ¿cómo te sentirías acerca de ti mismo al ir progresando en este desafío?; ¿crees que vale la pena el esfuerzo de sobrellevar un malestar hoy para conseguir cierto progreso mañana?

Bajo amenaza

La gente no resiste al cambio, resiste ser cambiada.

Dr. Dean Ornish

Según el principio central de organización del cerebro, cuando encuentras un estímulo, tus neuronas van a etiquetarlo rápidamente como bueno o malo. Si hace lo primero, te acercas a ese estímulo porque hay una recompensa o emoción positiva para ti. Pero si haces lo segundo, tenderás a alejarte, allí yace una amenaza o emoción negativa. Esto también es conocido como la tendencia del cerebro a "minimizar el peligro y maximizar las recompensas". Esta respuesta cerebral (en inglés, *activate and avoid response*) es mucho más fuerte cuando el estímulo está asociado a la supervivencia, es decir, es un mecanismo diseñado para ayudarnos a mantenernos vivos, recordándonos rápida y fácilmente qué es lo bueno y lo malo del ambiente. Por ejemplo, el cerebro guarda en un tipo de memoria aquellos gustos que fueron malos en el pasado, y en otro tipo diferente, los que fueron buenos. Es la amígdala, parte del sistema de emociones que veremos más adelante, la que juega un rol central en recordar a qué te deberías acercar (una pareja, un refugio, comida, agua) y qué deberías evitar (un tigre, el frío extremo, no dormir). Lo interesante de la amígdala y sus redes neuronales asociadas es que puede procesar estos estímulos antes de que lleguen a tu conciencia, es decir, antes de que te des cuenta de que lo está haciendo. Cuando estás yendo al baño (estímulo bueno, recompensa al terminar de hacer tus necesidades) no piensas si tienes o no ganas de ir, vas.

Te propongo conocer el grado de sensibilidad de este sistema de amenazas y recompensas del cerebro. En 2005, el equipo del doctor Lionel Naccache demostró que por el solo hecho de mostrar a personas de manera subliminal —no son conscientes de que lo están viendo— palabras que no tienen sentido, éstas eran tratadas por la amígdala como posibles amenazas y peligros. Hablando de velocidad, este sistema logra detectar estas recompensas o amenazas en un quinto de segundo, dotándote con intuiciones no conscientes durante todo el día de lo que tiene o no sentido en cada situación de tu vida diaria. Es un acto reflejo, rápido, automático y no consciente.

En 2008, los científicos Matthew Lieberman y Naomi Eisenberger descubrieron que para las interacciones sociales utilizamos circuitos cerebrales similares a los de

estas respuestas de supervivencia del tipo "acercarse o evitarlo". Estos hallazgos tienen mucha relevancia para procesos de cambio, ya que muchas veces, y sin que te estés dando cuenta, te estás sintiendo amenazado por un montón de diferentes tipos de interacciones sociales. Y si hay algo que hace complicado el cambio o que no te deja cambiar, es el sentimiento de amenaza. Las amenazas te empujan a reaccionar y las reacciones son como una lotería. Sobre todo si son las reacciones y los impulsos los que justamente quieres cambiar. Ante la amenaza, el cerebro tiende a lo conocido, a lo familiar. Y cambiar es, en muchas ocasiones, lo opuesto a esto último. Traducido a tu mundo social: cualquier amenaza de tu jefe, padres, amigos, colegas, puede interferir seriamente con tus intenciones de cambio. Y, paradójicamente, muchas veces son ellos los que nos piden –usando amenazas– que cambiemos. Como ya vimos, el miedo y la fuerza no motivan el cambio, sino reacciones que no sólo no podemos estar seguros de que nos harán bien, sino que además son a corto plazo.

Las amenazas además perjudican de manera directa tu desempeño cognitivo. Resolver problemas, equivocarte menos, tomar buenas decisiones, manejar el estrés, colaborar y sentirte motivado empeoran bajo amenaza. Pero esto te sucede muchas veces por fuera de tu umbral de conciencia. Es decir, quizá en este preciso momento estés sintiéndote amenazado, evitando cosas o acciones, sin que te estés dando cuenta. Y esas amenazas son las que te están impidiendo cambiar. ¿Por qué? Primero, porque

existe una fuerte relación negativa entre la cantidad de activación cerebral debido a las amenazas y los recursos disponibles que necesitas para pensar usando tu córtex prefrontal. Más amenazas, menos o peor piensas. Y si quieres cambiar, necesitas mucho de tus pensamientos para lograrlo. Ya mencionamos que ellos son la base de tus comportamientos, desempeño, rendimiento y de los resultados que obtengas en tu vida. Segundo, cuando estos circuitos de amenazas se sobreactivan, inhiben señales cerebrales sutiles como las revelaciones, ideas o *insights*, que son muchas veces las que te dicen qué es lo mejor para ti. Y tercero, al estar tan activa la amígdala, tiendes a generalizar más, lo que aumenta las posibilidades de que hagas conexiones accidentales, tendiendo a buscar siempre el lado "seguro", disminuyendo así nuevas oportunidades. Actuas a la defensiva ante cualquier cosa y percibes los pequeños eventos que pueden estresarte como un estrés tremendo. Por ejemplo, tu novia no te sonrió cuando te fuiste de su casa a la mañana y te lavas la cabeza y la reunión que tienes más tarde con tu jefe se volverá seguro más amenazante y difícil.

AMENAZAS [PIENSAS PEOR x MENOS IDEAS
x MENOS OPORTUNIDADES] = NO CAMBIO

¿Cuáles son los factores primarios que nos hacen sentirnos recompensados o amenazados? Los factores primarios clásicos que activan estas respuestas positivas de recompensa –acercarse– son el dinero, el agua, el sexo,

el refugio y las necesidades físicas para la supervivencia. Y los factores sociales o situaciones que también la activan son la felicidad, las caras atractivas, las recompensas en forma de estatus, certezas, autonomía, colaboración y justicia. En el lado opuesto, los factores primarios clásicos que activan las respuestas de peligro y amenaza –evitar– son castigos como sacarte dinero u otros recursos, un depredador o un arma. Y los factores sociales o situaciones que también activan la amenaza son el miedo, algo poco atractivo para ti, caras desconocidas y cualquiera de las formas que te hagan sentir una baja en tu estatus, tus certezas, tu autonomía, menos colaboración y la sensación de injusticia. Por eso, según el modelo SCARF creado por David Rock, los dominios cerebrales que son representados por las interacciones sociales, que según como se den pueden hacerte sentir recompensado o amenazado –en este último caso, en detrimento de los cambios que te propongas– son: el estatus (S del inglés *status*), las certezas (C de *certainty*), la autonomía (A de *autonomy*), la colaboración (R de *relatedness*) y la justicia (F del inglés *fairness*).

El estatus trata sobre la importancia relativa, el *señority.* Se representa en relación con los demás durante las conversaciones. Es decir, sientes aumentar tu estatus cuando te sientes "mejor que" otra persona. Si esto sucede, son tus circuitos de recompensa los que se activan y aumentan tus niveles de dopamina. Ganar una carrera, un juego o una discusión te hace sentir bien por la percepción del incremento de tu estatus que resulta de la activación de tu circuito de recompensa. Es interesante saber que para pensar en estatus utilizamos circuitos similares a los que usamos para procesar números. Por el contrario, la percepción de una reducción real o potencial de tu estatus puede generar una respuesta del tipo amenaza. Y si esto te sucede o te está sucediendo, cambiar será mucho más difícil. En un estudio con escáneres cerebrales realizado por el equipo de Naomi Eisenberger mostró que personas que eran dejadas afuera de una actividad social tenían las mismas áreas del cerebro activadas que durante el dolor físico. Por eso se siente tan feo cuando te dejan afuera del "pan y queso". El rechazo social duele de verdad. Una reducción en tu estatus, que puede hacerte sentir amenazado y de esta manera complicar los cambios que pretendes, puede ocurrirte por el simple hecho de que alguien te dé un consejo, una orden o remarque que estás haciendo algo mal. Y cuando sientes esa amenaza, es probable que te defiendas contra lo que te dicen. Esto lo haces para evitar sentir el dolor –que ya sabemos que es real– que te causaría bajar tu estatus frente a otro. *Voilà!* Esto es un clásico en los lugares de trabajo donde los jefes dan *feedback* a sus empleados. Las investigaciones científicas muestran que puedes sentir subir tu estatus –acuérdate de que tal vez no te des cuenta de esto– cuando aprendes y mejoras en algo y se le presta atención a esa mejora que hiciste. También al recibir *feedback* positivo, sobre todo si te reconocen públicamente. Ya veremos la importancia que tiene para el cambio el hecho de hablarte a ti mismo de forma positiva, ya sea para alentarte frente a los obs-

táculos como para cuando te explicas por qué te suceden las cosas, las malas y las buenas.

El cerebro es una máquina que se la pasa intentando predecir el futuro mediante la detección de patrones reconocidos sobre la base de su experiencia. Cada vez que tu mano se acerca a la taza de café caliente, tus dedos ya saben lo que van a sentir. El cerebro tiene en la memoria cómo se siente una taza de café caliente en tu mano. Si se sintiese diferente (por ejemplo, pegajosa), es probable que le prestes mucha atención. Al cerebro le gusta saber los patrones que ocurren momento a momento. Desea certezas, así las predicciones que hace son posibles. Sin estas últimas, debe usar muchos más recursos, energía y atención. Del mismo modo, una pequeña cantidad de incertidumbre genera una respuesta cerebral de "error". Eso hace que tu atención se aleje de tus objetivos y se dirija hacia el error. Por ejemplo, si alguien no te está diciendo toda la verdad o actúa de forma incongruente, se dispara el "error" en tu cabeza.

Grandes cantidades de incertidumbre pueden ser muy debilitantes para ti. Por ejemplo, no saber qué se espera de ti en tu trabajo o cuáles son tus prioridades. Por el contrario, el acto de crear certezas te ofrece una sensación de placer. Lograr lo que te propusiste con tus expectativas aumenta tu dopamina, es decir, tu respuesta de recompensa. Ocurre algo similar cuando vuelves a lugares donde te sentiste bien, ya que los mapas mentales del lugar son fácilmente encontrados entre tus cables. Como sabrás, cualquier tipo de cambio importante genera incertidumbre, así que ya partes algo amenazado cada vez que quieres cambiar. Si esos cambios que pretendes involucran un tiempo importante, el solo hecho de establecerte expectativas claras sobre tus objetivos, y poder descomponerlo en etapas más pequeñas y más fáciles de realizar, te baja el nivel de incertidumbre. O sea, menos amenaza.

Tu autonomía es la percepción de cuánto poder puedes ejercer para controlar tu contexto y el ambiente que te rodea. Esta también puede ser amenazada y perjudicar así tus intenciones de cambio. La ciencia muestra que el grado de control que un organismo puede ejercer sobre un factor de estrés determina si ese estresor puede o no alterar el funcionamiento de ese organismo. Tú no tienes control sobre el tráfico vehicular de cada mañana, pero sí por dónde vas al trabajo, a qué hora te levantas y a qué hora sales. Como no controlas el tráfico, tiendes a estresarte mucho, por eso es tan importante realizar ejercicios de relajación y calma y decirte: "No puedo controlar el tráfico, de nada sirve estresarme porque así no irán los autos más rápido". Sé que es difícil, pero lograr tan sólo esto ya produce un impacto importante en tu calidad de vida y en el resto de tu día. Cuando no tienes control sobre lo que haces, suben las amenazas. Por ejemplo, cuando en tu trabajo no tienes poder de decisión y todo está regido por reglas de tu empresa, de la A a la Z, y nada puedes cambiar. Si no vas a tener control sobre los cambios que te propones, está complicado. Si cuando estás cambiando tienes opciones para elegir, eso es tener cierto grado de autonomía.

Cuando el modelo SCARF se refiere a la colaboración, involucra tu decisión de si los demás están dentro o fuera de tu grupo social. Amigo o enemigo. Nos gusta formar tribus en las que experimentamos un sentido de pertenencia. Esta decisión, si amigo o enemigo, es tomada por tu cerebro muy rápido e impacta en su funcionamiento. Por ejemplo, cuando decides que alguien es "como tú", utilizas los mismos circuitos que usas para pensar en ti mismo, en tus propios pensamientos. Pero si es "enemigo", empleas circuitos diferentes. Además, si consideras a alguien tu competidor, tu capacidad empática por esa persona decrece significativamente.

El experto en neurociencia John Cacioppo considera que el contacto seguro entre humanos es tan importante como el agua y la comida. Cuando las relaciones no son seguras, el cuerpo genera una respuesta de amenaza conocida como "sentirse solo". Eso duele. Esta respuesta también tiende a dispararse al conocer a alguien por primera vez. Y es por esto que te sientes mejor en una reunión cuando conoces a cinco de los presentes en lugar de una persona.

¿Adivina quién ayuda a reducir esta respuesta social de amenaza, permitiendo comunicar con extraños mas fácilmente? Exacto: el alcohol. El lubricante social alrededor del mundo. En el cerebro, la hormona oxitocina permite un mayor comportamiento social. Por ejemplo, un apretón de manos, intercambiar nombres y charlar sobre algo en común como el clima libera oxitocina y te hace sentir más cerca del otro. Como verás, entonces, el concepto de colaboración está ligado al de confianza, y uno confía en el que parece estar en "su grupo", con aquel que conectas y generas emociones de acercamiento. Cuanta mayor confianza hay entre la gente, más grande será la colaboración y mayor la información que se compartirá. Es por esto que si tu cambio involucra a otro u otros, y entre ustedes hay una situación de competencia en lugar de colaboración, tu cerebro se sentirá amenazado y te será más difícil cambiar. Esto último es una de las causas más comunes de por qué los empleados no cambian en las compañías. Demasiada competencia interna entre colegas, ya sea por una posición, cliente, proyecto, salario, incluso por la conquista de una mujer u hombre, hace sentir a todo el equipo amenazado. Aunque no se estén dando cuenta. Muchas personas y organizaciones creen que "pasar más tiempo juntos" puede mitigar estas amenazas, pero los estudios indican que no es así. La mejor forma es dedicar algo de tiempo social juntos con reuniones informales, contándose historias donde se descubra la persona detrás del empleado, apelando a las emociones. En 2008, un estudio de Gallup demostró que el hecho de poner botellones de agua en los pasillos aumenta la productividad de la organización. Los mejores amigos, grandes catalizadores de la confianza y la colaboración, pueden ser de gran ayuda en tus procesos de cambio. No para que te digan lo que tienes que hacer, pero sí para hacerte sentir un poco más seguro.

Finalmente llegamos al final del modelo SCARF, que nos asegura que frente a situaciones consideradas injustas para ti, tu cerebro se sentirá amenazado y le será muy difícil el cambio. En un estudio muy famoso, Golnaz Tabibnia mostró que 50 centavos de dólar generan más recompensa cerebral que 10 dólares. Esto ocurría cuando esos 50 centavos provenían de dividir entre dos personas 1 dólar, y los 10 dólares de repartir 50 dólares entre dos personas de forma inequitativa. Es decir, en el primer caso se quedaban con partes iguales, y en el segundo, a pesar de que 10 dólares es más que 50 centavos, y a pesar de que antes de recibirlos no tenía nada, por el simple hecho de que el otro se quedaba con 40 dólares, veía la situación injusta y se disparaba el sistema de amenaza. Muchos otros estudios muestran que los intercambios justos generan una sensación de placer y algunos especulan que hacer un trabajo voluntario (gratis) para ayudar a personas que menos tienen, o mejorar la comunidad donde vives, es reconfortante porque te genera una sensación de que "baja" la injusticia en el mundo. Pero si estás queriendo cambiar y en el proceso ocurren intercambios con los demás que consideras injustos, te sentirás amenazado y más te costará ese cambio.

Es clave rescatar que la evidencia científica sobre este modelo del cerebro social refleja que no todas las personas nos sentimos amenazadas por las mismas situaciones, y de estos cinco dominios descritos no todos los cerebros se comportan igual frente a ellos. Pero conocer estos dominios y cómo funcionan te puede permitir diseñarte otras formas de motivación más efectivas para cambiar. Por ejemplo, buscando más autonomía a la hora de cam-

biar, evitando los enfrentamientos por estatus, recolectando en lo posible certezas –lo que menos hay a la hora de cambiar–, colaborando en lugar de competir y sabiendo que frente a situaciones injustas se te va a complicar un poco más.

La ecuación es sencilla: en estado de amenaza, estés consciente o no de ellas, será más difícil que cambies. Amenazado no. Frente a situaciones amenazantes, el cerebro tenderá a las reacciones e impulsos, enemigos del cambio, y a lo conocido y familiar, lo opuesto a lo nuevo del cambio.

En esta primera parte estuvimos conociendo más y mejor nuestro cerebro. Aprendimos conceptos clave para el cambio, como creer que es posible, la necesidad de compromiso y voluntad y el potencial cerebral de la neuroplasticidad, sin olvidar poner pausa para dejar de reaccionar y tener la posibilidad de pensar cómo responder diferente.

Ya estamos preparados para el cambio. Ahora veamos cómo.

AMENAZA (ESTATUS + CERTEZAS + AUTONOMÍA + COLABORACIÓN + JUSTICIA) = NO CAMBIO

Segunda parte

De mente somos

Cambio positivo

Ya sabemos que podemos cambiar. Ya tenemos compromiso para lograrlo –el convencerte de que ese cambio es bueno para ti–. Aprendimos que debemos poner pausa y que necesitamos voluntad. También quedó claro que frente a situaciones amenazantes, estemos conscientes o no de ellas, el cerebro tenderá a las reacciones e impulsos, enemigos del cambio, y a lo conocido y familiar, lo opuesto a lo nuevo del cambio. Estos conocimientos son clave cuando estamos queriendo cambiar. Ahora veamos cómo cambiamos utilizando nuestro aliado más importante: nuestra mente.

David Rock, Jeffrey Schwartz y colegas crearon una fórmula para descifrar cómo el cerebro puede lograr una mejora en el rendimiento creciendo, adaptándose, reinventándose y desarrollándose. Es decir, cómo cambiar tu cerebro para que, en definitiva, cambies tú. Ésta es la fórmula de la estabilidad dinámica o **cambio positivo.** El cambio positivo se logra por una combinación de las expectativas que nos creamos –nuestro futuro– y las experiencias que vivimos en nuestra vida –nuestro presente y pasado–, multiplicadas por la densidad de atención positiva –a qué y cómo y cuánto le prestamos atención–, multiplicadas por el poder de vetar –nuestra capacidad consciente de decidir "no" a hacer algo que el cerebro de manera involuntaria decidió hacer–. A partir de estos cuatro elementos de la ecuación

para ayudarte a cambiar desarrollaré los siguientes y últimos capítulos de *EnCambio*.

CAMBIO POSITIVO = (EXPERIENCIAS + EXPECTATIVAS) x ATENCIÓN POSITIVA x PODER DE VETAR[3]

Antes, te resumo: los sistemas en estabilidad dinámica –los que cambian de manera positiva–, como tu cerebro, evolucionan en el tiempo desarrollándose con más complejidad e incorporando nuevas habilidades. Es por esto que debes considerar el hecho de cambiar como un "seguir aprendiendo". Una vez que esas habilidades hayan sido incorporadas, puedes enfrentar el futuro, siempre incierto, de manera más efectiva. Sin embargo, la sociedad y la cultura promueven que nos comportemos como sistemas cerrados. Nos conducen por el carril "correcto", llevados por la necesidad de hacer las cosas "bien", dejándonos rígidos ante la posibilidad de responder de manera eficaz a las condiciones cambiantes del contexto y a la información que recibimos. Como veremos en detalle, más adelante, uno puede cambiar combinando nuevas experiencias que modifiquen el cerebro con nuevas expectativas que provean una motivación positiva. Dicho de otra forma, agregar a tu vida expectativas por ciertos resultados deseados –usando tu compromiso de querer aprender–. Además, agregar experiencias nuevas y positivas, y a eso multiplicar la cantidad y calidad de atención

3. Adaptado de David Rock y Jeffrey Schwartz.

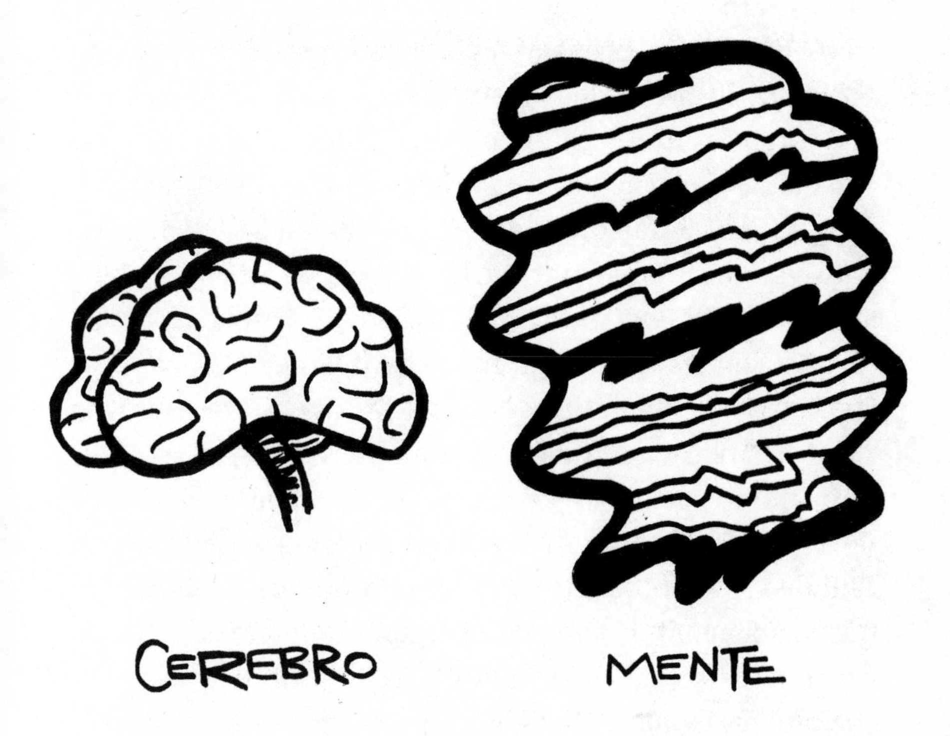

que les vas a prestar a esas experiencias. Y todo esto, multiplicarlo por el poder que tienes para decir que no a impulsos, reacciones automáticas y hábitos que no te hacen bien –utilizando, por ejemplo, la pausa y tu voluntad, que te arrastran a repetir eso que no funcionó–. Cuando hacemos esto de manera consistente en el tiempo, obtenemos nuevos cables, nuevos hábitos mentales. Cambiamos. A nivel cerebral, cambiar no se trata de romper o hacer desaparecer mapas cerebrales que te llevan a comportarte de una u otra forma que ya no te beneficia, sino de que esos mapas sean reemplazados por otros "mejores", más sanos o condecentes con lo que tú quieres para ti y tu vida a largo plazo. Ahora, sigamos adelante.

A través de mi experiencia como consultor en organizaciones, profesor e investigador, y todavía muchas veces alumno en diferentes universidades, y gracias a mi exhaustiva formación como investigador científico, he aprovechado esta fórmula de la estabilidad dinámica en muy variadas situaciones y he demostrado lo increíblemente válida que puede ser: ayuda a la gente y a las organizaciones a cambiar. La fórmula no es mágica, sino que hay que adaptarla y conectarla a las situaciones de cada persona, ya sea para su vida privada o profesional. Esto último quizá sea el desafío profesional más interesante que nos toca con mi equipo al trabajar en temas de cambio. Y seguramente es el desafío que tú tienes mientras vas leyendo estas páginas: tienes que conectar estos conocimientos y herramientas a lo que a ti te pasa, a lo que quieres cambiar. Cada persona es un mundo, y ocurre lo mismo con los equipos y las organizaciones. Obviamente no tenemos aún los recursos ni la habilidad para demostrar que durante este trabajo haya realmente ocurrido neuroplasticidad en los cerebros de esas personas: nuevos mapas cerebrales reemplazando viejos mapas. Pero sí guardo sus cartas, mails o charlas en pasillos y cafés sobre cómo han logrado cambiar cosas importantes en sus vidas y sus trabajos, y esto les generó mayor bienestar y satisfacción. Además, soy mi primer conejillo de Indias y mis seres más cercanos pueden atestiguar cómo he logrado concretar muchos de los cambios que me propuse, y es esto último lo que más me motivó a compartir estos conocimientos con ustedes en *EnCambio*.

¿Quién soy?

¿Quién soy?

¿Quién soy?

¿Quién soy?

¿Quién soy?

¿Quién soy?

¿Quién soy?

¿Quién soy?

¿Quién soy?

EJERCICIO DE AUTOCONOCIMIENTO: ¿QUIÉN SOY?

Escribe 12 cualidades personales que te describan mejor.

Describe qué significan para ti esas cualidades seleccionadas. Por ejemplo: si seleccionaste "perseverante", puedes escribir "yo siempre me comprometo con los proyectos hasta el final. Casi nunca abandono algo sin finalizarlo".

Pídele a un amigo, colega, empleado o familiar que te describa en 12 cualidades. Pregúntale luego el porqué de su elección.

Repite el ejercicio con todas las personas de confianza que puedas. ¿Cómo se adaptan las percepciones de los otros a las tuyas?

Capítulo 4
Expectativas

Pensar tu cambio

Predecir no es una función más del cerebro,
es "la" función primaria del neocórtex
y la base de la inteligencia.
JEFF HAWKINS

Cambio es el proceso por el cual
el futuro invade nuestras vidas.
ALVIN TOFFLER

Deseo

Según la Real Academia Española, *expectativa* se define como "la esperanza de realizar o *conseguir algo*". En su segunda acepción, "posibilidad *razonable* de que algo suceda", y en la tercera, "posibilidad de conseguir un derecho, una herencia, un empleo u otra cosa, *al ocurrir un suceso que se prevé*".

Las expectativas, entonces, tienen que ver con tus deseos, con tus intenciones, con algo que quieres que pase. Destaqué algunas palabras que considero cruciales en las tres acepciones de *expectativa*: conseguir algo, razonable, al ocurrir un suceso que se prevé. Si te encuentras en una posición clara en cuanto a los objetivos *posibles* –eso que quieres cambiar–, serás mucho más eficaz para encontrar

oportunidades para lograrlo y coincidir con tus intenciones. La expectativa es aquello que "quieres que pase".

Las llamamos positivas cuando lo que esperas es algo que te hará sentir bien o mejor, lo que para el cerebro es una recompensa. El solo hecho de querer obtener algo como un cambio tiene un impacto en el cerebro y no sólo modifica tu habilidad para procesar información, sino también qué y cómo percibes las cosas. Por ejemplo, si ves un pastel de chocolate sobre la mesa de tu cocina, o te lo imaginas en tu mente, o deseas comerte una porción, en todos estos casos el mapa cerebral del pastel de chocolate se activa como también se activa tu circuito de recompensa. Las expectativas son también centrales en la creación de espirales positivas –emociones buenas que se van retroalimentando unas a otras y cada vez te sientes mejor– y de las negativas –lo contrario– en el cerebro. Y de estas últimas es muy difícil salir. Es decir, pueden llevarte al pico de tu desempeño o a lo más profundo de tu desesperanza e impotencia. Por esto, mantener expectativas "correctas" en tu vida puede ser central para mantener un estado general de bienestar y felicidad. Pero, atención, aquellas expectativas "incorrectas" o negativas, basadas por ejemplo en "no soy bueno para esto", "no me merezco ser exitoso", o expectativas que generan demasiada incertidumbre, falta de confianza, poco realistas, son detractoras de algún cambio positivo posible. Por ejemplo, si quiero cambiar mi situación económica y establezco mis expectativas en ganar cien veces más de lo que gano hoy y que suceda en menos de seis meses,

claramente son expectativas negativas porque la posibilidad de que lo logre es casi nula. Cuando pasen esos seis meses y no lo haya conseguido, me voy a frustrar, como mínimo. Es decir, enfrentar desafíos abrumadores, establecidos por tus expectativas, puede terminar en frustraciones y sensación de fracaso. La clave es establecerte expectativas "positivas y correctas", ni muy para abajo ni muy para arriba. Pero ¿cuándo son "correctas"? Y eso, querido lector, depende completamente de ti. De conocerte, de saber cómo y quién eres lo máximo posible. Cuanto más sepas de ti y de aquellas cosas que puedes y que no puedes controlar, mejor serás en crearte "buenas" expectativas para cambiar porque significa que entiendes realmente tus deseos e intenciones.

Yo no me conocía: cuando soñaba con ser científico, mis expectativas eran llegar al mejor laboratorio del mundo. Pero, en realidad, luego de muchos años, durante los cuales aprendí a conocerme a mí mismo, descubrí que esas expectativas eran más un deseo paterno que mías. Y con esto no estoy diciendo que mi padre era una mala persona, todo lo contrario. Quería lo mejor para su hijo, pero lo que él consideraba "lo mejor". Entonces yo me engañaba un poco a mí mismo –en general, las personas hacemos muy bien esto de autoengañarnos– creyendo que con el esfuerzo y trabajo para llegar a una universidad de prestigio alcanzaría mis objetivos, eso que quería para mi vida. Pero, al llegar, con mucho más esfuerzo y más trabajo del que suponía, descubrí con mucha frustración, tristeza, ira e incluso problemas físicos que yo no era feliz. Pero

¿cómo, no era eso acaso lo que yo quería? Y allí empecé un camino que nunca se termina: conocerme a mí mismo. En poco tiempo, esto me permitió mover el timón, ahora sí más seguro de mis expectativas, deseos e intenciones. Emprendí el camino del cambio. Ese que me llevó hasta aquí, en una transición lenta y turbulenta –veremos más adelante que esta turbulencia puede ser normal– al tiempo presente. Del laboratorio, ratones y congresos, a las aulas, la divulgación y la educación. Conocerme más me permitió establecerme expectativas a la altura de quién soy, quién quiero ser y, fundamentalmente, cómo quiero sentirme. Cambia el "qué tengo que hacer" por el "cómo me quiero sentir"... haciéndolo.

Las expectativas positivas también pueden "medir" si algo es de valor para ti de acuerdo hacia dónde estás queriendo ir con tu vida. Algo tiene valor para el cerebro cuando posee un atributo que te permite sobrevivir, como el azúcar. Pero tú también puedes crear tus propios mapas sobre las cosas y las experiencias que tienen valor para ti: una bicicleta, una cena con amigos, los estudios, visitar a tu hermano, etcétera. Un objetivo o meta que tenga valor para ti también tiene su mapa en tu cerebro. Cuando te estableces una meta, tomas una decisión de la cual se desprende un valor. A medida que piensas en ese objetivo y vas hacia él, las expectativas de obtenerlo aumentan. **Ir hacia un objetivo puede activar todo un estado cerebral de acción.** Tu cerebro se orienta todo el tiempo y de manera automática hacia eventos, personas e información que conectan con aquello que valoras como positivo.

Por ejemplo, cuando decidí tener hijos, y no antes, empecé a notar cochecitos de bebés en la calle, plazas con juegos para niños y menús infantiles en los restaurantes. De ahí la frase "busca que vas a encontrar", que quizá, como acabamos de ver, tenga su base científica. Entonces, como las expectativas te alteran la percepción, te llevan a que veas lo que quieres ver, y a que no veas lo que no estás esperando ver. Por otro lado, si tus expectativas no son alcanzadas, en tu cerebro se puede generar una respuesta amenazante. Y como el cerebro tiende a evitar las amenazas, tiende al confort, probablemente va a intentar que creas que lograste tus expectativas aunque no sea así. ¿Acaso nunca te encontraste tratando de unir ideas o circunstancias un poco a la fuerza, o descartando algunas teorías que no coincidían con tus expectativas? Por ejemplo, luego de una cita tu chico no te vuelve a llamar. Tus amigas te preguntan y tú les dices: "No me llamó, pero seguro que está enfermo o le robaron el celular o murió su abuela".

Placebo

No todos sentimos lo mismo frente a las mismas situaciones. La experiencia de un evento sensorial, por ejemplo, como sentir dolor, placer, disgusto o agrado ante un estímulo, es subjetiva y varía substancialmente entre tú y los demás. Gran parte de esta variación individual es el resultado de la forma en que utilizas tus experiencias previas y tus predicciones del futuro para interpretar la informa-

ción que te llega desde afuera. Experimentar dolor, placer, disgusto o agrado es un evento complejo que se da en tu cerebro. Cuando analizamos lo que ocurre dentro del cerebro es interesante ver que cada experiencia que tienes está moldeada por la interacción entre tus expectativas (futuro), tu experiencia previa (pasado) y la información sensorial que recibes del ambiente (presente).

Si tienes expectativas inconsistentes con la información que te llega desde afuera, éstas pueden alterar tu experiencia sensorial. Por ejemplo, en el caso del dolor, hay estudios que demuestran que expectativas positivas —pensar que algo no va a doler— pueden disminuir poderosamente tu experiencia subjetiva de dolor frente a un estímulo nocivo. Lo mismo se puede dar en el sentido inverso: expectativas negativas —pensar que algo va a doler mucho— sobre un estímulo doloroso puede hacer que se amplifique tu dolor frente a él. Estoy tratando de mostrarte el gran poder que tienen tus expectativas sobre tu vida y sobre aquello que quieres cambiar.

Por otro lado, algunos estudios demostraron que cuando existe mucha certeza sobre cuál va a ser el resultado de un evento, se activa una especie de sistema de control del cerebro y eso causa que disminuya tu percepción de dolor, mientras que las expectativas que están asociadas con incertidumbre sobre el resultado amplifican el dolor resultante. Como vimos en el modelo SCARF, la incertidumbre genera amenaza y dolor. Las certezas, lo contrario. Si River Plate juega contra el Barcelona de Messi y pierde, tu dolor —si eres fan de River— no será tan fuerte

porque tenías muchas certezas de que eso podía pasar. Pero si pierde contra un equipo muy parejo, como puede ser Newell's Old Boys o Vélez Sarsfield, seguro que te dolerá más, ya que no hay certezas en el resultado antes de empezar el partido. Los cambios están muy relacionados con la incertidumbre: ¿qué podrá pasar?, ¿cambiaré al cambiar?, ¿lograré hacer el cambio?, ¿seré aceptado por los demás? Por eso duele tanto. El cambio nos enfrenta a la incertidumbre, y la transforma casi en sinónimo.

Se cree que existen tres procesos neuronales diferentes que hacen que las expectativas cambien tu percepción de las sensaciones:

1. La activación mental de la imagen de un evento que está por suceder. Esta imagen se construye en tu mente integrando información de recuerdos previos del evento con los estímulos ambientales del contexto presente, y esto puede ser consciente o inconsciente. Por ejemplo: estás tomando café y sin querer mueves la mano bruscamente y haces que el café se derrame sobre tu brazo: apenas ves que la taza se inclina –estímulo presente– surge en tu mente la visión del café caliente cayendo sobre tu brazo y el dolor que implica –recuerdos anteriores de haberte quemado con café o de haber visto a otro quemarse con café–.
2. Las regiones cerebrales que se activan frente a la imagen de lo que está por sucederte interactúan con aquellas áreas cerebrales que procesan el

TOC!

CAFÉ + CALIENTE + MANO = DOLOR
DOLOR

dolor. Es decir, pensar que te vas a quemar te hace sentir la sensación de dolor que vas a tener.

3. Las regiones cerebrales que te hacen sentir las experiencias subjetivas son moduladas e influenciadas por las expectativas. Estas áreas ya se activaron por tu imagen mental, con lo cual, cuando sucede el evento real, ya están predispuestas a responder de la misma manera que imaginaste. Tus expectativas alteran las experiencias.

En tu cerebro, las expectativas se forman principalmente por el córtex prefrontal, la ínsula y el cingulado anterior. Estas áreas trabajan juntas con regiones más profundas del cerebro –hipocampo, globo pálido, putamen– para recrear una representación o idea de un estímulo futuro. Esa representación depende mucho de la información que tengas sobre experiencias pasadas, por lo tanto debe incorporar información almacenada en estructuras cerebrales relacionadas con la memoria, como el hipocampo, una estructura cerebral que participa en procesos relacionados con el almacenamiento de recuerdos y está conectada con la amígdala –que se activa frente a las emociones– de manera que los recuerdos están conectados directamente con las emociones asociadas a ellos. Luego, el córtex prefrontal recibe información de la amígdala y del hipocampo, y utiliza y transforma la información de los recuerdos para actuar en consecuencia con tus expectativas.

En un experimento realizado por Tetsuo Koyama y su grupo de investigadores, se reunió a diez voluntarios

–ocho hombres y dos mujeres– de entre 24 y 46 años, y se los sometió a una estimulación térmica cuyo objetivo era provocar dolor. (Niños –y adultos–, ¡no repetir esto en sus casas!) En la pierna de cada participante los investigadores colocaron un estimulador térmico que tenía una temperatura base de 35 °C y confería estímulos de 46 °C, 48 °C y 50 °C separados por distintos intervalos de tiempo. Antes de realizar el experimento, se entrenó a los participantes para que aprendieran a predecir qué tan doloroso iba a ser el estímulo de calor futuro. ¿Cómo? La temperatura de cada estímulo era señalizada con diferentes intervalos de espera. Cuanto mayor era el intervalo, mayor era la temperatura del estímulo. Así, una temperatura de 46 °C (baja) se correspondía con un intervalo de espera de 7.5 segundos, una temperatura de 48 °C (media) se correspondía con un intervalo de 15 segundos, y por último, una temperatura de 50 °C (alta) se correspondía con un intervalo de 30 segundos.

Durante el experimento, los cerebros de los participantes fueron escaneados con una resonancia magnética nuclear funcional durante la espera del estímulo –que es el momento en que se forman las expectativas– y también durante la experimentación de la sensación de dolor dada por el estimulador térmico. A lo largo del experimento los participantes fueron sometidos a distintas intensidades de calor en sus piernas, con intervalos de espera que eran señalizados por un sonido al inicio y al final de cada estímulo de calor. Durante el intervalo los participantes debían decir cuánto dolor esperaban sentir

–expectativas– y, luego de haber sido expuestos al calor, cuánto dolor realmente sintieron –experiencia–. Las personas ya habían aprendido en el entrenamiento previo que si durante el experimento les hacían esperar 15 segundos, el estimulador termal estaría moderadamente caliente, mientras que si se les hacían esperar 30 segundos, estaría muy caliente. Lo que no sabían era que en el 33% de los casos, tanto de los estímulos de medio como de los de elevado calor, estaban falsamente señalizados por tiempos que no les correspondían. Vamos despacio: había casos en los que tras 15 segundos de espera (esperan calor o dolor medio), el estimulador térmico disparaba una temperatura alta de 50 °C, mientras que tras 30 segundos (esperan calor o dolor alto) disparaba una temperatura media de 48 °C. Con esto, los investigadores lograron disociar las expectativas de lo que realmente sucedía en el estímulo, la experiencia.

Durante el período de espera, en el cual se forman las expectativas, se activaron varias regiones cerebrales relacionadas con la magnitud de la expectativa del dolor. Mientras más dolor se esperaba, mayor era la activación de estas áreas. Lo interesante es que durante estos ensayos, frente al dolor, se activan y desactivan las mismas áreas que las que se activan y desactivan frente a la expectativa de dolor, a pesar de que estos dos estados cognitivos distintos se dan en tiempos diferentes. Es decir, dependiendo de las expectativas que te pongas sobre el proceso de cambio que se te avecina, te animarás más, menos o nada a ese cambio. Antes de que duela, si te imaginas que dolerá,

entonces duele. O sea, si esas expectativas son de dolor fuerte por lo que se viene, sentirás realmente ese dolor en ese momento, antes de empezar a cambiar. Y esta sensación dolorosa hará que lanzarte a cambiar se te complique. Duele de verdad. Los resultados del estudio mostraron que en los casos en que el estímulo alto de 50 ºC era falsamente señalado por un intervalo de espera de 15 segundos, las personas, tras generar expectativas de menor dolor (porque habían aprendido que 15 segundos señalizaban una temperatura futura media de 48 ºC), sentían menor intensidad de dolor en comparación con el mismo estímulo cuando era correctamente señalizado (es decir, cuando las personas esperaban que fuese doloroso).

Todos las personas analizadas disminuyeron su sensación de dolor tras la expectativa de menor dolor. Es decir, cuando el estímulo alto de 50 ºC era señalizado falsamente por una espera de 15 segundos, el dolor real percibido por las personas era el correspondiente al de 48 ºC. A ver si me explico: ellos esperan medio, pero el estimulador térmico está en alto, sin embargo dicen sentir –y se ve en la resonancia– dolor medio. En otras palabras, **las personas sentían exactamente lo que esperaban sentir, a pesar de que en realidad el estímulo debía ser más doloroso.** Y esto se vio reflejado en los escáneres en una menor activación de las estructuras cerebrales que responden al dolor. A diferencia del caso anterior, en aquellos casos en que los sujetos esperaban mayor dolor del que realmente sintieron –un estímulo medio de 48 ºC tras 30 segundos de espera– la expectativa de mayor dolor no alteró sig-

nificativamente la experiencia real. Es decir, por más que los sujetos esperaban sentir una alta intensidad de dolor, en realidad durante el estímulo sintieron el grado moderado de dolor, lo que decía el estimulador térmico. Estos resultados nos permiten concluir que expectativas de poco dolor reducen profundamente tanto nuestra experiencia subjetiva real de dolor como la activación cerebral de áreas responsables de ese dolor. Esto es lo que se conoce como "paradigma de las expectativas". O visto desde otra perspectiva: ignoramos información negativa que no se condicione con nuestras intenciones. O prestamos más atención a la *info* que sí se condiciona con nuestras intenciones. ¿Cuántas veces diste un mensaje idéntico a todo un equipo o grupo (*input*) y, sin embargo, cada uno interpretó ese mensaje de formas variadas, con sus expectativas e intenciones como filtro, obteniendo luego muy diferentes resultados (*output*)? Cuando vas a una reunión, ya sea social o laboral y, por la razón que sea, el que está hablando no te gusta o no te cae bien –fijate que es emocional–, tu cerebro va a buscar de manera veloz y efectiva argumentos, que encima serán válidos, para refutar lo que esa persona está diciendo. Y lo mismo a la inversa. Si el que habla te "entiende", entonces, diga lo que fuere, tu cerebro de forma automática y sin esfuerzo encontrará la forma de validar sus dichos. Escuchamos lo que queremos. Armamos nuestra propia realidad. Entonces, en definitiva, todos estos estudios nos muestran que tu actividad mental –tus expectativas– altera la información que te llega al cerebro de manera positiva o negativa.

Para algunos científicos, tus expectativas pueden explicar cómo funciona el efecto placebo. El doctor Donald Price convocó a tres grupos de voluntarios con síndrome de colon irritable. Te advierto que todos los participantes sabían lo que les iba a suceder. A las personas de los tres grupos se les colocó un pequeño globo inflado dentro de su colon. (Te imaginas por dónde entró el catéter con el globo, ¿no?) El grupo A no tenía medicación. Sus integrantes dijeron en promedio que el dolor era de 5.5 sobre una escala de 10 de dolor máximo. Al grupo B se le puso en el recto un anestésico, lidocaína, y esos pacientes dijeron en promedio que el dolor era de 2.5 sobre 10. Al grupo C se le puso un placebo, vaselina, pero se le dijo que "quizá" tenían un placebo, "quizá" el anestésico. El dolor mencionado por este último grupo fue de 3.5 sobre 10. El placebo bajó el dolor aun cuando se les dijo que quizá era un placebo y no la droga efectiva. Price repitió el experimento pero al grupo C, que se le puso el placebo, se le dijo que le aplicaban algo muy poderoso para reducir el dolor en la mayoría de las personas. Aquí lo que hizo Price fue "meterse" con las expectativas de la gente. El dolor señalado esta vez fue de 1.5 sobre 10. Es decir, aún menor que con la lidocaína. Este tipo de estudios se ha repetido con los mismos resultados: si te metes con las expectativas de la gente, puedes tener un efecto remarcable en su percepción. Una buena dosis de expectativas puede ser tan fuerte como el más poderoso de los analgésicos.

Muchas veces, las cosas que te pasan en la vida real suceden demasiado rápido y no puedes darte cuenta, de manera consciente, de cómo tienes que actuar ante distintas situaciones. Pero, como vimos, las áreas cerebrales que generan nuestras expectativas en gran medida son las mismas que procesan la información que nuestros sentidos captan del mundo real. Por ejemplo, si cruzas la calle y ves que un auto se acerca a toda velocidad, tu cerebro ya tiene que estar preparado para salir corriendo y evitar que seas atropellado. Para ello tu cerebro necesita poder predecir qué es lo que pasaría si te quedas parado frente al auto y qué sentirías en ese caso. Por eso, al ver el auto acercarse a toda velocidad, tu cerebro activa los recuerdos de tus experiencias, propias o ajenas, sobre lo que sucede si el auto te choca, y a la vez te tiene que hacer sentir el dolor, para desencadenar en tu cuerpo la reacción de alarma que te haga actuar rápido para salir de ahí. De esa manera, el cerebro no tiene que esperar a que el auto te pise para darse cuenta de cuál es el resultado de la escena actual, y puede actuar de manera rápida y precisa antes de que el hecho nocivo suceda.

El córtex prefrontal, la ínsula y el cingulado anterior son las áreas cerebrales que establecen tus expectativas, fundamentales y necesarias para cambiar.

Detrás de tu frente

El córtex prefrontal (CPF) es la parte más evolucionada de tu cerebro, el centro ejecutivo o "director de orquesta", tu razón. Es el que mira, supervisa, guía, dirige y concentra

tu comportamiento. Además, supervisa las funciones ejecutivas encargadas de habilidades tales como el manejo del tiempo, el juicio, el control de impulsos, la planificación, la organización y el pensamiento crítico, todas funciones íntimamente relacionadas con establecerte expectativas. Dicho de otra forma, el CPF es el encargado de los comportamientos que son necesarios para que seas una persona socialmente responsable y efectiva, y de aquellos comportamientos que te conducen a tu objetivo. Ésta es también la parte del cerebro que te ayuda a aprender de tus propios errores, fundamental cuando se trata de cambiar. Recuerda que cambiar implica atravesar un proceso donde seguramente haya equivocaciones, fallas, errores, y caminos aparentemente sin salida. Entender, gracias a tu voluntad por hacerlo y al córtex prefrontal que te facilita esta habilidad cognitiva, qué es lo que pasó, en qué te equivocaste, qué no deberías volver a hacer y por qué, y buscar nuevas alternativas para subsanar esos errores, es fundamental en el camino del cambio. Si vas a cambiar, vas a fallar. Fallar es normal cuando se trata de cambiar y, como veremos más adelante, provocará torbellinos emocionales que muchas veces son la causa de no seguir intentando. Fisiológicamente, si tu córtex prefrontal presenta baja actividad (pocas neuronas encendidas), te distraes más fácil. Si esto ocurre, es probable que dejes de ver las oportunidades que pueden conducirte a tus expectativas de cambio. Al estar más distraído, las oportunidades pasan frente a ti y no las ves. Retomando mi ejemplo del principio del capítulo donde lo que quiero cambiar

es ganar más dinero, si estoy distraído y no busco otro trabajo, no hablo con mi jefe para un aumento, no investigo nuevas actividades que podría realizar, o cosas que me gustaría hacer para ganar dinero, claramente me correré del camino que conduce a mis objetivos. Es decir, la clave es que tu atención coincida al máximo con tus intenciones. Que les prestes atención –como veremos más adelante– a tus expectativas.

La consideración y el control de tus impulsos están influenciados en gran medida por tu córtex prefrontal. Sin su buen funcionamiento, es difícil que actúes de manera consistente, considerada o precavida, y los impulsos serán los que te dominen. Si bien estos últimos pueden ser muy útiles, también pueden boicotear tu camino hacia el cambio. Por ejemplo, personas con problemas en el córtex prefrontal hacen cosas de las que después se arrepienten y ponen en evidencia dificultades para controlar sus impulsos. Además, tienen períodos de atención cortos, se distraen fácilmente y tienen inconvenientes para expresarse. Estas complicaciones impiden el buen funcionamiento frente a situaciones que requieren concentración, control de impulsos y reacciones rápidas. La ansiedad –en exámenes o ante situaciones sociales– es una marca distintiva de problemas en el córtex prefrontal.

El CPF se encuentra geográficamente justo detrás de nuestra frente y nuestros ojos, sería el nudillo de tu meñique en el modelo cerebral de la palma de la mano. Durante gran parte de nuestra historia evolutiva esta área controlaba principalmente nuestros movimientos: cami-

nar, correr, alcanzar algo, empujar. A medida que fuimos evolucionando, creció y mejoró sus conexiones con otras áreas del cerebro. Ahora ocupa una porción mayor en comparación con otras especies. Por eso tu perro no guarda dinero para cuando se jubile. También ganó en funciones: controlar a qué le prestas atención, en qué estás pensando, cómo te sientes, y en controlar lo que haces. Según el científico Robert Sapolsky, su función principal es "hacer lo más difícil o lo que cueste más". Si es fácil quedarse tirado en la cama, el CPF va a hacer que te levantes y salgas a correr; si está bueno pedir pastel de postre, el CPF te recordará que pidas ensalada de frutas; si vas a dejar el proyecto para mañana, el CPF va a abrir el documento de Word de tu laptop para que te pongas a trabajar. En el medio del córtex prefrontal está el córtex prefrontal medio (se mataron con el nombre), que se ocupa de funciones relacionadas con el "pensar en ti", incluyendo un diálogo interno que todos tenemos cuando nuestra mente divaga, imaginar el futuro, recordar el pasado, inferir qué piensan otras personas. Muy cerca se encuentra una estructura llamada córtex orbitofrontal, relacionado con la detección de errores y obsesiones. Ambas regiones componen el centro de autorreferencia porque hacen foco en procesos internos relacionados contigo. Este centro de autorreferencia puede jugarte en contra reaccionando de manera automática a una información emocional. Por ejemplo, cada vez que te estresas, bebes alcohol o acabas con una caja de chocolates, y además te tomas todas las cosas de modo muy personal, es decir, en contra tuyo.

En resumen, el centro de autorreferencia guarda información autobiográfica. Es también responsable de que sueñes despierto, permitiendo una introspección sobre quién eres, imaginando qué pueden estar pensando los otros, sobre todo de ti. Se activa durante interacciones sociales y gestiona las emociones de manera automática. En los costados del córtex frontal está el córtex prefrontal lateral, que puede evaluar y modular de manera voluntaria respuestas que provienen de los ganglios basales, responsables de nuestros hábitos. Es decir, el prefrontal lateral te permite ignorar o modificar acciones que tus partes más primitivas y automáticas del cerebro te empujan a realizar casi siempre de manera inconsciente. En resumen, te permite decrecer tus respuestas emocionales, anular ciertos hábitos –clave para cambiar– y permitirte no tomarte las cosas tan a pecho.

Funciones del córtex prefrontal

Período de atención. Perseverancia. Juicio. Control de impulsos. Organización. Automonitoreo y supervisión. Resolución de conflictos. Pensamiento crítico. Pensamiento con visión de futuro. Habilidad para sentir y expresar emociones. Interacción con el sistema límbico. Empatía.

Problemitas en el córtex prefrontal

Período de atención corto. Falta de perseverancia. Problemas para controlar la impulsividad. Hiperactividad. Retraso crónico, manejo pobre del tiempo. Desorganización. Postergación. Falta de disponibilidad emocional. Percepciones erróneas. Falta

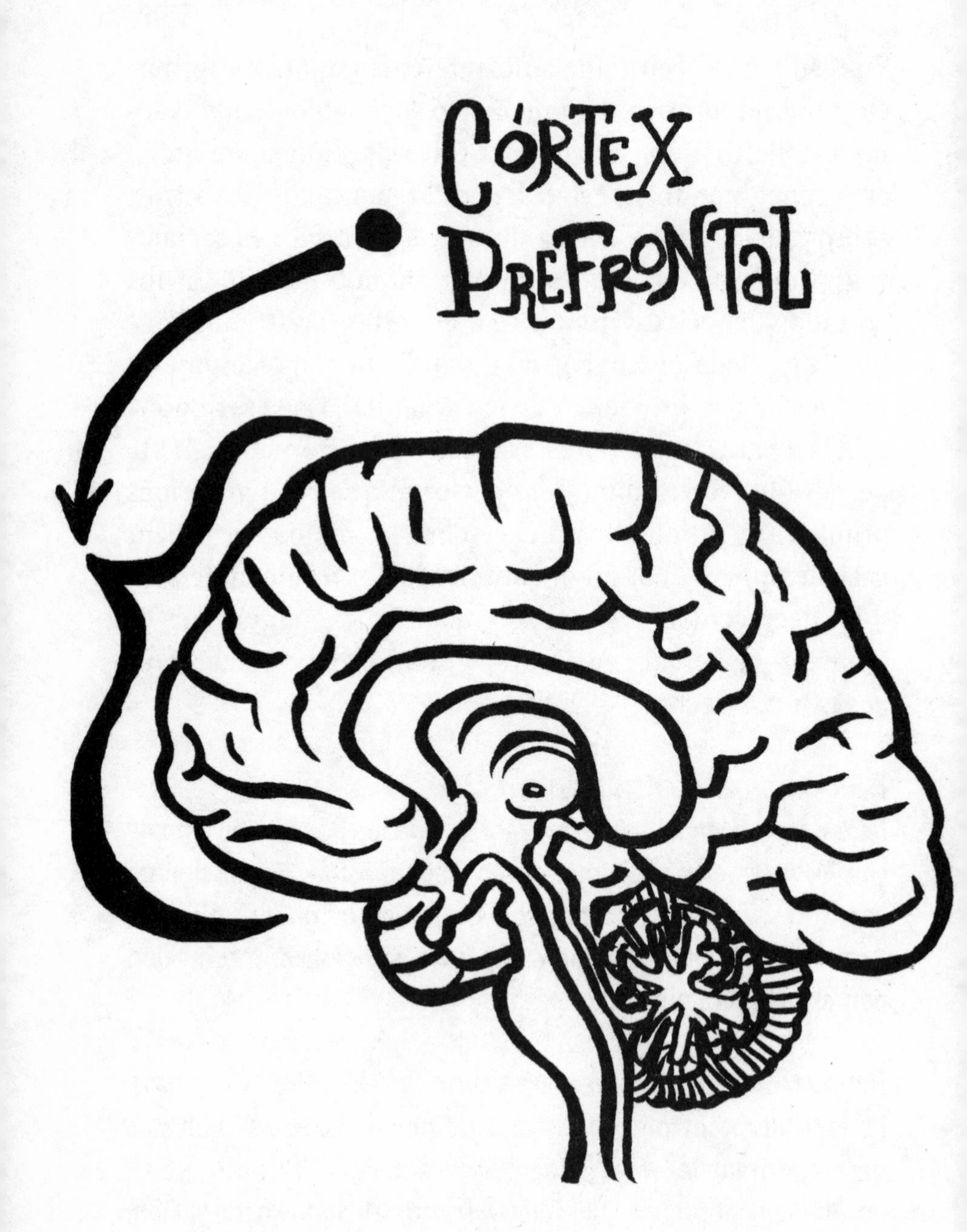
CÓRTEX
PREFRONTAL

de criterio. Inconvenientes para aprender de experiencias. Problemas de memoria de corto plazo. Ansiedad social y frente a exámenes.

En definitiva, el córtex prefrontal es la parte de tu cerebro más evolucionada, y entre otras muchísimas funciones se encarga de establecer tus expectativas. Como tal, es esencial para ayudarte a alcanzar tus metas, a cambiar. Controla tu habilidad para mirar las situaciones, organizar tus pensamientos, planificar lo que quieres hacer y llevar a cabo tus planes. Cuanto más sana esté esta parte clave y moderna de tu cerebro, más posibilidades hay de alcanzar los cambios que quieres. Aquí, algunas propuestas para cuidarla y mimarla.

Desarrolla y mantén un foco claro

Para ser exitoso en este mundo, es necesario tener objetivos claros y definidos. En concreto, tienes que saber quién eres y qué es lo que quieres lograr y cambiar de tus relaciones, en el trabajo y contigo mismo. Cuando sabes qué es lo que quieres, es más fácil que cambies tu comportamiento en torno a tu deseo para obtenerlo. Mantenerte direccionado a cierto objetivo te ayuda a ir por el camino indicado. Escribe qué es lo más importante para ti en un papel, destacando lo que quieres pero no lo que no quieres. Sé positivo y escríbelo en primera persona. Una vez que termines el primer borrador —vas a querer actualizarlo seguido— pon este papel en un lugar visible, donde puedas verlo todos los días, en el refri, por ejemplo. De esta manera, todos los días puedes focalizar

tu mirada en lo que es importante para ti y usar tu energía para cumplir los objetivos que te son clave en tu vida.

Focalízate más en lo que te gusta que en lo que no te gusta

La manera más poderosa de mantener tu córtex prefrontal saludable es enfocándote en lo que más te gusta de tu vida y en lo que te gusta de los otros.

Organízate y busca ayuda cuando la necesites

Aprender cómo organizar tu día es muy importante para la salud de tu CPF. Además de la importancia de establecerte buenos objetivos en tus relaciones, trabajo, emocionales, de salud, espirituales, etcétera, deberías preguntarte seguido si tu comportamiento te está ayudando a conseguir esos objetivos. Una especie de introspección. Es bueno que dediques un tiempito de tu semana a organizarla, no atrasarte en los trámites, papeleos, temas administrativos, si no busca a alguien que te ayude. Fundamental: priorizar eventos y ponerte *deadlines*. En efecto, con los niveles altos de estrés con los que vivimos hoy, si no te impones priorizar las cosas, para el cerebro todo pasará a tener la misma urgencia e importancia. Por eso, cuando estamos trabajando o concentrados en algo y nos entra un mensaje o mail poco relevante, "tenemos" y "queremos" contestarlo —sí o sí— inmediatamente, y nos distraemos de nuestra actividad principal. Haz una lista de todo aquello que tienes que hacer y revísala de manera regular (si no, no te servirá de nada). Esto es para sacarte literalmente cosas de tu CPF. Si la tienes todo el tiempo en tu

cabeza, estás ocupando lugar en tu memoria de corto plazo que podrías usar para otra cosa. Bájalo a un papel, agenda, compu, celular, lo que sea. Te va a aliviar muchísimo. Usa un cuaderno, libreta o tu celular para guardar las ideas que te aparezcan en los momentos más insólitos. Nunca sabes cuándo esa idea puede ser el conector de otras o el disparador de alguna solución a algún problema. Si tienes alguna tarea muy difícil, larga o compleja, trata de dividirla en etapas más cortas.

También son parte del córtex la ínsula y el cingulado anterior, responsables juntos con el CPF de establecer tus expectativas. La ínsula se encarga de las sensaciones del tipo "presentimientos". Algunos describen ciertas situaciones como un "nudo en el estómago". El cingulado detecta errores y evalúa riesgos y recompensas. Además, te ayuda a cambiar y redirigir tu atención de una cosa a otra, de una idea a otra, y de ver opciones en la vida. Los sentimientos de seguridad también son atribuidos a esta parte del cerebro. La expresión que más se relaciona con ella es "flexibilidad cognitiva", la habilidad que tienes para ir con la corriente, para adaptarte al cambio y manejar en forma exitosa los problemas nuevos que se te presentan. Como ves, esta parte de tu cerebro es clave para los cambios. Muchas situaciones de la vida requieren de flexibilidad cognitiva. Por ejemplo, cuando comienzas un nuevo trabajo o aprendes una nueva manera de hacer las cosas. El cingulado también está implicado en "pensamientos orientados al futuro", como planificar y

establecer objetivos. Cuando esta parte del cerebro está en buenas condiciones, es más fácil planificar y establecer expectativas y objetivos razonables. Las dificultades en esta parte del cerebro pueden ser la causa de que percibas situaciones temerosas cuando no las hay, o te pongas a predecir eventos negativos y sentirte inseguro. Poder ver opciones es fundamental para un comportamiento más adaptable. Al ser capaz de ver opciones, y nuevas ideas, estás protegido frente al estancamiento, la depresión y conductas hostiles. Cuando el sistema cingulado es anormal, tiendes a quedarte estancado en algunas cosas, encerrado y vuelves a tener el mismo pensamiento una y otra vez. Puedes devenir aprensivo y continuamente obsesivo con el mismo pensamiento, aferrarte a dolores o rencores del pasado y no dejarlos ir.

Funciones del cingulado

Habilidad para dirigir la atención. Flexibilidad cognitiva. Adaptabilidad. Movimiento de una idea a otra. Habilidad para ver opciones. Habilidad para "ir con la corriente". Habilidad para cooperar.

Problemitas en el cingulado

Preocupación. Seguir aferrado a heridas del pasado. Quedar atascado en pensamientos (obsesiones). Quedar atascado en comportamientos (compulsiones). Conducta oposicionista. Discusión. Poca cooperación, tendencia a decir que no automáticamente. Agresión al manejar.

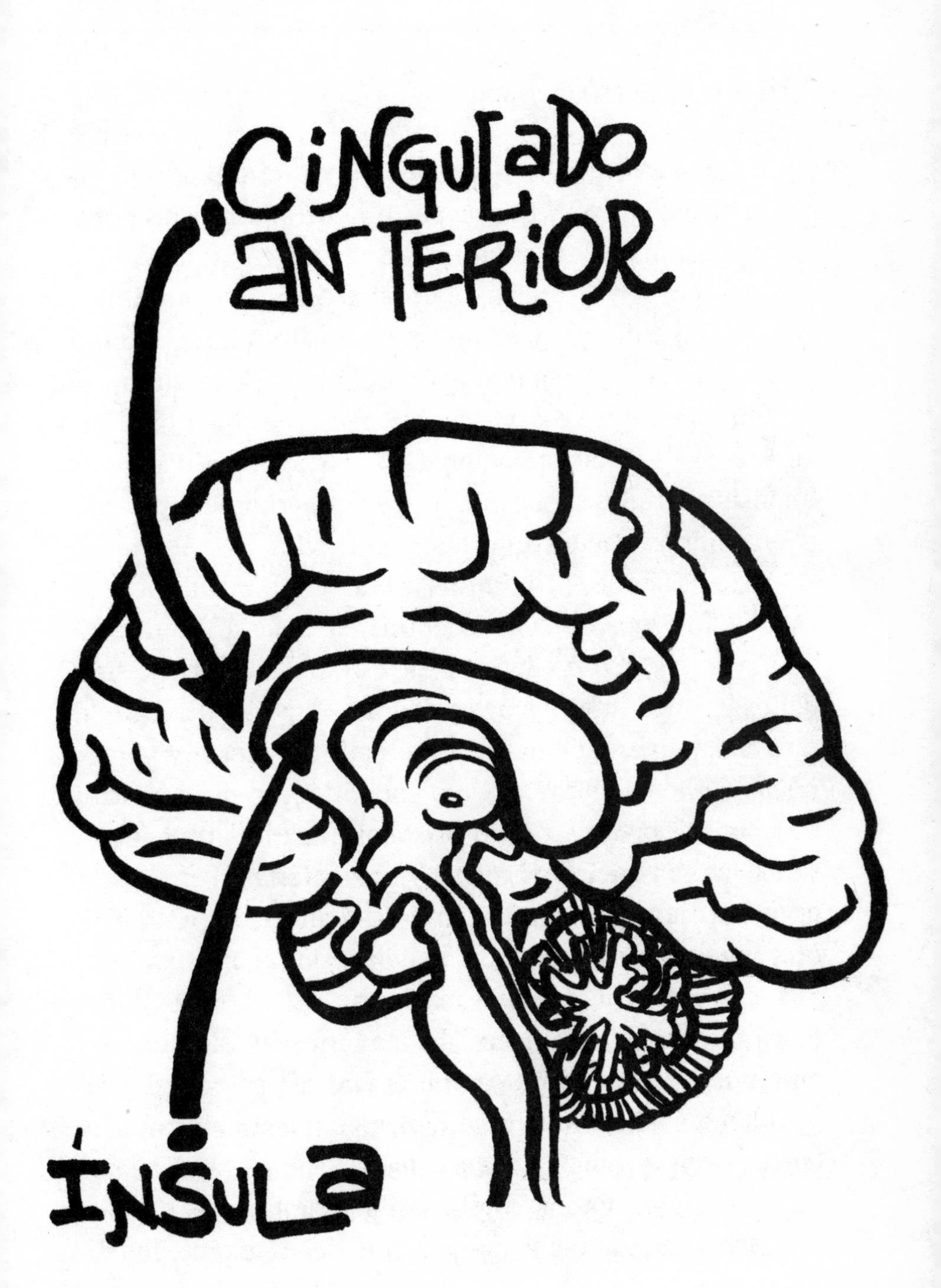
Cingulado anterior
Ínsula

Lógica asesina

Tu sistema racional, del cual el córtex prefrontal es la estrella principal, es el que se encarga de analizar las cosas del mundo exterior, mientras que el sistema emocional, que veremos en detalle en el próximo capítulo, monitorea tus estados internos y se preocupa por tu mundo interno y, obviamente, el impacto del afuera en ti. Este último es absolutamente necesario en tu proceso de toma de decisiones. Si el sistema emocional no existiera, podrías hacer análisis sobre las cosas que te rodean pero te congelarías y no podrías decidir qué hacer con ello. Las elecciones sobre tus acciones prioritarias están determinadas por tus estados internos. Si cuando entras en tu casa vas directo a la heladera, eso no depende de estímulos externos, sino de los estados internos de tu cuerpo. Esta batalla entre lo racional y lo emocional llevó a distintos filósofos al conocido "dilema del tren". Te lo cuento: un tren sin control está por atropellar a cuatro personas que están trabajando sobre las vías del ferrocarril. Va a matarlas. Pero existe la opción, apretando un botón, de redirigir el tren hacia otra vía donde se encuentra trabajando una persona sola. Si tocas el botón, esa persona morirá; si no tocas nada, morirán cuatro. ¿Qué haces? La mayoría, casi sin dudarlo, opta por tocar el botón. Ahora, el dilema.

Idéntica situación: cuatro personas serán arrasadas por un tren que viene a máxima velocidad, pero ahora, en lugar de un botón, tú estás al lado de las vías y sabes que empujando a una persona X que tienes al lado podrás

detener la marcha del tren. Así, matando a una persona, lograrías que el tren no arrase con las otras cuatro. Matemáticamente, lo mismo que en el caso anterior. ¿Dije matemática? Es decir, de manera lógica, es lo mismo. Sin embargo, en este caso la mayoría de las personas decide no empujar a X y deja morir a las otras cuatro.

Los especialistas en neurociencia Joshua Greene y Jonathan Cohen explican que la diferencia en ambos escenarios es el componente emocional: estás tocando a alguien. Si en lugar de empujarlo tú pudieras apretar un botón para que se caiga solo, muchos optarían por hacerlo. Lo que sucede en el dilema es que se cambia un problema impersonal y abstracto de matemática a otro personal y emocional. Cuando este dilema se plantea a voluntarios bajo escáneres cerebrales, en el primer escenario sólo se activan áreas involucradas en el pensamiento racional, pero cuando tienen que empujarlo se activan áreas emocionales.

Hoy está claro que las emociones inciden muchísimo más en nuestra toma de decisiones de lo que pensábamos hace años los científicos y, por ende, en nuestros comportamientos. Por esto, el sistema racional no es superior al emocional, el balance entre ambos es el que hace a nuestros cerebros más eficientes.

Tus expectativas, necesarias para orientar el cambio, son pensadas desde tu sistema racional, pero tus emociones le van susurrando siempre algo al oído, midiendo cómo te sientes, corrigiéndolo, aconsejándolo, según tus metas y objetivos a largo plazo. Para lograr esto, cuanto

más conozcas sobre tus emociones, mejor lo harás: "Si no se siente bien, es probable que esté mal". Una analogía de la antigua Grecia captura esta batalla entre la razón y la emoción. Eres el cochero y tu carruaje es tirado por dos caballos, el blanco de la razón y el negro de la pasión. El blanco trata de impulsarte hacia un lado del camino y el negro hacia el lado contrario. Tu trabajo es agarrarlos con fuerza e ir guiándolos por el medio.

Partimos del supuesto de que la capacidad para aprender y razonar es opuesta al instinto. La mayoría de nosotros cree que el perro del vecino opera por instintos y que nosotros somos seres racionales. Sin embargo, tu comportamiento logra ser más flexible que el de los animales porque posees más instintos que ellos. Ellos son como herramientas en una caja: cuantas más tienes, más adaptable puedes llegar a ser. Parecen no existir en tu vida porque son tan eficientes que procesan información automáticamente y sin esfuerzo. No los "ves" actuar pero lo están haciendo. Están tan bien programados que no tienes casi acceso consciente a ellos. Juntos forman lo que conoces como tu naturaleza humana. Pero, ojo, los instintos son diferentes de tus comportamientos automáticos, también conocidos como hábitos (andar en bici, teclear en la compu, atender el teléfono, etcétera). A diferencia de tus hábitos, a tus instintos no necesitas aprenderlos sino que los heredas. Estos comportamientos innatos han sido tan útiles, elegidos por la selección natural durante millones de años, que vienen encriptados en tu código genético. Aquellos que poseen instintos que favo-

recen la supervivencia y la reproducción tienden a multiplicarse. Es decir, los instintos que han sido optimizados y especializados a lo largo de la historia te confieren todos los beneficios de la velocidad y la eficiencia energética, siempre a costa de encontrarse lejos para ser alcanzados por tu consciente. Estos programas permanecen inaccesibles a tu conciencia porque son fundamentales para tu supervivencia. Éstos son, entre otros: la atracción sexual, los celos, el miedo a la oscuridad, empatizar con otros, argumentar, buscar justicia, encontrar soluciones, evitar el incesto, reconocer las expresiones faciales. Éstas son cosas que no puedes cambiar pero que sí pueden "funcionar mal" en tu cabeza.

De la intención a la acción hay un largo trecho

Seguro que ya has estado en un momento de necesidad de cambio. Y entonces sabes bien que las ganas e intenciones para lograrlo y la realidad de que eso suceda son muy diferentes. Para la mayoría de nosotros, cambio significa peligro. El proceso de inspirar, querer, promover y mantener el cambio es arduo y lleva tiempo. Una de las formas posibles de introducir el concepto de cambio es bajo el contexto de "resolución de un problema". El estado actual es el problema, el cambio sería el proceso y la solución a ese problema (gracias al cambio), el estado futuro. Sin duda esto implica alterar la manera de pensar

en pos de nuevos beneficios en el plano individual. Una de las trabas más importantes para atravesar el proceso de cambio es no poder convertir tus intenciones en acciones. ¿Cuántas veces tuviste la intención de hacer algo nuevo, diferente y, sin embargo, no lograste que suceda o no conseguiste mantenerlo en el tiempo? Lesiones cerebrales en el lóbulo frontal del córtex producen desajustes entre la intención y la acción. Pero en personas sanas como tú esto es conocido como el "objetivo desatendido". Para que la nueva acción sea exitosa, la intención y la acción deben estar siempre interconectadas en tu cerebro. Por ejemplo, si tu intención es cambiar y hablarle a tu mujer o marido en un tono más tranquilo, empático y pausado, esa intención tiene que estar siempre presente en ti y asociada a cada encuentro entre ustedes. Para tu cerebro, cambiar una acción del pasado lleva un costo o detrimento de su desempeño. Como vimos, prefiere repetir la misma tarea. Ésta es una de las razones por las cuales la gente no cambia. Estos costos incluyen inversión de tiempo, miedo a lo desconocido, desorientación, imprecisión e inexactitud. Este ahorro actúa sobre la acción literal de hacer otra cosa, pero no influye sobre tus intenciones. Por ejemplo, desde hace seis meses tengo la intención de bajar unos kilitos, sin embargo no paso a la acción: cuidarme en las comidas. Éste es el costo de pasar de la fase de intención o inspiración a la fase de acción. Es decir, las intenciones son gratis, las acciones nuevas muy caras. Por esto último, el sentimiento de inspiración es reconfortante a nivel biológico, dado que no tiene ningún costo energé-

tico cerebral. Pero actuar según esa inspiración es menos placentero ya que involucra nuevos conocimientos y, por ende, como ya dijimos, costos adicionales. Además, los humanos tendemos a percibirnos como aprendedores cuando somos pequeños y como repetidores cuando somos adultos. Esto se debe a que como adultos preferimos sentir que "dominamos" algo. Estos costos de cambiar acciones nos quitan ese sentido de *expertise*, de saber. Tu mente debe "convencer" a tu cerebro de que el riesgo de sentirse desorientado un ratito y de "gastar más" es en su propio beneficio. Aunque te parezca que el costo de discutir con tu mujer por tu mal tono es mayor, a tu cerebro le conviene porque es el lugar que reconoce y puede clasificar. Por ende, está en tu mente poder convencerlo.

Para realizar una tarea nueva –cambiar– tu cerebro debe inhibir la atención dirigida hacia la tarea antigua. Es decir, involucra no sólo atender a la nueva tarea sino además que elijas entre muchas alternativas que el cerebro ya tiene registradas –las cosas viejas que quieres cambiar– y las inhibas. Eso es carísimo para tu cerebro. Es como si tú, que vas siempre al trabajo o a la casa de un amigo tomándote el mismo colectivo que te deja a una cuadra, y sabiendo que en caso de que no haya colectivos puedes tomar el metro que también te deja cerca, una mañana decidas ir por otro camino totalmente nuevo, por ejemplo, combinando nuevas líneas de colectivos y metro. Ni loco. Una de las formas positivas de favorecer que asumas ese "costo de cambiar de acción" es no sólo enfatizar en los beneficios y la importancia de la nueva acción (cambio),

sino además mostrar por qué tus viejas acciones ya no te sirven. En el caso de tu marido, ya no te sirve gritarle, prueba hablarle pausado, etcétera. También es de extrema utilidad que practiques las nuevas tareas o acciones advirtiéndote qué errores, fallas o frustraciones aparecerán en el camino o proceso de cambio hasta que vuelvas a dominar esa nueva tarea. Estas fallas son parte del costo de cambiar. Si no hubiese ningún tipo de limitación o restricción, no habría costo alguno. El cambio implica cierto dolor. Te lo digo otra vez: si vas a cambiar, es normal que falles. Como veremos más adelante, lo que tú te digas –es decir, lo que pienses– sobre ese error, falla u obstáculo en el camino del cambio determinará tus ganas para volver a intentarlo. No eres más débil por sentir dolor o miedo, justamente eso es lo que te hace humano.

En resumen, tus circuitos cerebrales y sus conexiones tienen que trabajar más arduamente cuando se trata de cambiar, y además deben inhibir la repetición de formas familiares y cotidianas de hacer las cosas. Generarte expectativas a través de tus intenciones es fundamental para ayudarte a encontrar oportunidades de cambio. Si sabes dónde vas o adónde quieres ir, más fácil llegarás. Pero recuerda que pasar de la intención a la acción tiene un costo para el cerebro. Y por eso te cuesta tanto.

¿No te acordabas?

Toda acción que hagas requiere del funcionamiento correcto de tu memoria. En otras palabras, debes recordar los detalles de tus intenciones de cambio para poder realmente hacerlo mediante pensamientos, comportamientos y acciones nuevas. De forma muy simplificada, cuentas con: memoria de corto plazo –también conocida como memoria de trabajo–, de mediano y de largo plazo. Cada vez hay más hallazgos que muestran que cuando el cerebro aprende algo nuevo, le cuesta mucho trabajo procesarlo y convertirlo en una nueva memoria, pero una vez que algo fue aprendido, es transformado en formato de "fácil acceso", que consume menos energía. Por eso es tan fácil repetir errores del pasado, ya que son guardados en formatos de memoria de largo plazo de fácil, barato y rápido acceso. Es decir, necesitas pasar mucho tiempo explorando y practicando las nuevas acciones para que se consoliden en memorias de largo plazo. De lo contrario, tus comportamientos del pasado volverán, volverán, volverán.

Existe una teoría muy interesante, la teoría del proceso irónico, que explica que en momentos de estrés o demasiada información mental haces lo que estás tratando de evitar hacer. Sumo a esta teoría que cuando estás tratando de olvidar algo para actuar de una manera diferente, sólo se puede lograr si no estás demasiado estresado. Es decir, si tu atención es capturada por tu estrés, en lugar de aquella tarea nueva que requiere de energía tiendes a recordar

aquellas cosas que no quieres recordar. Dicho de otra forma, **el estrés te empuja a tus hábitos, en detrimento de tu desempeño orientado a un objetivo de cambio.** Entonces, la ansiedad excesiva puede interferir con aquellas cosas nuevas que debes recordar para cambiar de comportamiento. **Si estás bajo condiciones de mucho estrés, seguramente no podrás recordar muchas cosas ni integrar información nueva.** Se te complica cambiar.

CONSEJOS PARA QUE APRENDAS DE MANERA MÁS EFICIENTE

Deja a un lado el miedo al ridículo y al fracaso.

Cultiva una curiosidad de niño.

No te tomes a ti mismo tan en serio.

El proceso de aprender algo nuevo es más importante que el resultado. Tu cerebro se beneficia por tratar de aprender. Un resultado exitoso es como un bono adicional.

Busca nuevos desafíos. Aprende algo nuevo que no te sea familiar. La novedad rinde muchos beneficios al cerebro.

Aprender nuevas habilidades puede cambiar cientos de millones de conexiones cerebrales.

DR. MICHAEL MERZENICH

Gente, quiero so-lu-cio-nes

Otro concepto importante a la hora de establecer tus expectativas es, frente a los diferentes desafíos que se te

presentan, **focalizar en las soluciones.** Focalizar en el problema te lleva al pasado, a tratar de cambiar aquello que no pudiste cambiar, a culpar, responsabilizar, justificarte o buscar excusas. Si quieres analizar o cambiar algún proceso, por ejemplo, cómo funciona el motor de un auto o por qué dejó de funcionar, el método de "foco en el problema" puede ser muy útil, pero cuando se trata de cambiar, necesitas focalizar en soluciones.

En efecto, cuando focalizas en soluciones inmediatamente se crea energía en tu mente. Te abres a posibilidades e ideas. Esto no significa que no haya que ocuparse de los problemas, pero puedes tratar de pensarlos hacia adelante, en lugar de qué los causó. Por ejemplo, en lugar de preguntarte "¿Por qué no cumplí con mis objetivos?", puedes preguntarte: "¿Qué necesito hacer la próxima vez para lograrlos?" En lugar de "¿Por qué hice eso?", preguntate "¿Qué es lo que quiero hacer ahora?", o reemplazá "¿Por qué sucedió?" por "¿Qué es lo que quiero lograr con esto?" El solo hecho de remover el "por qué" de las preguntas te hará focalizarte más en las soluciones. Esto último es un primer paso en la creación de nuevos cables, mapas y circuitos cerebrales que cambian tu verdadera forma de pensar.

Te cuento un ejemplo personal: era un sábado de Semana Santa en Nueva York. Yo esperaba un taxi en una concurrida esquina para que me llevara al aeropuerto JFK para volver a Buenos Aires. Al día siguiente, era el primer cumpleaños de mi hijo Valentín. Luego de veinte minutos, seguía en la misma situación. Empecé a rumiar, a ha-

blarme con mis pensamientos. (Veremos a continuación cómo se relacionan estas explicaciones que te das a ti mismo sobre lo que te sucede con las posibilidades reales de cambio.) "Cómo no me di cuenta de que era Sábado Santo, debería haber salido una hora antes, debería haber pedido un taxi la noche anterior en el hotel. Ahora ya estoy lejos para volver, no voy a llegar al aeropuerto, ni loco llego con la cantidad de gente que debe de haber en la ruta, por qué no me avivé antes", etcétera, etcétera, etcétera. Seguía haciendo foco en el pasado. El problema ya había acontecido, eso no podía cambiarlo. Entonces, apreté pausa: puse mi espalda derecha, respiré profundo, cerré los ojos –quizá al cerrarlos haya pasado un taxi vacío...– y recordé que yo enseñaba a la gente a focalizar en soluciones. Era el momento de hacerlo con mi adversidad. Me dije, todavía con los ojos cerrados y respirando tranquila y profundamente: "¿Qué medios de transporte llegan a un aeropuerto? Metro, tren, limusinas, taxis, pedir aventón, autos particulares, motos, bicis, micros". Y de pronto dije: "¡Turistas!" Abrí los ojos y comencé a escanear las calles. Cuando tu atención está puesta en tus expectativas, hay más posibilidades de cambiar, aparecen las oportunidades. Y ahí los vi, a unos cincuenta metros, en la vereda de enfrente, subiendo maletas a una limusina. Era una pareja de brasileños que iba al aeropuerto. Los abordé y utilicé las emociones –el cumpleaños de mi hijo– y no los hechos –el horario de mi avión–. Usando el "ver", y no el miedo o la fuerza, les mostré una foto de Valentín y los convencí de compartir el viaje. Focaliza

en soluciones y estarás construyendo nuevas alternativas, nuevos mapas neuronales para el cambio.

Ejercicio: focaliza en qué focalizas
Durante una semana toma nota cada vez que durante tus conversaciones decidas focalizar en el problema o en las soluciones. Fíjate el impacto que tiene en tus pensamientos y en tu desempeño posterior.

Lo positivo

Un estudio de Gallup muestra que la gente reacciona a las críticas de manera positiva sólo una de cada trece veces. Crítica se refiere a cierto *feedback* negativo que recibe alguien luego de algún desempeño o resultado. Recordemos que nuestra *performance* es conducida por nuestros comportamientos, y estos, por nuestras emociones, las que a su vez dialogan con nuestros pensamientos. El modelo del iceberg. En el ritmo del mundo en el que vivimos hoy, tenemos cada vez más pensamientos que no apoyan nuestro desempeño. Se puede trasladar la misma idea a los comentarios ajenos, las sugerencias y el *feedback* general que recibes de los que te rodean. Estás constantemente preocupándote, imaginando lo peor: te criticas y te critican. Si lograras callar esa voz interna y concentrarte más en acentuar lo positivo, harías una gran diferencia en tus pensamientos, y esto se reflejaría en los resultados que produces, por ende, en tu *performance*. Ponlo en esta

PERFORMANCE
DESEMPEÑO
=
POTENCIAL
-
INTERFERENCIAS
(MIEDOS - DUDAS)

simple pero poderosa **ecuación: tu *performance* equivale a todo el potencial que tienes como persona menos las interferencias que puedes tener para desarrollar ese potencial.** Interferencias serían el miedo, las dudas y la imaginación negativa (*performance* = potencial – interferencias).

Un atleta profesional sabe que si sale a realizar su disciplina con dudas, autocríticas o excesiva cantidad de miedo o ansiedad, puede perderlo todo. Esto marca la llamada "diferencia mental" que distingue a los deportistas de alta elite del resto de los mortales. Los tenistas Rafael Nadal y Novak Djokovic salen a la cancha, pero el que salga a la cancha a jugar con menos interferencias mentales probablemente gane el partido, ya que físicamente tienen similitudes. De adulto casi espontáneamente te dejas de alentar y de ser positivo, cuando seguramente haces todo lo contrario con tus hijos. Existen múltiples estudios que muestran la importancia del *feedback* positivo en el desarrollo, IQ y bienestar de los más pequeños. El *feedback* tiene un gran impacto en el desempeño, y las investigaciones muestran que es igual para todo el mundo.

Si quieres cambiar tu *performance*, tienes que dominar el arte del reconocimiento, de reconocerte. Es decir, ayudar a construir nuevos circuitos neuronales a través de poder ver lo que estás haciendo bien. Observar cómo te desafías, creces, aprendes y te desarrollas. Explorar qué hiciste bien y qué podrías hacer mejor. Esto no significa que tienes que esconder bajo la alfombra los obstáculos y los errores. Es evidente que hay ciertos momentos en los que debes entender de manera clara y honesta lo que

hiciste mal. Marshall Goldsmith llama a este proceso el *feedforward*: en lugar de pasar horas en algo que no funcionó en el pasado, debes pensar qué deberías cambiar en el futuro y explorar formas para que sea posible. Algunas formas de acentuar lo positivo serían, por ejemplo, que aprecies el trabajo que haces, validarlo, reconocerlo, afirmarlo, confirmarlo y agradecerte. Y lo mismo para tus pares, colegas o familia. Prueba hacerlo esta semana, verás la diferencia en tu comportamiento. Claro que para algunos no es fácil. La forma en que te explicas las cosas que te pasan, las buenas y las malas, en tu trabajo o en tu vida, conforman hábitos de pensamiento. Los hábitos no se circunscriben al campo de la acción, también existen los hábitos de pensamiento y de las emociones. Algunos de éstos son enemigos del cambio. Veamos.

¿Cuál es tu estilo?

Vamos a empezar con un test. Tómate todo el tiempo necesario para contestar estas 48 preguntas. Es un poco cansado pero vale la pena. El test lo adapté del libro *Learned Optimism*, del doctor Martin Seligman.

Debería llevarte entre quince y veinte minutos. No hay respuestas malas ni buenas. Tienes que leer la situación descrita e imaginarla los más vívida posible, casi como si te estuviera pasando a ti. Quizá algunas de las situaciones nunca las hayas vivido, pero no importa. Si no encuentras naturalmente posible ninguna de las opciones,

intenta inclinarte por la que creas conveniente. No contestes lo que deberías contestar o lo que suena bien decirles a otros. Por ahora, ignora completamente las letras y los números en código de cada pregunta y respuesta. No creas que los 1 son mejores que los 0 ni viceversa.

1. Estás a cargo de un proyecto al que le está yendo genial [PsB]:
   a) Controlé que todo el mundo estuviera haciendo su trabajo. [1]
   b) Todo el mundo dedicó mucho tiempo y energía a este proyecto. [0]

2. Tú y tu pareja se arreglan luego de una pelea [PmB]:
   a) La/lo perdoné. [0]
   b) Soy una persona que en general perdona a los demás. [1]

3. Te pierdes yendo en auto a la casa de un amigo [PsM]:
   a) Debo haber doblado mal en algún lado. [1]
   b) Mi amigo me dio mal la dirección. [0]

4. Tu pareja te sorprende con un regalo [PsB]:
   a) Lo/la acaban de promocionar en el trabajo. [0]
   b) Anoche lo/la llevé a una cena espectacular. [1]

5. Te olvidas del cumple de tu pareja [PmM]:
   a) No soy bueno para recordar cumpleaños. [1]
   b) Estaba preocupado por otras cosas. [0]

6. Recibes flores de un admirador secreto [ExB]:
   a) Le debo atraer. [0]
   b) Soy una persona muy popular. [1]

7. Postulas para un puesto y lo ganas [ExB]:
   a) Le dediqué mucho tiempo y energía a esa posición. [0]
   b) Trabajo muy duro en cada cosa que hago [1].

8. Te olvidas de un compromiso muy importante [ExM]:
   a) A veces mi memoria me falla. [1]
   b) A veces olvido consultar mi agenda. [0]

9. Te postulas para un puesto y no te toman en cuenta [PsM]:
   a) No dediqué suficiente tiempo ni energía. [1]
   b) La persona que ganó el puesto conocía más gente que yo. [0]

10. Preparas una cena en tu casa con amigos y es todo un éxito [PmB]:
    a) Esa noche estaba particularmente inspirado. [0]
    b) Soy un buen anfitrión [1].

11. Logras detener un crimen llamando a la policía [PsB]:
    a) Un ruido raro llamó mi atención. [0]
    b) Ese día estaba alerta. [1]

12. Todo el año estuviste muy sano [PsB]:
    a) Poca gente alrededor mío estuvo enferma, así que no estuve expuesto. [0]
    b) Me aseguré de comer bien y descansar. [1]

13. Le debes a la biblioteca cien pesos por no devolver un libro a tiempo [PmM]:
   a) Cuando me meto mucho con lo que estoy leyendo, a veces olvido cuándo hay que devolverlo. [1]
   b) Estaba tan concentrado en escribir un reporte para el trabajo que olvidé devolverlo. [0]

14. Tus acciones te hacen ganar mucha plata [PmB]:
   a) Mi *broker* decidió apostar a algo nuevo. [0]
   b) Mi *broker* es un genio inversor. [1]

15. Ganas una competencia atlética [PmB]:
   a) Me sentía imbatible. [0]
   b) Entrené duro. [1]

16. Te va mal en un examen importante [ExM]:
   a) No era tan inteligente como otros que dieron el examen. [1]
   b) No me preparé lo suficientemente bien. [0]

17. Preparas una comida especial para un amigo y él apenas toca el plato [ExM]:
   a) No soy un buen cocinero. [1]
   b) Cociné demasiado rápido. [0]

18. Pierdes en un evento deportivo para el que te habías preparado durante mucho tiempo [ExM]:

a) No soy un buen atleta. [1]
b) No soy bueno en ese deporte. [0]

19. Te quedas sin combustible en una calle oscura por la noche [PsM]:
a) No miré cuánta gasolina me quedaba al salir. [1]
b) La aguja debía de estar rota. [0]

20. Pierdes el control discutiendo con un amigo [PmM]:
a) Él/ella está siempre molestándome. [1]
b) Él/ella estaba de mal humor ese día. [0]

21. Te multan por no cumplir con tus impuestos a tiempo [PmM]:
a) Siempre dejo los impuestos para último momento. [1]
b) Este año estaba con pereza para preparar los papeles de los impuestos. [0]

22. Invitas a salir alguien y te dice que no [ExM]:
a) Ese día yo no me sentía muy bien en general. [1]
b) Me quedé un poco tartamudo cuando la/lo quise invitar. [0]

23. Estás en el teatro y te invitan a participar sobre el escenario, en un juego para la audiencia [PsB]:
a) Estaba sentado en el lugar correcto. [0]
b) Del público, yo era el que más entusiasmado estaba. [1]

24. Siempre que voy a una fiesta me sacan a bailar [PmB]:
    a) Soy extrovertido en las fiestas. [1]
    b) Esa noche me sentía perfecto. [0]

25. Le compras a tu pareja un regalo y no le gusta [PsM]:
    a) No soy de pensar mucho en ese tipo de cosas. [1]
    b) Él/ella tiene gustos muy especiales. [0]

26. Vas a una entrevista de trabajo y te va sorprendentemente bien [PmB]:
    a) Me sentí muy confiado durante la entrevista. [0]
    b) Soy muy convincente en las entrevistas de trabajo. [1]

27. Cuentas un chiste y todo el mundo se ríe [PsB]:
    a) El chiste fue muy gracioso. [0]
    b) Mi remate fue perfecto. [1]

28. Tu jefe te da muy poco tiempo para terminar un proyecto, sin embargo lo logras [ExB]:
    a) Soy bueno en mi trabajo. [0]
    b) Soy una persona muy eficiente. [1]

29. Últimamente te estuviste sintiendo cansado/a [PmM]:
    a) Nunca tengo tiempo para relajarme. [1]
    b) Estuve muy ocupado esta semana. [0]

30. Invitas a alguien a bailar y te dice que no [PsM]:
    a) No soy un buen bailarín. [1]
    b) A él/ella no le gusta bailar. [0]

31. Salvas a una persona de morir ahogada [ExB]:
    a) Conozco una técnica para ayudar a la gente que se está ahogando. [0]
    b) Sé qué hacer en situaciones de crisis. [1]

32. Tu pareja quiere tomarse un tiempo [ExM]:
    a) Soy demasiado egoísta. [1]
    b) No paso suficiente tiempo con él/ella. [0]

33. Un amigo te dice algo que te hace sentir mal [PmM]:
    a) Siempre dice estas cosas sin pensar en los demás. [1]
    b) Mi amigo tuvo un mal día y se la agarró conmigo. [0]

34. Tu empleado te pide consejos [ExB]:
    a) Soy experto en el área que me vino a preguntar. [0]
    b) Soy bueno dando consejos a la gente. [1]

35. Un amigo te agradece por ayudarlo durante un mal momento de su vida [ExB]:
    a) Disfruto ayudándolo durante los momentos difíciles. [0]
    b) Me preocupo por los demás. [1]

36. Lo pasas increíble en una fiesta [PsB]:
    a) Todo el mundo era muy amistoso. [0]
    b) Yo estuve muy amistoso. [1]

37. Tu doctor te dice que estás en muy buen estado físico [ExB]:
    a) Me aseguro de hacer ejercicio físico seguido. [0]
    b) Soy muy consciente con respecto a mi salud. [1]

38. Tu pareja te invita a un fin de semana romántico [PmB]:
a) Necesita irse afuera por unos días. [0]
b) Le gusta explorar nuevas cosas. [1]

39. Tu doctor te dice que estás comiendo mucha azúcar [PsM]:
a) No presto mucha atención a mi dieta. [1]
b) No puedo evitar el azúcar, está por todos lados. [0]

40. Te piden que lideres un proyecto muy importante [PmB]:
a) Acabo de terminar de manera exitosa algo similar. [0]
b) Soy un buen supervisor. [1]

41. Hace tiempo que vienes peleando mucho con tu pareja [PsM]:
a) Estuve sintiéndome muy presionado y de mal humor últimamente. [1]
b) Él/ella está muy hostil últimamente. [0]

42. Te caes muy seguido mientras esquias [PmM]:
a) Esquiar es muy difícil. [1]
b) Las pistas estaban heladas. [0]

43. Ganas un premio muy prestigioso [ExB]:
a) Resolví un problema muy importante. [0]
b) Fui el mejor empleado. [1]

44. Tus acciones están muy bajas [ExM]:
a) No conozco mucho de negocios. [1]
b) Elegí mal las acciones. [0]

45. Ganas la lotería [PsB]:
    a) Fue pura suerte. [0]
    b) Elegí los números correctos. [1]

46. Aumentas de peso durante las vacaciones y no logras bajarlo [PmM]:
    a) Las dietas no funcionan a largo plazo. [1]
    b) La dieta que probé no funcionó. [0]

47. Estás internado en el hospital y muy poca gente va a visitarte [PsM]:
    a) Soy muy irritable cuando me enfermo. [1]
    b) Mis amigos son negligentes para estas cosas. [0]

48. Tu tarjeta de crédito es rebotada en un negocio durante una compra [ExM]:
    a) A veces sobreestimo cuánta plata tengo. [1]
    b) A veces me olvido de pagar la tarjeta de crédito. [0]

Por ahora, deja el test a un lado. Iremos viendo cómo te fue a medida que avancemos en la explicación.

Durante los últimos veinticinco años, varios investigadores, entre ellos Bernard Weiner, John Teasdale y Martin Seligman, han demostrado que cada uno de nosotros tiene un estilo particular de explicarnos las cosas. A esto lo llaman "estilo explicativo". A su vez, dentro de este estilo, encontramos el tipo optimista y el pesimista.

Las características básicas que definen a los pesimistas es que tienden a pensar que los malos momentos van

a durar muchísimo tiempo (permanencia), que van a interferir con todo lo que hacen en sus vidas (extensión) y que todo suceden por culpa de ellos (personal). Los optimistas, por el contrario, enfrentados a los mismos eventos, tienden a creer que una derrota es algo temporal y que sólo repercutirá en el dominio donde se produzca. Por ejemplo, si lo echan del trabajo, eso no trasciende en su vida familiar o social. Los optimistas creen que las derrotas no son su culpa, sino circunstancias, mala suerte o incluso responsabilidad de otras personas. Los optimistas, confrontados a una mala situación, la perciben como un desafío y prueban de nuevo. Existen literalmente cientos de estudios que muestran que los pesimistas se rinden rápidamente frente a desafíos de cambio y esto, encima, hace que se depriman más seguido. Por otro lado, estudios similares muestran a los optimistas como mejores en la escuela, en el trabajo y en los deportes; ganan más elecciones que los pesimistas, son más sanos, envejecen mejor y algunas evidencias sugieren que, incluso, viven más años. No es tan fácil, como seguramente supones, saber si eres poco, algo o muy pesimista. Seas quien seas hoy, conoce que **se puede escapar del pesimismo**. Un pesimista puede devenir optimista si aprende una serie de habilidades cognitivas descubiertas en laboratorios y clínicas y seriamente validadas. Pero hay algo peor, en el corazón del fenómeno del pesimismo reside otro fenómeno: la impotencia. En este estado, cualquier cosa que tú decidas hacer no afectará nada de tu situación y de lo que te pasa. Nada bajo su control. La desesperanza. La vida

comienza con una impotencia total: los bebés no pueden ayudarse a sí mismos, son criaturas de reflejos. Y a pesar de que cuando lloran la mamá acude a ellos –al menos en la mayoría de los casos– eso no significa que "controlan" a la mamá. Su llanto es un reflejo de dolor o *disconfort*. Sólo un número reducido de músculos parece estar bajo su control: los relacionados con succionar. Este largo período de la infancia a la adultez es un camino que va de la impotencia total a ganar control personal. Esto último es la habilidad que tienes para cambiar cosas por tus meros actos voluntarios. Es lo opuesto a la impotencia. Está claro que muchas cosas en la vida están fuera de tu control y no las puedes cambiar –el lugar donde naciste, el color de tus ojos, quiénes son tu papá y mamá, tu raza, etcétera–, pero existe un vasto territorio de posibles acciones bajo tu control, o de ceder el control a otros, o al destino. Y es la forma en la que piensas por qué te suceden las cosas en la vida –tu estilo explicativo– la que puede disminuir o aumentar el control que tienes sobre ella. Tus pensamientos no deben ser sólo reacciones a diferentes eventos que ocurren. Los hábitos de pensamientos no necesitan ser siempre los mismos. Puedes elegir cómo pensar. ¿Te acuerdas de poner pausa para hacerlo? Como te darás cuenta, tanto el pesimismo como la impotencia son enemigos acérrimos del cambio.

Entonces, la manera en que te explicas a ti mismo el porqué de las cosas malas que te suceden es clave para aumentar o disminuir tus posibilidades de cambio. Aquí la cuestión sería evaluar –y luego, si es necesario, traba-

jar– los hábitos explicativos. No las explicaciones individuales y aisladas que puedes tener frente a un fracaso en particular. Todos tenemos estilos de "ver" las causas de las cosas que nos suceden, y si le damos a ese estilo una oportunidad, se impondrá como un hábito en nuestras vidas. Como vimos, las tres dimensiones cruciales para tu estilo explicativo son: la permanencia, extensión y personal. Ahora veamos cuál es el tuyo. A medida que te los vaya contando puedes ir mirando tu test y sumando tus puntajes para cada estilo.

Forever mal o *forever* bien

Aquellas personas que se rinden fácilmente creen que los malos eventos que les suceden son permanentes. Permanencia se refiere a la constancia en el tiempo, a la inmutabilidad que va a tener aquel evento en su vida. Comparemos permanente *versus* temporario. Si para ti estos malos eventos van a persistir, entonces van a estar siempre ahí afectándote en tu vida. Si piensas las cosas malas que te suceden usando "siempre" o "nunca" (y otros rasgos duraderos: "Nunca me mira", "Las dietas no funcionan", "Siempre me va a molestar", "Siempre va a doler", etcétera), tienes un **estilo pesimista permanente**.

Vuelve al test. Suma los resultados de las preguntas con el código PmM (5, 13, 20, 21, 29, 33, 42 y 46). Estas preguntas miden cuán permanente tiendes a pensar las causas de los malos eventos que te suceden. En las que

pusiste 0 eres optimista y las 1 indican que eres pesimista. Ahora suma tu puntaje:

PmM =

Si el total de la suma de las ocho preguntas PmM te dio entre 0 y 1, eres muy optimista en esta dimensión. Entre 2 y 3, moderadamente optimista; 4 eres promedio; entre 5 y 6 eres algo pesimista; y entre 7 y 8, muy pesimista, y te recomiendo que leas con mucha atención lo que viene más adelante.

Es obvio que fallar, fracasar o los obstáculos que aparecen en tu proceso de cambio pueden dejarte impotente. Es un golpe, pero el dolor termina. Mientras para algunos eso es algo lógico, saben que va a pasar (los que suman entre 0 y 1), para otros el dolor no se irá nunca (los que suman entre 7 y 8). Ante un fracaso, no vuelven a intentarlo, ni siquiera buscando nuevas opciones.

Ahora analicemos qué pasa cuando lo que te sucede está bueno. Aquellos que tienen un **estilo optimista permanente** suelen explicar los buenos eventos de esta manera: "Siempre tengo suerte", "Soy muy bueno en lo que hago", "Mi competidor no sabía tanto como yo".

Lo contrario a ellos serían los **pesimistas temporarios**, que explican las cosas buenas que les pasan en términos de estados de ánimo, esfuerzos, momentos pasajeros, temporarios: "Tuve suerte", "Me esforcé esta vez", "El otro estaba cansado". En el test les corresponden las preguntas PmB (2, 10, 14, 15, 24, 26, 38 y 40). Estas preguntas mi-

den cuán permanente tiendes a pensar las causas de las cosas buenas que te suceden. En las que pusiste 1, eres optimista. Suma tu puntaje:

PmB =

Si el total te dio entre 7 y 8, eres muy optimista, piensas que las cosas buenas continuarán sucediéndote. Si te dio 6, eres moderadamente optimista; 4 y 5, promedio; 3, algo pesimista; entre 1 y 2, muy pesimista. Lo importante es que las personas que creen que las cosas buenas tienen efectos permanentes en el tiempo, se esfuerzan aún más para lograr cambiar y ser exitosos en lo que quieren. **Los pequeños triunfos motivan a la gente a seguir adelante, por eso es tan bueno reconocerlos y festejarlos.**

Recuerda que las explicaciones permanentes sobre las cosas malas que te suceden te dejan impotente por años y sin cambiar, pero aquello explicado como temporario te da resiliencia, esa capacidad para sobreponerte de dolores emocionales y situaciones adversas.

Catastrófico & *cool*

En la dimensión de la extensión nos referimos a la universalidad de la explicación que te das. Es una cuestión de espacio. Por ejemplo, algo que te pasó en tu trabajo afecta además otras áreas de tu vida. Si la explicación es específica, entonces molesta sólo donde te ocurrió. Aquí

comparamos universal *versus* específica. Por ejemplo, aquellas personas que generalizan las explicaciones sobre las cosas malas que les suceden, al fallar en una dieta llevan ese pequeño fracaso a todo tipo de cambios, incluso a los que están fuera de lo relacionado con su peso. Es decir, no puedo cambiar A, entonces tampoco puedo cambiar B, C, D, Z...

Veamos quién eres. En el test, las preguntas son las correspondientes al código ExM (8, 16, 17, 18, 22, 32, 44 y 48). Estas miden cuán catastróficamente tiendes a pensar los malos eventos que te suceden. Suma tu puntaje:

ExM =

Si el total te dio entre 0 y 1, eres muy optimista en esta dimensión, lo malo que te sucede en un dominio de tu vida no afecta a los otros. Entre 2 y 3, moderadamente optimista; 4 es promedio; entre 5 y 6, algo pesimista; y entre 7 y 8, muy pesimista. Estos últimos, los pesimistas universales, dicen cosas como: "Todos los clientes son malos", "Soy repulsivo", "Las *tablets* no sirven para nada". Por el contrario, los optimistas específicos suelen decir frases como las siguientes: "Este cliente es malo", "Lo atendí mal", "Esta marca de *tablet* no funciona bien".

Como hicimos con la dimensión de permanencia, veamos ahora lo contrario con la dimensión de extensión. Un estilo optimista para explicar las cosas buenas que suceden. Por ejemplo, cuando logras un cambio positivo, por ejemplo, una nueva forma de tratar a tus clientes, eso

se trasladará de manera positiva a cualquier otro tipo de cambio que te propongas. Te motiva. Si eres así, seguramente piensas que las cosas malas son específicas de un dominio particular, pero las buenas tienen efecto en potenciar todos los dominios de tu vida. Un optimista universal dice frente a eventos positivos que le suceden: "Lo logré porque soy bueno", "Mi socio sabe mucho", "Estuve perfecto esa noche". Un pesimista específico, ante la misma situación, puede decir: "Lo logré porque soy bueno en ese tema", "Mi socio conoce sobre marketing", "Le hablé muy bien a ella/él esa noche".

En el test, las preguntas son las relacionadas con el código ExB (6, 7, 28, 31, 34, 35, 37 y 43). Suma tu puntaje:

ExB =

Si el total te dio entre 7 y 8, eres muy optimista sobre las cosas buenas que te suceden en un área de tu vida y eso se trasladará a las otras; 6, moderadamente optimista; 4 y 5 es promedio; 3, algo pesimista; entre 1 y 2, muy pesimista.

¿Quién tiene la culpa?

Por último, veamos la dimensión de estilo explicativo personal. Cuando pasan cosas malas, cuando no logro los cambios, me culpo. Éste es el estilo explicativo personal interno. Aquí comparamos estilo interno *versus* externo.

El estilo interno deja a las personas con una baja autoestima. Sienten que no sirven para nada, que no tienen talento, que nadie los quiere: "Soy un estúpido", "Soy inseguro", "No tengo talento para esto". Lo contrario sería que, ante sucesos malos, culpe a otras personas o a las circunstancias (estilo externo): "Eres un estúpido", "No tuve suerte", "No tuve una buena educación". Acuérdate de que la baja autoestima llega de manera frecuente a tu vida cuanto tienes un estilo interno para explicarte los malos eventos. En el test lo encontrarás con el código PsM (3, 9, 19, 25, 30, 39, 41 y 47). Suma tu puntaje:

PsM =

Si el total te dio entre 0 y 1, indica alta autoestima; entre 2 y 3, moderada autoestima; 4 es promedio; entre 5 y 6, baja autoestima; entre 7 y 8, muy baja autoestima.

Por último, veamos los estilos explicativos personales para cuando suceden los buenos eventos. En el test, éstos están vinculados con el código PsB (1, 4, 11, 12, 23, 27, 36 y 45). Suma tu puntaje:

PsB =

Si el total te dio entre 7 y 8 eres muy optimista, es decir, crees que las cosas buenas son causadas por ti; 6 es moderadamente optimista; 4 y 5 es promedio; 3, algo pesimista; entre 1 y 2, muy pesimista, crees que lo bueno que te sucede es gracias a otros o a las circunstancias.

En definitiva, no podrás cambiar si no asumes responsabilidad sobre lo que haces, si atribuyes a otros las circunstancias por tus errores o contratiempos (estilo personal externo). No tengo dudas de que si quieres cambiar, la dimensión más importante de las recién estudiadas es la de permanencia. Si tú piensas que tus fracasos, obstáculos y batallas perdidas son permanentes en el tiempo, entonces no volverás a actuar sobre ellas. Por ende, sin volver a intentarlo, no cambias. Para cambiar tienes que pensar que cualquiera de las causas que provocaron ese contratiempo pueden ser superadas.

Test de felicidad de Oxford[4]

Acabamos de ver los diferentes estilos explicativos, o sea, cuán optimista o pesimista eres para explicarte las cosas que te suceden en la vida. Antes de ver cómo cambiar de un estilo pesimista a uno optimista, y cuándo es conveniente hacerlo, te propongo que te evalúes en uno de los test de felicidad más utilizados en la literatura científica. A continuación del test te propongo algunas actividades estudiadas estadísticamente sobre qué nos hace felices a las personas. Debajo encontrarás diferentes afirmaciones sobre la felicidad. Indica cuán de acuerdo estás o no con cada definición según la siguiente escala:

1 = muy en desacuerdo
2 = desacuerdo moderado

4. Adaptado de http://happiness-survey.com/survey/

3 = un poco en desacuerdo

4 = un poco de acuerdo

5 = acuerdo moderado

6 = muy de acuerdo

1. No me siento particularmente a gusto con cómo soy (X).
2. Me interesan otras personas.
3. Siento que la vida está llena de recompensas.
4. Tengo sentimientos cálidos hacia la mayoría de las personas.
5. Rara vez me despierto a la mañana sintiéndome descansado (X).
6. No soy muy optimista con respecto al futuro (X).
7. Encuentro muchas cosas divertidas.
8. Siempre estoy comprometido e involucrado.
9. La vida está buena.
10. No creo que el mundo sea un buen lugar (X).
11. Me río muchísimo.
12. Estoy satisfecho con todo en mi vida.
13. No creo ser una persona atractiva (X).
14. Hay una gran diferencia entre lo que me gustaría hacer y lo que ya he hecho (X).
15. Soy muy feliz.
16. Encuentro belleza en algunas cosas.
17. Siempre tengo un efecto positivo en los demás.
18. Encuentro tiempo para todo lo que quiero hacer.
19. Siento que no tengo mucho control sobre mi vida (X).
20. Me siento capaz de soportarlo todo.

21. Me siento alerta mentalmente.
22. Siento muy seguido disfrute y júbilo.
23. No me es fácil tomar decisiones (X).
24. No tengo un gran propósito en mi vida (X).
25. Tengo una gran cantidad de energía.
26. Tengo una gran influencia positiva en diferentes eventos.
27. No me divierto con otras personas (X).
28. No me siento particularmente saludable (X).
29. No tengo muchos recuerdos positivos del pasado (X).

Ya hiciste el test. Ahora toma las doce afirmaciones que finalizan con una X. Toma cada resultado y modificalo según el siguiente criterio: donde te pusiste un 1, táchalo y ponte un 6. Si te pusiste un 2, táchalo y ponte un 5. Si te pusiste un 3, táchalo y ponte un 4. Si te pusiste un 4, cámbialo por un 3. Si te pusiste un 5, cámbialo por un 2. Si te pusiste un 6, cambialo por un 1. Te recuerdo que esto lo haces sólo en las afirmaciones que tienen una X.

Tu total de felicidad, para este test particular, es la suma de todos tus 29 resultados (luego de haber invertido los de X), dividido 29.

Felicidad = total de la suma ÷ 29 =_ _ _ _ _ _ _

El resultado más bajo posible es 1 y el máximo es 6. El promedio de los que toman este test es 4,30. Tú puedes llevar una especie de registro cada semana o mes repitiendo el

test, sobre todo luego de involucrarte en actividades que te hacen feliz, o que así lo creas.

Éstas son algunas de las actividades estudiadas estadísticamente sobre qué nos hace felices a las personas:

1. Expresar gratitud: estar y ser agradecido promueve saborear lo positivo de las experiencias de la vida. Te hace valorarte más y subir tu autoestima. Ayuda a lidiar con el estrés, estimula un comportamiento más moral (la gente que agradece ayuda más y mejor a otras personas) y menos material. Ayuda, además, a construir relaciones más fuertes y duraderas. Disminuye los sentimientos de enojo, amargura, avaricia, codicia.

2. Cultivar el optimismo: desarrollar el hábito de esforzarse por encontrar el lado positivo de los eventos y situaciones. No sólo celebrar el presente y el pasado sino, además, anticiparse a un futuro con más brillo.

3. Evitar compararse con otros y sobrepensar las cosas.

4. Realizar actos bondadosos, ser amable.

5. Alimentar sanamente las relaciones sociales (parejas, familias, amigos, colegas). Ya vimos la importancia de las relaciones sociales para la salud del cerebro. Tienes que expresar tu admiración, aprecio y afecto hacia los demás.

6. Desarrollar estrategias para salir adelante cuando no estás bien: es lo que haces para aliviar el estrés, el dolor y

el sufrimiento que te causa una situación o evento negativo. Las distintas estrategias pueden ser: concentrar todos tus esfuerzos en hacer algo al respecto; hacer lo que crees que tienes que hacer pero paso a paso; pensar una estrategia de qué es lo que deberías hacer; diseñar un plan de acción; dejar otras actividades para concentrarte en aquello que quieres resolver; pedir consejos y ayuda a los demás, hablar con alguien que podría hacer algo al respecto.

7. Aprender a perdonar.

8. Sumergirte en actividades que te permitan concentrarse completamente en el aquí y ahora: pintar, conversar, jugar, practicar un deporte, rezar, navegar en internet. Realizar alguna actividad que te desafíe y absorba, y mejore tus habilidades y *expertise*.

Y sobre todo, no tiendas a establecerte objetivos basados en una circunstancia, externos, orientados a evitar algo, conflictivos y rígidos. Tus objetivos para tener más oportunidades de generar bienestar en tu vida deben estar basados en una actividad, ser intrínsecos, orientados a alcanzar algo, armoniosos y flexibles.

No te preguntes tanto por qué o adónde, sólo disfruta el helado cuando está en tu plato.

THORNTON WILDER

Ahora, escribe una lista de diez objetivos que tengan las características recién mencionadas. Estos deben incluir: metas, proyectos, deseos, intenciones.

1.
2.
3.
4.
5.
6.
7.
8.
9.
10.

ABC

Tengas el estilo explicativo que fuere, los cambios son tan difíciles para los optimistas como para los pesimistas. Pero, como vimos, la explicación que te des del porqué te suceden las cosas (malas y buenas) te hará más fácil enfrentar las derrotas y comenzar de nuevo. Pero la buena noticia es que los más pesimistas pueden aprender diferentes habilidades de los optimistas, para mejorar de manera permanente su calidad de vida y favorecer sus posibilidades de cambiar, o al menos de seguir intentándolo. También los optimistas

pueden aprender de lo que sigue; incluso muchos de ellos atraviesan períodos de pesimismo.

Existen herramientas cognitivas para que incrementes el control de lo que piensas frente a las adversidades del cambio, no para proveerte un optimismo incondicional y absoluto en todo tipo de situaciones, pero sí para ofrecerte un optimismo flexible. Si tienes un estilo explicativo negativo, estas herramientas te ayudan a que no tengas que vivir bajo la tiranía del pesimismo. Pero, cuidado, en ciertas situaciones no es conveniente pasar al formato optimista. Por ejemplo, si tu objetivo es cambiar algo muy riesgoso y con mucha incertidumbre sobre el futuro, mejor no usar optimismo, ya que puedes chocar contra una pared. La pregunta que deberías hacerte para saber si usar esta herramienta cognitiva para ser más optimista es: ¿cuál es el costo de fallar en esta situación particular de cambio? Si fallar puede implicar perder tu trabajo y no tener qué darles de comer a tus hijos, por ejemplo, yo no sería muy optimista, sino más bien analítico de la situación antes de mandarme con cualquier tipo de cambio. Si el costo de fallar al intentarlo es bajo, usa el optimismo. Si es alto, no lo hagas. Eso depende de cada uno y de cada situación particular. Acuérdate de que siempre estamos hablando, en definitiva, de las "expectativas" y de la importancia de que los objetivos deseables sean posibles. Por ejemplo, si quiero empezar a ejercitarme y pretendo correr un maratón de 42 kilómetros el primer día, probablemente termine en un sanatorio.

Tus hábitos de pensamiento se traducen en lo que llamamos "tus creencias". El psicólogo Albert Ellis, y luego los doctores Arthur Freeman y Steven Hollon, codificaron el modo de actuar basados en nuestras creencias llamándolo ABC (del inglés, *adversity* –adversidad–, *beliefs* –creencias–, *consequences* –consecuencias–). ¿De qué se trata? Cuando nos enfrentamos a una *adversidad*, en general reaccionamos pensando en ella. Nuestros pensamientos rápidamente se traducen en *creencias*. Éstas son tan habituales que ni siquiera nos damos cuenta de que las tenemos, a menos que frenemos (pausa) y nos focalicemos en ellas. Esas creencias tienen *consecuencias* reales en nuestras vidas, son las causas de cómo nos sentimos y qué hacemos con eso. Pueden llegar a ser la diferencia entre el abatimiento y rendirnos, por un lado, o el bienestar y las acciones constructivas, por otro.

Por ejemplo: alguien se "cola" delante de ti en la fila del supermercado (adversidad). Piensas: "No tengo coraje para decirle algo" (creencia). Entonces, te sientes un tarado, bajas la mirada y te haces el que no lo viste colarse (consecuencia). Las consecuencias siempre terminan en un sentimiento o emoción, o una acción o inacción. Así están conectados estos tres elementos. La adversidad es algo que ocurre, la creencia es un pensamiento, y la consecuencia una emoción o acción o inacción.

Otro ejemplo: imaginemos que estás queriendo cambiar la relación con tu jefe. Él se excede con los pedidos y te sobreexige demasiado, y tú terminas trabajando horas extra en tu casa. Adversidad: tu jefe te pide que termines

el reporte X para mañana. Creencia: piensas que si no lo haces podrían echarte o no darte un aumento o promoción. Consecuencia: te quedas hasta las dos de la mañana trabajando, estresado y cansado. No cambió nada con tu jefe ni en ti.

Es decir, las adversidades pueden ser casi cualquier cosa: un bebé que llora, un retraso en el metro, tráfico en la ruta, tu equipo que perdió el fin de semana, una cuenta que tienes que pagar, un/a novio/a que no te presta mucha atención o aquellas adversidades que aparecen en los momentos en que quieres cambiar. Tus creencias son las que interpretan esas adversidades, son los pensamientos, no los sentimientos. Estos últimos van en las consecuencias junto con tus acciones.

Enfrentar tus creencias

Primero, es clave que detectes cuáles son tus creencias, que seas consciente de ellas y las escribas en una lista. Ellas constituyen tus ABC más clásicos y son las que te impiden el cambio. Por ejemplo: quiero dejar de tratar mal a mi mamá. Cada vez que la escucho triste, me enojo con ella y sé que no es bueno ni para ella ni para nuestra relación. Mi situación adversa sería: "Mi mamá me llama y me dice que está triste". Mi creencia, o sea, el modo que tengo de interpretar esa situación, es la siguiente: "¿No se da cuenta de que está en un momento de su vida ideal para disfrutar de sus nietos, leer, ir al cine, caminar y no

trabajar más? Si yo puedo ayudarla, ¿cómo no lo ve?", y la consecuencia de esta creencia que se me impone es: le grito (acción), mi mamá se pone peor y yo me siento un mal hijo (emoción) y prefiero no ir a verla (inacción).

Cuando tengas registrados varios de tus ABC, leelos cuidadosamente y busca las conexiones entre tus creencias y sus consecuencias.

Generalmente tus creencias son tan poderosas y automáticas que pueden nublar tus expectativas de cambio. Por ejemplo, mis expectativas de cambio se concentraban en "No tratar mal a mi mamá", pero cada vez que ella está triste, mis creencias sobre lo que ella debería hacer para no estarlo me conducen a la decepción (emoción) y a enojarme con ella (acción). Esto último se traduce en la imposibilidad de cambiar mi actitud hacia ella.

Si tú pudieras cambiar tus creencias habituales –que, como vimos, se imponen de manera automática apenas surge una situación adversa–, tu respuesta frente a ellas cambiará. Es decir, tienes más posibilidades de dejar de reaccionar y pensar de una manera novedosa lo que te está ocurriendo para tomar un nuevo curso de acción.

Nuestros cerebros están preparados para dirigir la atención hacia aquello a lo que deben atender, ya sea positivo o negativo. El leopardo que nos ataca cuando estamos por cazar nuestra presa. Nuestro cerebro está cableado así. No habríamos sobrevivido como especie sin reconocer los peligros y preocuparnos por ellos. Nuestro cerebro sabe con qué tiene que lidiar y cómo. El tema es que los pesimistas habituales llevan este proceso de iden-

tificar y atender a las preocupaciones un paso más allá. No sólo atraen su atención, sino que además circulan incansables por su mente. Cerebralmente estas alarmas y preocupaciones son primitivas, recuerdos biológicos de tus necesidades y peligros. Pero, en tu presente, estos viejos recuerdos, que hoy son tus creencias, pueden complicarte la vida y el hecho de querer cambiar, trastornando tu desempeño y arruinando tu bienestar emocional. **Enfrentar tus creencias tiene que ver con encontrarles un argumento, atacarlas.** Si enfrentas de manera efectiva las creencias que aparecen frente a la adversidad, puedes cambiar tus reacciones decepcionantes y el deseo concomitante de rendirte por una actividad beneficiosa y una motivación para seguir.

Volvamos al ejemplo de la relación madre-hijo. Mi situación adversa sería: "Mi mamá me llama y me dice que está triste". Mi creencia, o sea, cómo interpreto con mis pensamientos esa situación: "¿Pero no se da cuenta de que es un momento para disfrutar de sus nietos, leer, ir al cine, caminar y no trabajar más?" Enfrento mi creencia: "¿Por qué pretendo que mi mamá haga todas esas cosas? Quizá esté cansada, perdió a su marido hace sólo cuatro años luego de cuarenta años viviendo juntos, nunca le gustó la actividad física y forzarla es peor, puede que esté pasando por un momento de transición. Ya no tiene 60 sino 72 años, debería ser más empático con ella y, en vez de forzarla, preguntarle qué es lo que quiere hacer". Nueva consecuencia: la llamo y le pregunto si tiene ganas

de hacer algo juntos, lo que ella quiera para que se sienta menos triste. Cambié.

Parece fácil, ¿no? Pero sé que no lo es. Para lograrlo, es esencial darte cuenta de que las creencias son sólo eso, creencias. Pueden o no ser hechos. Una técnica útil para que puedas enfrentar a tus creencias de forma efectiva es buscando evidencia que muestre cuán incorrecta es tu creencia. Como un detective, pregúntate cuál es la evidencia para esta creencia. Casi nada de lo que te pasa tiene una sola causa, la mayoría de los eventos tienen múltiples causas. Para enfrentar tus creencias, búscalas. Luego de encontrarlas, busca alternativas. Tu trabajo es deshacer esta creencia habitual y destructiva, y convertirte en un habilidoso generador de alternativas.

Por último, imaginemos que tus creencias sobre alguna adversidad sí son correctas: ¿y?, ¿cuáles son las implicaciones?, ¿son tan tremendas como creías? Aquí se trata de desdramatizar la situación. Si haces esto, vas a ver que te sentirás energizado para volver a intentarlo, para ganar resiliencia y que los obstáculos en tu proceso de cambio sean sólo eso, obstáculos, pero no lugares sin retorno. Enfrenta tus creencias con evidencias, alternativas o implicaciones.

Finalmente, recuerda frenar frente a la adversidad para que tus creencias no te atropellen. Enfrentar tus creencias es entonces tratar de cambiar tu reacción mental (hábito) por una respuesta mental (pensar) a la adversidad. Puedes empezar ahora mismo. Por ejemplo, la próxima vez que te sientas ansioso o enojado, pregúntate qué te estás

diciendo a ti mismo. A veces esas creencias serán reales. Cuando eso ocurra, concéntrate en los modos en que puedes alterar la situación y prevenir que esa adversidad se convierta en un desastre. Pero creéme que la mayoría de las veces esas creencias son distorsiones. Enfréntalas con evidencias, alternativas o implicaciones y no las dejes arruinar tu vida ni tus ganas de cambiar.

En resumen, para poder cambiar, recuerda la importancia de establecerte expectativas positivas y de gestionarlas prestándoles atención. Si quieres cambiar, tienes que pensar que cualquiera de las causas que provocaron algún contratiempo durante tu proceso de cambio pueden ser superadas. Si eres pesimista, existen herramientas cognitivas para enfrentar tus creencias habituales sobre las cosas que te suceden y te dejan con un optimismo flexible que te permita seguir adelante frente a las adversidades del cambio.

Definir tus expectativas es fundamental. Imagina que eres un atleta profesional y tu disciplina deportiva es cambiar algo de tu vida. Si te sobrepasas con tus expectativas de ganar, puedes perder concentración y fracasar en la competencia. Tienes que lograr que tus expectativas no te sobrepasen: recuerda que la intención es una muestra gratis para tu cerebro, pero si es excesiva, te vas a frenar en la acción. Para que esto no pase, la clave es conocerte a ti mismo para establecerte expectativas "correctas". Pero como atleta tampoco vas a estar esperando perder. Expectativas bajas o negativas te llevarán directo a la frustración o al aburrimiento. La mejor forma de ganar la competencia es sencillamente prestar mucha atención a tus propias experiencias que incluyan observar cómo tus expectativas pueden alterar tu estado mental. En definitiva, puedes cambiar combinando nuevas expectativas que provean una motivación positiva, con nuevas experiencias que cambien el cerebro. Veamos a continuación cómo ocurre esto último.

Capítulo 5
Experiencias

Piensa, siente y hazlo... de nuevo

Los problemas significativos que enfrentamos no pueden ser solucionados con el mismo marco de pensamiento con los que los hemos creado.

ALBERT EINSTEIN

Tu cerebro es dinámico

En 1861, el anatomista francés Pierre-Paul Broca descubrió el área del cerebro responsable del habla. Durante la autopsia del señor Tan –lo llamaban así porque era la única sílaba que este hombre podía pronunciar–, Broca encontró una lesión cerebral detrás de los lóbulos frontales que afectaba lo que bautizó como el área del cerebro responsable del habla, hoy conocida como área de Broca. A partir de ese momento la ciencia comenzó a determinar las áreas del cerebro según su función (mapeo cerebral). Una vez determinadas muchas de las funciones por área cerebral, los científicos se preguntaron si para cada área específica se correspondía sólo una función determinada, y si, a su vez, esto se mantenía a lo largo de toda la vida y en todas las personas. Es decir, mis neuronitas responsables de mover mi pulgar derecho, ¿serán siempre las mismas?, ¿podrán hacer alguna otra cosa durante mi vida?

Y además, ¿están ubicadas geográficamente en la misma área en todos los cerebros humanos? ¿Tú qué opinas? Esto me remonta al secundario, cuando debíamos decidir qué íbamos a estudiar porque esa decisión "gigante" determinaba lo que haríamos por el resto de nuestras vidas. Pero ¿un médico tiene que ejercer la medicina siempre? ¿Y lo tiene que hacer siempre en el mismo hospital, clínica o consultorio? Claro que no.

Las respuestas a estas preguntas empiezan a aparecer a principios del siglo XX, cuando neuroanatomistas como Graham Brown y Charles Sherrington, entre otros, investigaron lo que se conoce como los "mapas de movimiento del cerebro". Esto sería –para hacértela fácil– como realizar un dibujo de las distintas funciones del córtex motor –área del cerebro responsable de nuestros movimientos– que va de oreja a oreja por la parte de arriba del cráneo, donde cada punto (representado por un grupo de neuronas) es etiquetado con la parte del cuerpo que mueve. El córtex motor funciona mandándole señales a través de las neuronas a las diferentes partes del cuerpo para que se muevan o dejen de moverse. Además de las motoras, tenemos otras áreas fundamentales pero responsables de "sentir", por ejemplo, cuando tocamos o algo nos toca en las diferentes partes del cuerpo. Esta última se llama región somatosensorial. Es como si fuesen dos autopistas, una va de norte a sur –del cerebro a las extremidades– y la otra, de sur a norte –de las extremidades y piel al cerebro–.

Para lograr este mapa los científicos van tocando, en animales de laboratorio primero y con electrodos muy

chiquitos, un sitio neuronal tras otro y viendo qué partes del cuerpo se mueven. Sí, eso mismo que te imaginas, con la base del cráneo abierta cual Tupperware. Pero no te preocupes, esto no causa dolor ya que, paradójicamente, el cerebro no siente. Lo primero que varios autores en paralelo fueron encontrando es que estos sitios variaban de animal en animal. Por ejemplo, el sitio A movía el dedo índice de un mono, pero ese mismo sitio A, estimulado en otro mono, hacía mover toda la mano. La conclusión es que no hay "un" mapa de movimiento, sino que cada uno de nosotros tiene uno bastante único. Los mapas de movimiento son como huellas digitales. Estos hallazgos dieron lugar a la certeza, algo que la psicología ya intuía un siglo antes, de que los hábitos –por ejemplo, repetir muchas veces un movimiento– producen y son un reflejo de cambios en el cerebro (¿te acuerdas de la cuerda que se convertía en cable cuando repetías muchas veces el mismo pensamiento o acción?)

Hasta que surgió la siguiente pregunta: ¿y si esas diferencias en los mapas de movimiento que cada uno tenemos se deben a diferencias de nacimiento y no a las experiencias (hábitos)? Si fuese así, estos mapas deberían ser fijos o casi fijos desde el nacimiento hasta el último día de nuestras vidas.

En 1923, el científico Karl Lashley demostró que en el curso de un mes, en un mismo mono, el mapa de movimiento va cambiando. Lo hizo invitando al mono a incorporar en su día un nuevo hábito, como agarrar una galletita de una forma en particular, durante ese mes. El

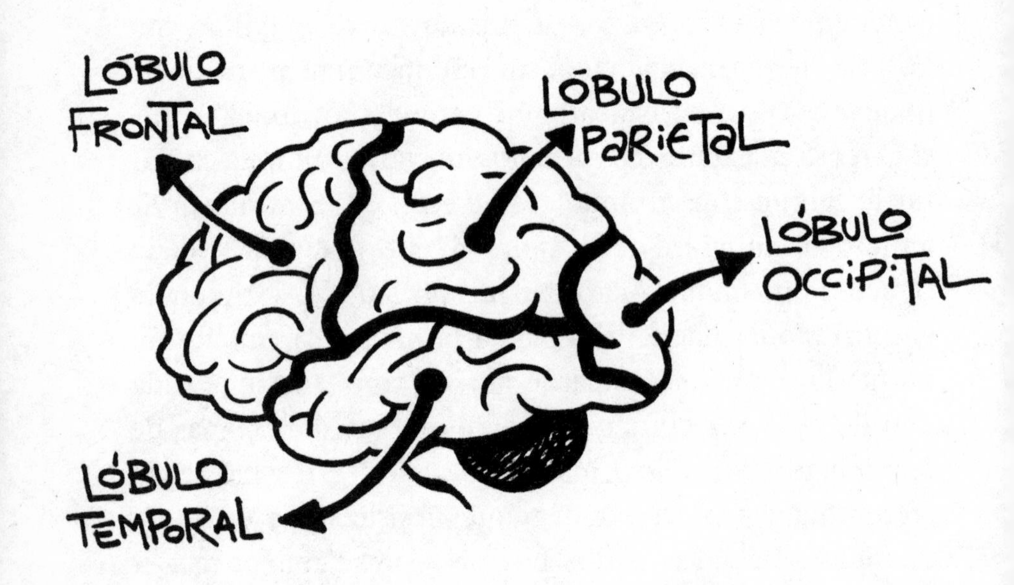
LÓBULO FRONTAL
LÓBULO PARIETAL
LÓBULO OCCIPITAL
LÓBULO TEMPORAL

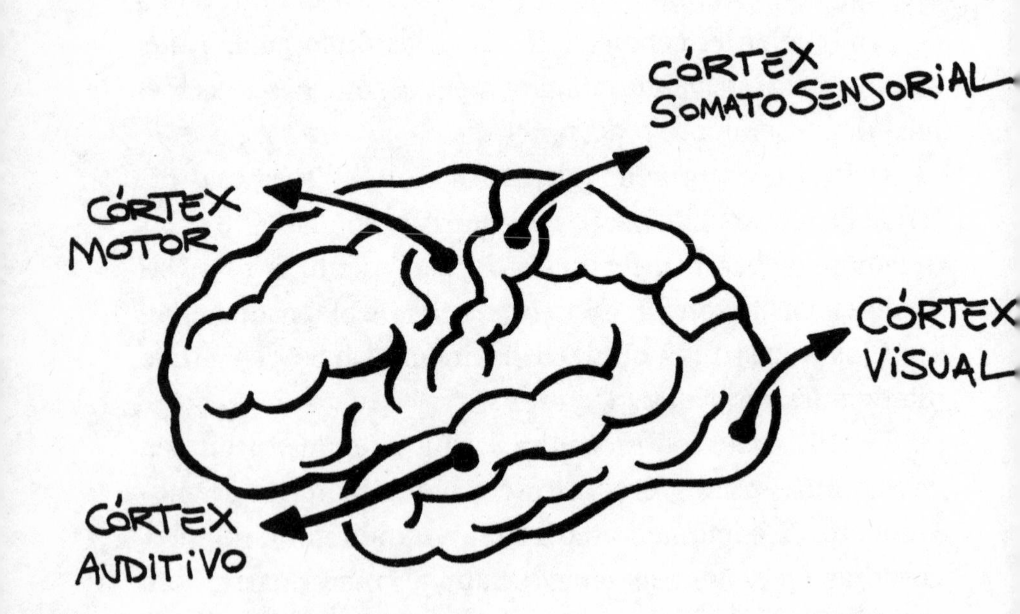
CÓRTEX SOMATOSENSORIAL
CÓRTEX MOTOR
CÓRTEX VISUAL
CÓRTEX AUDITIVO

mismo Lashley llamó a esto "plasticidad de la función neuronal". Todo un adelantado. Además, descubrió que cuanto más seguido haces un movimiento, más espacio ocupa en tu cerebro el área que se encarga de él. Es decir, ocupa más terreno, espacio y geografía cerebral. O sea que, según la historia del movimiento, cómo los movemos y la cantidad o repetición de veces en que lo hacemos va dejando huellas en el cerebro y formando nuestros mapas. Los saxofonistas, por ejemplo, tienen muchas más neuronas en el córtex motor dedicadas al movimiento de sus dedos que los no saxofonistas. Un ejemplo similar son las neuronas del movimiento de los pies en bailarines y en los no bailarines. El área del córtex motor responsable del revés –o del *drive*– de "Pico" Mónaco es mucho mayor que la mía.

En conclusión, el cerebro es dinámico y se va remodelando a sí mismo continuamente en respuesta a tus experiencias. Para nuestro propósito de cambiar esto, nos dice que no basta con introducir un cambio una vez, sino que aquello que quieras hacer nuevo, diferente, aquel cambio que deseas, vas a tener que practicarlo, repetirlo y probarlo muchas veces hasta que se convierta en un nuevo mapa, un nuevo cable cerebral. Un nuevo hábito. Y en ese proceso te equivocarás, te caerás, fallarás y esto –ya te lo dije muchas veces– es absolutamente normal.

Finalmente, en 1944, el psicólogo canadiense Donald Hebb explicó cómo sucede todo esto de las repeticiones y las experiencias para cablear un pensamiento, una emoción o una acción. Cuando dos o más neuronas se

conectan y disparan simultáneamente una señal juntas, sus conexiones sinápticas se fortalecen, aumentando así las probabilidades de que cuando una vuelva a encenderse, se encienda también la otra. Neuronas que disparan juntas, se cablean juntas. Es como la onda verde de los semáforos. Si atraviesas la ladera de la montaña llena de vegetación, la primera vez te llevará mucho esfuerzo, pero habrás dejado una marca, por ahora muy débil, del camino que recorriste. Pero si lo haces varias veces, ese camino se hará cada vez más notorio. Llegará un punto en el que el sendero que creaste será tan marcado que no querrás ir por otro lado, ya que te llevaría mucho esfuerzo construir un nuevo sendero, como la primera vez. ¡Bienvenido al mundo de los hábitos!

Otro ejemplo: empiezas clases de tenis –y esto sirve para cualquier habilidad nueva que quieras emprender– y tu primer golpe requiere de mucho esfuerzo, energía y, sobre todo, atención. Con el tiempo y las repeticiones le empiezas a pegar casi sin pensar, o sea, sin esfuerzo mental. Eso no quiere decir que le pegues bien pero sí que ese golpe tiene su sendero en tu cerebro. Si luego de cinco años de jugar tenis cambias de profesor y te pide que modifiques la empuñadura de la raqueta, ¡ahí te quiero ver! Te está pidiendo que atravieses la ladera de la montaña por la región tupida de la vegetación, cuando tienes el sendero ahí al ladito nomás. Difícil.

Neuroquímicamente, lo que sucede es que estas neuronas que disparan juntas, al repetir la acción, se someten a una suerte de abrazo fisiológico gracias a la liberación

de diferentes neurotransmisores y forman un circuito funcional del cerebro. Este "abrazo" es, por ejemplo, la base física de la memoria y del aprendizaje durante el desarrollo del cerebro.

El cerebro es, entonces, hijo de las experiencias al someterse a cambios físicos en respuesta al tipo de vida que su propietario lleve adelante. **Tus experiencias cambian tu cerebro. Tus experiencias te cambian.**

El científico Álvaro Pascual-Leone utilizó una tecnología, hoy *vedette* de la neurociencia, para demostrar cómo las experiencias permiten un cambio dramático en el cerebro de personas ciegas. Mostró que el córtex de estas personas se recableaba de acuerdo con las exigencias de leer el sistema Braille. La tecnología que utilizó es la estimulación magnética transcraneal (del inglés *transcranial magnetic stimulation*, o TMS). Esta tecnología produce cortas ráfagas de pulsos magnéticos sobre tu cráneo e induce corrientes eléctricas en áreas específicas del cerebro, excitando o inhibiendo temporalmente esa área. O sea, deja a tus neuronas bobas por unos instantes. Cuando usas la TMS para inhibir, es como si se produjese un ACV momentáneo, es decir, esa región del cerebro deja de funcionar brevemente. La TMS sirve entonces para identificar regiones del cerebro que son necesarias para una tarea determinada. Si el voluntario sometido a la TMS no puede hacer "algo" cuando esa región del cerebro está en *off*, se puede inferir que esa área es necesaria para ese "algo". Pascal y su equipo demostraron que la parte del córtex motor destinada al dedo índice lector de Braille de

un ciego era mucho más grande que la del dedo índice no lector o cualquiera de los dos meñiques, pero que la parte del córtex destinada al dedo meñique de la mano lectora era mucho menor que al dedo meñique de la mano no lectora. Es como si el índice lector hubiese usurpado áreas del cerebro que le correspondían al meñique de esa misma mano. En igual experimento pero con personas con visión normal, ambos dedos índices ocupaban la misma cantidad de espacio en el córtex motor, lo que llamamos un grupo control. Pero más increíble aún es que las personas ciegas de nacimiento "sienten" los puntos del Braille utilizando el córtex visual y no alguna región somatosensorial que describimos algunos párrafos atrás. Es decir, para sentir y entender los puntitos del Braille ellos usan la misma área que tú usas para leer esto. Por ejemplo, cuando inhibes con la TMS el córtex visual, los expertos en Braille no pueden leer, sólo dicen sentir puntitos en la mano pero no les encuentran el significado. La TMS entonces no sólo permite identificar qué áreas del cerebro están involucradas, sino además, y mucho más poderoso, qué áreas son necesarias, como por ejemplo, en el caso anterior, en procesar las sensaciones táctiles de los puntos elevados del Braille.

Esto sugiere y aporta más evidencia sobre la notable plasticidad del cerebro. Sin embargo, y no se saben aún las razones, las personas que pierden la visión luego de los once a quince años no logran realizar esta transformación radical de reubicar el sentido del tacto en el córtex visual. Es evidente que la capacidad de cierta neuroplasticidad

en algunas áreas cerebrales puede disminuir con la edad, pero no la pierdes totalmente hasta el día que mueres.

Es una experiencia religiosa...

Hoy la ciencia tiene claro a través de estudios post mórtem, resonancia magnética nuclear, electroencefalografías, TMS y otros derivados tanto en animales como en personas, que las experiencias son un gran estimulante de la plasticidad del cerebro. Éstas permiten el incremento en el largo y la densidad de las dendritas –que son las terminales de las neuronas que reciben los estímulos de sus otras hermanas–, la formación de nuevas sinapsis, el incremento de la actividad glial –las células que protegen a las neuronas– y la alteración de la actividad metabólica. Quiero decir: mucha y variada evidencia científica. Y si bien estos cambios son posibles, no todas las partes del cerebro pueden cambiar de la misma manera, y no todo pensamiento o experiencia es lo suficientemente poderoso para crear cambios permanentes. Sin embargo, experiencias en las que fallaste en cambiar algo, o creíste haber aprendido pero realmente no lo hiciste, o estuviste muy condicionado por el saber convencional, el ambiente o ciertas personas, o en las que utilizaste viejas reglas que ya no te servían, son detractoras de algún cambio positivo posible. Si intentaste dejar de fumar y no lo lograste, es probable que te cueste más volver a intentarlo. Fue una "mala" experiencia. Es decir, **tus experiencias también se**

construyen con las cosas que recuerdas del pasado, tus marcos de pensamiento, sensaciones y relaciones importantes, y los mecanismos de autocrítica que te fuiste construyendo.

Las experiencias y aprendizajes que vamos viviendo en cada momento y aquellas que son parte de nuestra historia –es decir, nuestro presente y pasado– cumplen, entonces, un rol clave en nuestras posibilidades de cambiar de manera efectiva. Además, cuanto más intensas e importantes sean, más involucradas estarán nuestras emociones en dichos momentos. ¿Tuviste alguna vez un súper buen profesor, o te dejaste subyugar por una charla o seminario de algún personaje y por varias semanas, meses, incluso años seguiste recordando el contenido de esa intervención? Cuanto más involucradas tus emociones estén, más fuertes serán tus experiencias, y viceversa.

El sistema límbico es el área del cerebro responsable de tus emociones. Es el que etiqueta los eventos y tus diferentes experiencias como internamente importantes, y guarda los recuerdos cargados de emoción, tanto los buenos como los malos. Además, modula tu motivación, lo cual, como vimos durante las expectativas, es indispensable para cambiar. Se encuentra geográficamente cerca del centro del cerebro (tu pulgar en el modelo cerebral de la mano). Se encarga entonces de establecer tu tono emocional y está lleno de funciones críticas para tu conducta y supervivencia. En efecto, la evolución del cerebro te dio la capacidad de resolver problemas, planificar, organizar y tener pensamientos racionales gracias al córtex prefrontal,

como ya vimos. Sin embargo, para que estas funciones tengan un efecto en el mundo, debes tener pasiones, emociones y el deseo para que las cosas sucedan. Es por eso que el sistema límbico le agrega el toque emocional, tanto en forma positiva como en forma negativa, a tu vida. Cuando está menos activo –pocas neuronas encendidas–, tienes un estado mental más positivo y esperanzado. Pero si está recalentado o hiperactivo –muchas neuronas encendidas–, se apodera de ti la negatividad, el pesimismo. ¿Conoces personas que ven sólo lo malo en cada situación? ¿Te acuerdas del estilo explicativo pesimista permanente y universal? Esto se puede deber a un problema del sistema límbico que, al estar sobreexigido, su filtro emocional se pinta de pesimismo y negatividad. **Tus experiencias están conectadas directamente con tus emociones.**

Algunas subáreas interesantes del sistema límbico:

- El hipotálamo es el centro de impulsos primarios, como el hambre, la sed, el sexo y otros impulsos básicos de supervivencia.
- La amígdala es responsable de generar la sensación de miedo y otras sensaciones físicas como cuando late más rápido el corazón, la respiración más corta y agitada y la sudoración. Es el interruptor de la muy conocida respuesta "pelear o escapar" (*fight or flight*) y de la ansiedad. También evalúa potenciales amenazas enviando señales a otras regiones del cerebro del tipo: "Esto es de temer o de evitar", "Esto es seguro, no pasa nada".

- La ínsula y el cingulado anterior, que ya vimos que son parte del córtex, forman junto con la amígdala lo que podría llamarse el "centro de alerta" del cerebro. La ínsula es la responsable de las sensaciones como los presentimientos. El cingulado detecta errores y evalúa riesgos y recompensas. Si las tres partes están encendidas, seguramente vas a sentir una sensación fuerte de que algo anda mal.

Funciones del sistema límbico

Establecer el tono emocional de la mente. Filtrar eventos externos a través de estados internos (crea tinte emocional). Etiquetar a los eventos como internamente importantes. Guardar los recuerdos cargados emocionalmente. Modular la motivación. Controlar el ciclo del apetito y del sueño. Promover vínculos. Procesar directamente el sentido del olfato. Modular la libido.

Problemitas en el sistema límbico

Cambio de humor, irritabilidad. Incremento de los pensamientos negativos. Percepción negativa de los pensamientos. Disminución de la motivación. Inundación de emociones negativas. Problemas de apetito y sueño. Mayor o menor sensibilidad sexual. Aislamiento social.

No me interesan las hormigas

Uno de los obstáculos más difíciles de combatir en el camino hacia el cambio, y que se relacionan con el sistema

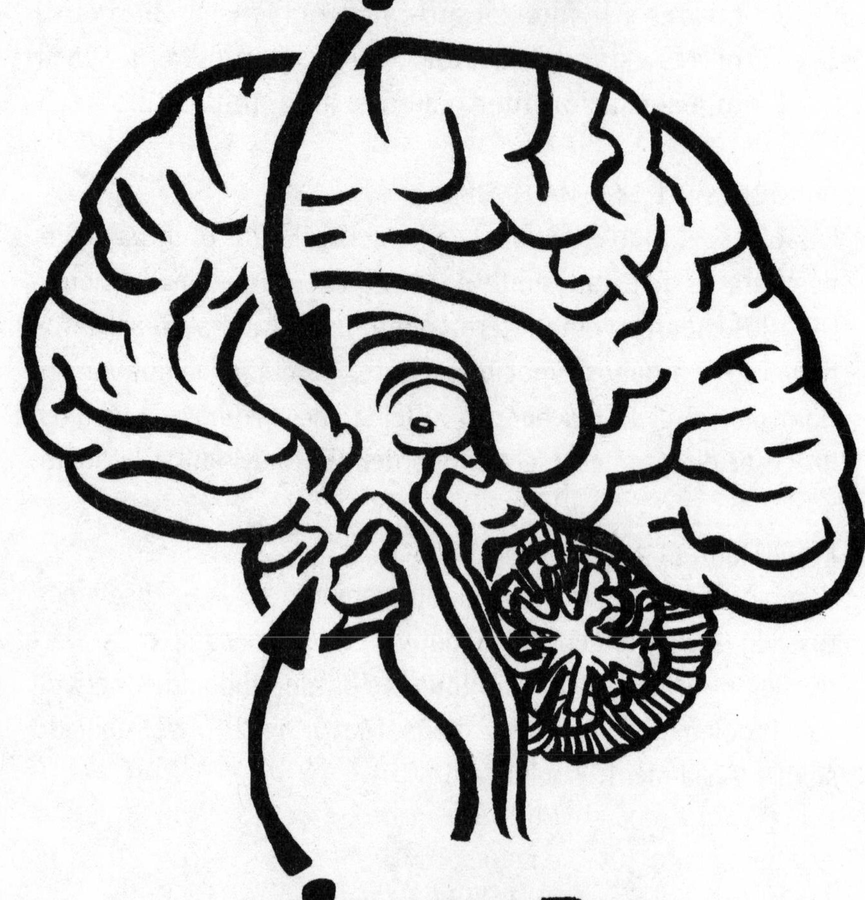
SISTEMA LÍMBICO
AMIGDALA

límbico, aquel que etiqueta nuestras experiencias como importantes o no y modula nuestra motivación, son los **pensamientos automáticos negativos** (ANT, del inglés *automatic negative thoughts*; *ant* significa "hormiga" en inglés). Según el doctor Daniel Amen, nuestro estado de ánimo tiene un cierto tono y sabor que depende, en gran medida, del tipo de pensamientos que tenemos. Si te acuerdas del modelo del iceberg, los pensamientos y las emociones "conversan" entre sí, afectando nuestros comportamientos y posteriores resultados en lo que hacemos. Cuando el sistema límbico se encuentra extremadamente activo, coloca nuestra mente en "negativo". Las personas que sufren depresión, por ejemplo, tienen pensamientos negativos y desalentadores uno tras otro. La lente a través de la cual se ven a ellos mismos, a otros y al mundo, es gris. Y esto sucede porque están sufriendo de pensamientos automáticos negativos. Éstos son pensamientos melancólicos y de queja que parecen marchar por sí solos. ¿Te acuerdas de que los mencionamos en el capítulo anterior? Muchos de nosotros desconocemos la importancia que tienen los pensamientos y los dejamos desarrollarse al azar. El doctor Amen propone una analogía entre los pensamientos negativos que invaden tu mente y las hormigas (*ants*) que te pueden molestar en un picnic. Un pensamiento negativo no es un gran problema, sin embargo, diez o veinte pensamientos negativos sí pueden generar otra cosa, así como diez o veinte hormigas pueden colaborar en la decisión de que levantes el picnic y te vayas. Cada vez que identificas

estos pensamientos automáticos negativos, es necesario frenarlos y eliminarlos porque, de lo contrario, pueden arruinar tus relaciones, autoestima y poder personal. Y obviamente, tu camino hacia el cambio.

Daniel Amen describe nueve diferentes maneras en las que este tipo de pensamientos actúan magnificando las situaciones para que parezcan más graves de lo que en realidad son. Aquí van:

Los pensamientos siempre/nunca: son aquellos asociados a conceptos como *siempre, nunca, nadie, todos*. Suelen aparecer cuando crees que algo que te sucedió volverá a repetirse o que nunca obtendrás lo que deseas. Estos pensamientos activan tu sistema límbico y estos conceptos generalmente son erróneos. Algunos ejemplos: "Siempre habla mal de mí", "Me menosprecia", "Nunca nadie me va a llamar", "Nunca voy a conseguir el ascenso", "Todos se aprovechan de mí", "Te alejas cada vez que te toco", "Mis hijos nunca me escuchan". Los siempre/nunca son muy comunes. Si te encuentras pensando en estos "absolutos", frénalos y piensa en ejemplos que desaprueben o contradigan esta actitud de "todo o nada". Por ejemplo, si te encuentras pensando "Mi novio nunca me escucha", escríbelo. Luego, escribe una respuesta racional, como "No me está escuchando ahora, probablemente está distraído con alguna otra cosa. Generalmente me escucha". Cuando escribes pensamientos negativos y les "contestas", quitas su poder y te sientes mejor.

Focalizar siempre en lo negativo: esto ocurre cuando tus pensamientos reflejan sólo lo malo de una situación, ignorando todo lo bueno. Por ejemplo, si luego de tu presentación en el trabajo uno de los diez miembros del equipo te hace una crítica y los otros nueve te felicitan, sólo te focalizas en esa negativa. Es muy difícil cambiar si sólo te concentras en lo negativo.

Predecir el futuro: cuando predices el peor resultado posible de una situación. Acuérdate de que cuando predices cosas malas, ayudas a que sucedan. Supón que estás manejando de vuelta a casa después de la facu o el trabajo, y en el camino "predices" que tu casa será un caos y nadie estará interesado en verte. En el momento en que llegues, estarás listo para la pelea. Si ves algo fuera de lugar o si nadie va corriendo a saludarte, estarás más propenso a "explotar" y a arruinar el resto de la tarde. Este tipo de pensamiento automático negativo daña tus oportunidades de sentirte bien.

Leer la mente: cuando crees saber lo que otros están pensando, aun cuando no te lo dijeron. Leer la mente es una causa común de conflicto entre las personas. En general, es una proyección de lo que tú crees. Aun en las parejas que han estado juntas treinta años les es difícil saber con certeza lo que está pasando por la cabeza de la otra persona. Revisar estas suposiciones es esencial para una buena comunicación, sobre todo si lo que quieres cambiar es la relación con alguien. Sabes que estás leyendo la mente cuando tienes pensamientos como "Está enojado conmigo", "No me quiere" o "Están hablando de

mí". No puedes leer la mente de nadie. Nunca sabes exactamente lo que están pensando los otros, a menos que les preguntes. Cuando hay cosas que no entiendas, pregunta, así quedarán claras.

Desteñir tus pensamientos: esto ocurre cuando tus sentimientos previos negativos tiñen los nuevos pensamientos. Por ejemplo, cuando te dices "me siento de tal manera, de manera que así debe ser". Los sentimientos son muy complejos y muchas veces están basados en recuerdos del pasado. Estos sentimientos, si vienen de situaciones del pasado, pueden mentirte. Estos pensamientos surgen cuando describes las situaciones usando el verbo *sentir*, por ejemplo: "Siento que me voy a enfermar", "Siento que ya no me quieres", "Me siento un perdedor", "Siento que nadie confiará en mí". Cuando tienes un sentimiento negativo fuerte, presta mucha atención. Busca la evidencia detrás de ese sentimiento, si no te dominará e impedirá que cambies lo que sea que quieras cambiar. "¿Tengo razones reales para sentirme de esta manera? ¿O son simplemente sentimientos que provienen de eventos del pasado? ¿Qué es real y qué es sólo un sentimiento?"

Golpe de culpa: pensar en palabras como *debes, tienes que, es necesario, es obligatorio.* La culpa no es una emoción que ayude a cambiar. Te lleva a hacer cosas que en realidad no quieres hacer. Por ejemplo: "Tengo que estar más tiempo en casa", "Debo organizar mi oficina". Por nuestra naturaleza humana, cada vez que piensas que tienes que hacer algo, sin importar qué, en general no quieres hacerlo. Es mejor reemplazar golpes de culpa con

frases como "quiero...", "es parte de mis objetivos...", "sería bueno para mí..." Las frases serían, entonces: "Quiero estar más tiempo en casa", "Lo mejor para mí es organizar la oficina". La culpa no es productiva. Elimina la turbulencia emocional que te abstiene de lograr tus objetivos.

Etiquetar: ponerte una etiqueta negativa a ti mismo o a otros. Cada vez que lo haces, frenas tu habilidad de mirar con claridad una situación. Etiquetas negativas como "arrogante", "irresponsable", "tarado". Esto es muy dañino porque cada vez que te digas a ti mismo o a otro "arrogante", estarás poniendo a esa persona en tu mente en el grupo de "personas arrogantes" que has conocido en tu vida y, a partir de entonces, va a ser más difícil tratarlo razonablemente como un individuo único.

Personalizar: cuando les agregas un significado personal a eventos inofensivos: "Mi papá no me habló esta mañana, debe de estar enojado conmigo". Existen muchas otras razones que explican el comportamiento de los otros, además de las explicaciones negativas que tu sistema límbico "anormal" elige. Por ejemplo, tu papá pudo no haberte hablado porque estaba preocupado, enojado o apurado. Nunca sabes exactamente por qué los otros hacen lo que hacen. No personalices el comportamiento de los otros.

Culpar: culpar a otros por tus problemas es el pensamiento más tóxico de los negativos automáticos. Cuando culpas a alguien o algo por tus problemas, te transformas en una víctima pasiva de las circunstancias y es más difícil que te pongas a hacer algo para cambiar tu situación.

Muchas relaciones se arruinan por personas que culpan a sus parejas cuando las cosas salen mal. No asumen responsabilidad por sus problemas. Cuando algo anda mal en casa o en el trabajo, tratan de encontrar alguien a quien culpar. Pocas veces admiten sus propios problemas. Frases típicas de este tipo de personas y pensamientos negativos automáticos: "Esto no habría sucedido si tú hubieras...", "Cómo iba yo a saber...", "Es tu culpa que..." Cada vez que culpas a alguien por tus problemas, pierdes poder para transformarlos y cambiar. Tienes que hacerte cargo de tus problemas antes de creer en poder cambiarlos.

En definitiva, **para poder cambiar tienes que poder reconocer de manera consciente estos pensamientos negativos automáticos para comenzar a quitarles el poder que tienen sobre ti.** Luego, como si fueran hormigas en tu picnic, tienes que pisarlos. (Perdón por esta última frase a los protectores de hormigas, lo dije en sentido figurado.) En efecto, cada vez que detectas un pensamiento automático negativo, elimínalo o afectará no sólo tus posibilidades para poder cambiar algo sobre ti, sino además tus relaciones, tu trabajo y tu vida. La mayoría de los pensamientos negativos son automáticos y pasan inadvertidos. Enseñarte a ti mismo a controlar y direccionar tus pensamientos en forma positiva es una de las maneras más efectivas para sentirte mejor. Cuando detectas un ANT entrando en tu mente, entrénate para reconocerlo y escríbelo. Una vez escrito, reformula ese pensamiento de manera más balanceada. Ejemplo: ANT 1: "Mi jefe no me quiere". Reformula-

ción: "Mi jefe quizá tiene un mal día hoy". ANT 2: "Todos se van a reír de mí". Reformulación: "No lo sé, puede que les guste mi presentación". ANT 3: "Soy tonto". Reformulación: "A veces hago las cosas mal, soy humano, me equivoco como cualquiera".

Recuerda que estos pensamientos tienen una lógica retorcida. Si los traes a nivel consciente y los examinas, podrás ver por ti mismo qué poco sentido tiene en realidad pensar este tipo de cosas. Este ejercicio de "matar los ANT" es muy efectivo, por ejemplo, cuando te sientes ansioso, nervioso, un poco depre o exhausto. Yo tengo ANT, y muchos más de los que creía, pero a medida que logro reformularlos y "matarlos", voy teniendo cada vez menos.

Si dejamos a los pensamientos cabalgar libres por la mente, pueden disparar emociones bastantes destructivas, como odio y ansia incontrolables. Es por eso que la habilidad para entrenar tu mente te permite identificar y manejar las emociones y todo evento mental que surja. La meditación, por ejemplo, consiste en entrenarse para poseer una nueva percepción de la realidad y de la naturaleza de la mente. Es desarrollar nuevas cualidades hasta que se hacen parte de nosotros. Si ponemos todos nuestros miedos y esperanzas en el mundo exterior, el desafío será demasiado grande porque nuestro control sobre ese mundo es muy débil, temporal e incluso ilusorio. Está más en nuestro control y habilidades cambiar el modo en que traducimos ese mundo externo en nuestras experiencias internas. Aunque no parezca, tenemos una gran cantidad de libertad para transformar esas experiencias.

Conexión emocional

Durante mucho tiempo las emociones fueron identificadas como "habilidades blandas" que nada tenían que ver con funciones ejecutivas. Hoy, la ciencia muestra todo lo contrario: el sistema límbico tiene conexiones directas con los sistemas ejecutores que nos llevan a hacer o no hacer cosas en nuestra vida; tiene mucho que decir a la hora de tomar decisiones efectivas, y además, como vimos, logra un impacto importante en nuestra atención, memoria y aprendizaje. Es decir, prestarles atención profunda a nuestras emociones —conocerse a uno mismo— es un factor determinante a la hora de apostar si aquellas intenciones de cambiar se convertirán en acciones sostenidas para lograrlo.

En 1950 el doctor Jerome Frank, director de una clínica psiquiátrica, realizó un estudio simple pero interesante. Investigó qué psicoterapias eran más efectivas para cambiar comportamientos de ansiedad y estrés de ciertas personas. Comparó tres tipos de terapias, obviamente con pacientes de síntomas muy parecidos. El primer grupo siguió el clásico método de Sigmund Freud, en el que el paciente se encuentra con el analista en sesiones privadas muy intensas. El segundo hizo terapia de grupo, en la que varios pacientes conversan juntos con un terapeuta como moderador, técnica que estaba poniéndose muy de moda en aquella época. En el tercero siguió una terapia más experimental en la que se reunían a solas con su profesional pero en sesiones muy cortas, de treinta minutos, y sólo

una vez cada quince días. Los pacientes de los tres grupos calificaron cómo se sintieron luego de un tiempo con respecto a sus síntomas, es decir, cuánto habían mejorado o cambiado. Los terapeutas y un equipo de trabajadores sociales, ajenos al experimento, que entrevistaron a los pacientes antes y después de las terapias, también hicieron su *ranking* sobre la salud y el comportamiento de los pacientes. Cuando sumaron todos los números derivados de ambos *rankings* —el de los pacientes y los evaluadores— vieron que las tres formas de terapia habían sido igual de efectivas. El doctor Frank buscaba diferencias, pero lo que encontró, sin quererlo, fue el denominador común que las hacía eficientes. La "química" de las relaciones cargadas de emociones entre el paciente y el terapeuta o el grupo, y no la teoría de una escuela particular de psicoterapia. Esto no quiere decir que la teoría no sirva.

Pero Frank también estaba interesado en la antropología, por lo que aplicó estas ideas a otras culturas muy diferentes de la occidental y observó el mismo patrón. Cómo un terapeuta o un grupo de terapia puede inspirar a una persona que quiere cambiar, al igual que un predicador inspira a una congregación o un chamán a una tribu. Atención, no estoy diciendo que es suficiente, pero sí que la conexión emocional es fundamental para poder cambiar, por algo somos mucho más emocionales que racionales a la hora de tomar decisiones en nuestra vida. La emoción conduce a la acción, y la razón, a las conclusiones o justificaciones. De la misma manera, el prestigioso investigador de la Escuela de Negocios de

Harvard John Kotter concluyó que los cambios organizacionales dependen fundamentalmente de poder cambiar las emociones de los individuos. Luego de años de estudio, en 130 organizaciones y con más de 400 personas, Kotter observó que el comportamiento de la gente cambia cuando se influencian sus emociones, no sólo sus pensamientos o su parte racional. Para que esto ocurra, según su estudio, es fundamental celebrar los pequeños logros que se van sucediendo cuando los miembros de la organización tratan de cambiar la manera en que piensan, sienten y actúan. Estas celebraciones nutren y motivan aún más el esfuerzo que se está haciendo por cambiar y recompensa emocionalmente a la gente, dejando todo tipo de críticas a un lado. Kotter dice que sin suficientes victorias que sean visibles, concretas y con un propósito, los esfuerzos de cambiar corren grandes dificultades. **A celebrar las pequeñas victorias en el largo camino hacia el cambio.** Kotter identificó que, sin importar la etapa del proceso de cambio donde se encuentre la gente, el éxito se debe fundamentalmente a que las actividades centrales de las personas no se centren en juntar datos, analizar, escribir reportes y hacer presentaciones, sino que de manera determinante "muestren" a la gente cuáles son los problemas y cómo resolverlos. Provocar respuestas que aumentan sus emociones para motivarlos a la acción. Esa motivación emocional genera una energía que sirve para empujar el proceso de cambio sin importar las dificultades. Kotter lo llama *ver* para hacer *sentir* y tener la energía para *cambiar.*

Entonces, frente a una situación de cambio considerada muy difícil, cuando alguien te dice o tú mismo te dices "Imposible", necesitas la influencia de una persona o personas que te hagan recuperar las esperanzas para hacerte creer que puedes cambiar. Ya describimos en el primer capítulo la importancia de creer. Necesitas una conexión emocional, un verdadero acto de persuasión. Esta nueva conexión puede ser con un terapeuta, amigo, novia, jefe, pariente, *coach*, mentor, colega, etcétera. La conexión te ayuda a aprender, practicar y dominar los nuevos hábitos y habilidades que necesitas para cambiar. Ya vimos, y veremos en más detalle sobre el final del libro, que vas a tener que repetir durante mucho tiempo los nuevos patrones de comportamiento para que se hagan automáticos y parezcan naturales. Es decir, que dejen de ser un esfuerzo y que los hagas sin pensar que los estás haciendo –con muy poco gasto energético para el cerebro–. No sólo te tienen que persuadir, y persuadirte, de que puedes sino que además tienes que entrenar. Ya sabes que lo que crees y lo que sientes impacta de manera directa en tu forma de actuar, pero hoy también desde la ciencia sabemos que cómo actuas puede influenciar en lo que crees y en lo que sientes. La ecuación funciona en ambas direcciones. Entonces este concepto de "actuar como si" explica por qué la repetición de experiencias personales en el tiempo es lo que condiciona nuestras más profundas emociones y creencias. Para cambiar nuestros marcos de pensamiento se requiere que primeras o nuevas experiencias se repitan una y otra vez para formar nuevos marcos. No es sufi-

ciente que alguien te diga o explique una nueva forma de hacer las cosas. Tú tienes que *hacer* las cosas de una manera nueva para luego poder *pensar* de una manera nueva. O al revés, pensar diferente, un nuevo "cómo pienso" una situación particular, para luego comportarte diferente en esa situación. Un nuevo marco de referencia. Cambiaste.

EJERCICIO DE AUTOCONOCIMIENTO EMOCIONAL: DETECTAR OPORTUNIDADES PARA CONOCER Y ENTENDER TUS EMOCIONES

Entender cómo te sientes y por qué te sientes de esa manera te permite utilizar tus emociones como un timón intuitivo para tomar mejores decisiones.

1. Tómate un tiempo de cinco a diez minutos para reflexionar sobre tu día. Examina tus respuestas y comportamientos, y evalúa los niveles de control y conciencia que tuviste. Como decía mi profesor de yoga, si no tienes una hora por día para meditar o hacer ejercicio físico, tómate veinte minutos; si no tienes veinte minutos, imponte una hora.
2. Reconoce tus desafíos diarios y tus fortalezas. Pide sugerencias y críticas constructivas a personas en las que confías.
3. Obsérvate a ti mismo. Pregúntate en qué estás pensando y cómo te estás sintiendo durante el día. No trates de cambiar tus pensamientos o emociones. Sólo nótalos y acéptalos. El solo hecho de estar consciente de ellos te permite elegir cómo quieres responder.
4. Practica discernir entre las diferentes emociones que te invaden durante el día en términos de intensidad y profun-

didad (no es lo mismo bronca, enojo o ira). Fíjate cómo es tu tono, volumen y lenguaje corporal cuando expresas estas emociones.

5. Registra en una libreta las emociones que sientes durante momentos difíciles o con personas desafiantes. Anota cómo reaccionaste o respondiste. Puedes aprender las diferencias entre estas dos leyendo *EnCambio.*

6. Escribe un párrafo sobre ti desde una mirada neutral. Describe qué es importante para "esta" persona (tú), cuál es su (tu) estado de ánimo más común, cómo se (te) relaciona con los demás.

7. Aprende a reconocer las señales que les das a los otros con tu lenguaje corporal.

8. Reconoce tus defectos y carencias. Aprópiate de tus errores sin culpar a otros. Pide perdón cuando sea necesario.

Ejercicios para usar y mejorar tu inteligencia emocional

Identifica tus emociones categorizando sus intensidades. Usa la tabla de la página siguiente.

Autorregula tu sistema nervioso practicando respiraciones profundas, relajación muscular progresiva o meditación guiada. Regular comienza estando consciente de que estás tenso. Las preocupaciones tensan la mente, esto lleva a más preocupaciones que tensan el cuerpo, que generan aún más preocupaciones. Regula tu cuerpo y regulas tu mente. Respiraciones profundas pueden ser: "de calma", en las que la exhalación lleva el doble de tiempo que la inhalación, y "de balance", en las que inhalación y exhalación duran el mismo tiempo.

Intensidad de las emociones	FELICIDAD	TRISTEZA	ENOJO	CONFUSIÓN	TEMOR	DEBILIDAD	FORTALEZA	CULPA
Elevada	Eufórico	Deprimido	Furioso	Apabullado	Aterrorizado	Indefenso	Poderoso	Afligido
	Emocionado	Decepcionado	Enfurecido	Atrapado	Horrorizado	Desesperanzado	Agresivo	Arrepentido
	Rebosante de alegría	Solo	Indignado	Atribulado	Muerto de miedo	Vencido	*Gung ho* (demasiado diligente)	Apenado
	Gozoso	Dolido	Exasperado	Desesperado	Petrificado	Abrumado	Potente	Indigno
	Extasiado	Excluido	Airado	Perdido	Temeroso	Impotente	Súper	Despreciable
	Frenético	Abatido	Encolerizado		Muy nervioso	Pequeño	Fuerte	
	Entusiasmado	Desesperanzado				Exhausto	Orgulloso	
	Encantado	Apesadumbrado				Agotado	Decidido	
		Miserable						
Media	Feliz	Desconsolado	Molesto	Desorganizado	Asustado	Dependiente	Lleno de energía	Apesadumbrado
	En las nubes	Desanimado	Enojado	Confuso	Acobardado	Incapaz	Capaz	Deleznable
	Muy bien	Disgustado	Enfadado	Desubicado	Amenazado	Anodino	Confiado	Artero
	Aliviado	Afligido	Frustrado	Desorientado	Inseguro	Cansado	Persuasivo	
	Satisfecho	Apenado	Nervioso	Equivocado	Inquieto	Débil	Seguro	
	Realizado		De mal genio		Escandalizado	Perezoso		
			Disgustado			Inseguro		
						Vergonzoso		
Moderada	Alegre	Infeliz	Perturbado	Inseguro	Aprensivo	Insatisfecho	Estable	Avergonzado
	Contento	Malhumorado	Tenso	Desconcertado	Nervioso	No muy bien	Duradero	
	Dichoso	Triste	Consternado	Desganado	Preocupado	Tembloroso	Adecuado	
	Agradable	Lamentable	Ofendido	Incómodo	Tímido	Indeciso	Hábil	
	Muy bien	Perdido	Irritado	Vacilante	Inseguro	Indulgente	Capaz	
	Apacible	Mal	Susceptible	Atónito	Ansioso	Letárgico		
	Complacido	Insatisfecho		Perplejo		Inadecuado		

TRADUCCIÓN: ROMINA BERARDI

La regulación muscular progresiva consiste en focalizar en cada uno de los grupos musculares mayores (por ejemplo, brazos, piernas, abdomen) tensionándolos durante diez segundos y luego liberándolos veinte segundos.
Veremos meditación guiada más adelante.
Desafía tus pensamientos negativos practicando respiración profunda y luego hablándote a ti mismo de forma lógica, racional.
Recupérate lo más rápido posible. No te quedes colgado o trabado en tus emociones. Recuerda que son pasajeras y se irán si las dejas ir. Separa tu estrés del estrés de los demás. Pide perdón si es necesario. Anda a caminar para cambiar tu ambiente y liberar tensiones.
Responde empáticamente. Ponte en el lugar del otro. Esto eleva tu nivel de pensamiento.

Siéntelo

La mayoría de las personas sostienen que para realizar un cambio en sus vidas deben pensar cuidadosamente la situación. Sin embargo, muchos dejan afuera de la ecuación, mientras piensan, las sensaciones o emociones respecto a ese cambio. Al hacer esto, al cerebro le falta una pieza del rompecabezas tremendamente importante para pasar de la intención a la acción. Cuando estás pensando en un cambio, tu cerebro busca de manera racional los pros y los contras. Sin embargo, que la balanza se incline hacia los pros no es suficiente, debes de tener en cuenta las emociones

que te generan el proceso de cambio y la nueva situación. En este sentido, existen estudios cerebrales del sistema de recompensa (que veremos en detalle más adelante) que demuestran que luego –y no antes– de haber tomado una decisión sobre algún cambio, nos comprometemos más con ese cambio. Esto sirve para saber que no es estrictamente necesario comprometerse totalmente con un cambio antes de tomar la decisión correspondiente. Toma la decisión y durante el proceso te irás comprometiendo aún más. Ahora, durante ese proceso reconoce que te vas a alejar de tu zona de confort y eso va a doler. No sólo va a doler, sino que además tu cerebro va a hacer todo lo posible para quedarse en piloto automático e incluso retornar a tus antiguos pensamientos y acciones, es decir, no cambiar. Por eso es tan importante la repetición de las nuevas experiencias para "asentar" el cambio, para pasarlo de un lugar bien consciente, que lleva esfuerzo y energía –el córtex prefrontal–, a otro más económico y automático del cerebro –y mucho más antiguo evolutivamente, el ganglio basal–. Repetir, repetir, repetir. El dolor es parte del cambio, no así el sufrimiento. Si estás sufriendo, quizá haya algo que no estés haciendo o haya algo que no esté andando bien. ¿Recuerdas el ejemplo de hablarle tranquilo, pausado y sereno a tu pareja durante una discusión? Las primeras tres veces es probable que te cueste mucho esfuerzo cognitivo, que tengas que estar pensando en no gritar, pero en la cuarta o quinta escena, te va a salir naturalmente, sin esfuerzo, es decir, se habrá convertido en un nuevo hábito de comportamiento. En este caso, un buen hábito.

Es como si tuvieses que sentirte cómodo –racionalmente– sintiéndote incómodo –tiempo de emociones muy fuertes–. Además, el hecho de que aceptes que el proceso de cambio será un tiempo turbulento emocionalmente hará que esas emociones (miedo, *disconfort*, estrés, cansancio, frustración, desilusión, etcétera) sean menos intensas cuando te sorprendan. Es lo que en neurociencia llamamos *normalizing* o anticipación. En otras palabras, cuando te alejes de tu zona de confort, debes comprender que lo que vas a sentir es normal. Con sólo advertir esto, las posibilidades de que sigas en el camino hacia el cambio, a pesar de las emociones negativas que atravieses, aumentarán considerablemente.

Además de anticiparte, puedes ayudarte a manejar las emociones fuertes que atraviesas durante los cambios etiquetándolas. En varios experimentos conducidos en UCLA por el doctor Matthew Lieberman se utilizaron escáneres para medir la actividad del cerebro frente a fotos de caras con distintas emociones. Se les pidió a los participantes que determinasen con una palabra la emoción de la cara que veían (angustia, decepción, frustración, etcétera). Al hacer esto se observaba un aumento de la actividad en las áreas racionales del cerebro (córtex prefrontal lateral) y, en simultáneo, una baja en la actividad de las emocionales como la amígdala, ínsula y el cíngulo anterior. Es decir, al etiquetar estamos utilizando nuestra parte racional del cerebro más que la de nuestros impulsos emocionales e instintivos. Es como si estuvieses tomando nota mental. Esto ayuda a gestionar un poco tus emociones y,

de paso, a distanciarte de esas sensaciones molestas: "Ah, otra vez asustado, no soy yo, es la forma habitual que tiene mi cerebro de hacerme sentir cada vez que discuto con mi jefe".

En nuestra lucha por el cambio estamos enfrentando no sólo hábitos muy aferrados, sino lo que realmente crees ser o no ser. Por ejemplo, si tienes que vender tu auto y no te sientes seguro haciéndolo, es muy probable que durante los últimos diez, veinte años te hayas dicho a ti mismo "no soy bueno para las ventas". Esto hace que cuando te enfrentes a una oportunidad de venta te sientas inseguro. Imagínate que ahora el único trabajo que encuentras es como vendedor de un local de ropa. Transformarte en una persona súper buena vendiendo significa que te encuentras que enfrentar con circuitos neuronales muy firmes y establecidos ("no soy bueno para las ventas"), es como cambiar tu mundo entero. Lo que tienes que hacer con tu cerebro es crear nuevos cables y mapas en tu cabeza, y para ello debes salir de tu zona de confort. Cada vez que tratamos de pensar de una forma novedosa o de realizar una nueva actividad, estamos literalmente construyendo un nuevo camino en nuestro cerebro, creando circuitos que antes no existían. Esto requiere de energía y atención y de un uso muy importante de tu mente consciente. Como es nuevo, hay altas posibilidades de que te equivoques, y eso te llevará a que te sientas mal, con incertidumbre y frustrado, ansioso y con miedo. Esta etapa hacia el cambio, que suelo llamar "proceso", es donde la mayoría de la gente abandona debido al estado emocional negativo que

produce. Es por eso que es de suma importancia que te advierta, una vez más, que esa frustración es normal. El cambio está acompañado de fuertes emociones, muchas de ellas negativas. Y el cerebro es una máquina que se dedica a proteger lo conocido, el *statu quo*, por eso comportarse o pensar diferente hará sonar una alarma que incluso puede venir acompañada por una ráfaga de adrenalina. Esto es fácil de notar, por ejemplo, en el trabajo, cuando el punto de vista de alguien sobre algo es desafiado. Es la alarma que trata de proteger el *statu quo*.

Es por todo esto que todo el aliento y el *feedback* positivo que puedan proveerte durante estos momentos serán de gran ayuda. Uno de los grandes desafíos de conducir lejos de nuestra zona de confort es que tendemos a ver nuestras limitaciones y no nuestro potencial. Pasamos gran parte, incluso toda nuestra vida, operando muy por debajo de lo que somos capaces de hacer. Sin duda, tener a alguien que te guíe, te empuje, te estimule y te aliente a alejarte de tu zona de confort es de tremenda eficiencia. Por ejemplo, hace años que vengo pensando en correr un maratón de 42 kilómetros, lo cual sin duda significa alejarme de mi zona de confort físico y mental. Cuando me ponía a entrenar solo, no lograba correr más allá de los 10 kilómetros. Tampoco cambiaba mis hábitos alimenticios, no estiraba luego de correr ni fortalecía los músculos de mis piernas. El año pasado contraté a una *personal trainer* con quien ya he bajado algunos kilos, corro 21 kilómetros tranquilo, mejoré mi masa muscular y corregí mi alimentación. El objetivo del maratón de 42 kilómetros está más

cerca. La *personal trainer* me propone hacer ejercicios, con sus infinitas repeticiones, que jamás me habría imaginado hacer. Cuando siento que no puedo más, que voy a abandonar y digo "esto no lo puedo hacer" es cuando el aliento y el *feedback* positivo de la *personal trainer* me hacen lograrlo y sentirme increíble. Obviamente que para que alguien te aleje de tu zona de confort debe conocer la actividad y estar preparado para los contratiempos. Habitualmente estas personas son las que consideramos los buenos líderes. La conexión emocional necesaria que mencionábamos algunos párrafos atrás.

EJERCICIO

Para salir de tu zona de confort, logra alcanzar los mismos objetivos que te propones en una reunión de 60 minutos pero en una de 15 minutos.

Emocionalmente sano

Como tus experiencias tienen un impacto enorme en tu capacidad de cambio y a su vez están directamente conectadas con tus emociones, tener un sistema límbico lo más sano posible mejora tus posibilidades de hacer efectivos esos cambios. Por eso aquí te propongo ejercicios para mejorar, cuidar y mantenerlo sano.

Para lograrlo, es necesario enfocarse en varias propuestas: pensamientos precisos, buen manejo de los recuerdos, la conexión entre los aromas y el humor, y la construcción de vínculos positivos con uno mismo y con los demás. Las siguientes propuestas están basadas en experiencias clínicas con pacientes y conocimientos de cómo funciona el cerebro y el cuerpo.

Construye una biblioteca de recuerdos maravillosos

Para poder balancear los malos recuerdos y sanar el sistema límbico en tu cerebro, es importante recordar los momentos de tu vida que estuvieron cargados de emociones positivas. Por ejemplo, cuando me siento mal por algo, trato de recordar cosas que me hicieron sentir bien. Y si estas últimas están relacionadas con lo que me puso mal, mejor. Conectar con recuerdos agradables te hace entrar en sintonía con estados mentales más saludables. El cerebro utiliza los mismos patrones químicos que fueron registrados en el momento en que estos sucedieron.

Escribe una lista de los diez momentos más felices de tu vida

Descríbelos en detalle, tratando de usar los cinco sentidos. ¿Cuáles son los colores que recuerdas y que acompañan a las imágenes mentales de esos momentos? ¿Y los olores? ¿Había música? Trata de describir la imagen tan real como puedas. Es como si estuvieras yendo por los estantes de la biblioteca de las experiencias diarias que guarda tu cerebro buscando el libro indicado. Si estuviste en una relación por un largo tiempo, recolectar la historia de los momentos felices compartidos juntos mejorará el vínculo entre los dos si aún estás con él o ella. Las huellas de memorias positivas incentivan

comportamientos que fortalecen los vínculos. Fomentando los pensamientos reafirmantes —al recordar, por ejemplo, las caricias de tu pareja, cómo te ayudó en algún proyecto, una mirada o un gesto que fueron particularmente lindos— vuelves a sintonizar con los sentimientos positivos que te llevan a actuar con más amor.

Si continuamente recuerdas malos momentos, el filtro emocional de tu cerebro se programa para dejar fuera los recuerdos lindos. Muchos de nosotros nos encontramos en estados más negativos de los que la vida en realidad justifica. Cuando suceden cosas desafortunadas, se piensa en ellas durante más tiempo de lo que es útil para poder solucionar el problema. Para encontrar un balance entre los malos recuerdos y sanar el sistema límbico profundo del cerebro, es importante recordar los momentos de tu vida cargados de emociones positivas.

Rodéate de aromas ricos

Los aromas tienen efecto en tu humor. Los aromas indicados calman el sistema límbico. Las fragancias agradables son como antiinflamatorios. Al rodearte de flores, fragancias dulces y otros aromas agradables, modificas la forma de trabajar de tu cerebro de manera poderosa y positiva. El sistema límbico es la parte de tu cerebro que procesa directamente tu sentido del olfato. Ésta es la razón por la que los perfumes y los jabones con aromas ricos son atractivos, y los olores desagradables del cuerpo son repugnantes y repelentes. En aromaterapia, fragancias especiales se usan en una máquina de vapor, en un baño, en la almohada o en mezclas de flores secas. Mucha gente nota que algunos olores evocan recuerdos fuertes y claros, como si todo el sentimiento y la sensación del momento original volvieran. Existe una buena razón para esto: el olfato y la memoria se procesan en la misma área del cerebro. Los olores activan circuitos neuronales en el sistema límbico y es por eso que logran una completa reproducción de los momentos y le dan a uno acceso a detalles del pasado con gran claridad.

Rodéate de gente que te haga bien

Si pasas mucho tiempo con gente negativa, te vas a contagiar. Entonces, pasa la mayor cantidad de tiempo posible con gente positiva. Evalúa tu vida en este momento. ¿Qué tipo de personas te rodean? ¿Creen en ti y te hacen sentir bien, o están constantemente tirándote abajo y menospreciando tus ideas y sueños? Haz una lista de diez personas con las que pasas la mayor parte de tu tiempo. Al lado, escribe cuánto te apoyan y de qué manera te gustaría que te apoyen más.

1. Nombre:

____

____

____

2. Nombre:

____

____

____

3. Nombre:

____

____

____

4. Nombre:

5. Nombre:

6. Nombre:

7. Nombre:

8. Nombre:

9. Nombre:

10. Nombre:

Las personas negativas agregan obstáculos innecesarios a tu vida. Pasar el tiempo con personas que creen que nunca llegarás a nada te quita entusiasmo para alcanzar tu metas y hace más difícil seguir caminando en la dirección que tú quieres darle a tu vida. En cambio, las personas que te dan confianza con un "tú puedes", los que te inspiran, son los que van a ayudarte a darles forma y vida a tus planes y sueños. Decidir que no quieres pasar más tiempo con las personas que pueden tener un efecto negativo sobre ti no quiere decir que tengas que culparlas por cómo son. Esto simplemente significa que tienes el derecho de elegir una mejor vida para ti. Pasa el tiempo con personas que mejoren tu sistema límbico más que con aquellas que pueden causarle "inflamaciones".

Mejora tus habilidades sociales

Se ha demostrado que mejorar los vínculos emocionales entre las personas ayuda a sanar el sistema límbico. Cuanto mejor te llevas con la gente que te rodea, mejor te vas a sentir. Principios relacionales que te ayudan a mantener el sistema límbico saludable y gratificante: no culpes al otro y busca maneras para poder mejorar las relaciones; nunca des por sentada una relación, éstas, para que sean especiales, necesitan ser nutridas constantemente; no rebajes ni subestimes al otro; cuando las relaciones se estancan o se ponen aburridas, son más propensas a "erosionarse", por eso busca nuevas y diferentes maneras de agregarles más vida (es muy fácil ver lo que no te gusta de una relación); trata de pasar más tiempo fijándote en sus aspectos positivos; sé claro al

comunicarte; tómate un tiempo para escuchar y entender lo que otros te dicen; encárgate de las cuestiones más difíciles (evitar el conflicto a corto plazo tiene efectos devastadores a largo plazo); haz más tiempo para el otro (muchas parejas en las que ambos trabajan y tienen chicos se alejan porque no tienen tiempo para estar juntos y, cuando logran ese rato juntos, se dan cuenta de cuánto se quieren).

Ejercicio físico

El ejercicio físico puede sanar el sistema límbico. El cuerpo libera endorfinas, que inducen a un estado de bienestar. El sistema límbico tiene muchos receptores de endorfina. El ejercicio también aumenta la circulación de sangre en el cerebro, que lo nutre para funcionar bien. Las personas que hacen ejercicio regularmente tienen una sensación de bienestar que los que son más sedentarios no experimentan. Tienen más energía y un apetito saludable, duermen mejor y en general tienen un mejor estado de ánimo. Desde hace varios años se prescribe ejercicio físico a los pacientes con depresión. Esto es aún más importante para los pacientes que no toleran la medicación antidepresiva. En vez de medicarlos, algunos optan por un arduo programa de actividad física, supervisado por el mismo médico, que los hace sentir tan bien como si estuvieran tomando un medicamento. Con el ritmo de vida moderno, largas horas de trabajo, idas y vueltas en horas pico, y sobre todo en familias en las que ambos padres trabajan, es importante recordar lo esencial que es el ejercicio físico y el cuidado personal para mantener una buena salud, y no dejarlos afuera. Muchas personas se

quejan cuando les dicen que tienen que hacer más ejercicio, les parece que les lleva mucho tiempo y que es aburrido. Lo mejor es intentar diferentes actividades hasta encontrar una que sea apropiada.

Busca qué es lo que más te gusta, pero asegúrate de hacer algo de actividad física todos los días (caminar, correr o andar en bici) y una actividad aeróbica que aumente tu frecuencia cardíaca y la circulación de oxígeno en los músculos al menos tres veces por semana durante al menos veinte minutos. Además, realizar ejercicio aumenta los niveles de L-triptófano, un pequeño aminoácido que tiene problemas compitiendo contra otros aminoácidos en el cerebro. Al hacer ejercicio, muchos de los "grandes" aminoácidos se ocupan de reponer fuerza muscular, lo que causa un descenso en la disponibilidad de estos aminoácidos en la sangre. Cuando esto sucede, el L-triptófano puede completar más efectivamente su entrada al cerebro y aumentar los niveles de serotonina. Además, el ejercicio aumenta tus niveles de energía y te distrae de pensamientos negativos que tienden a reiterarse. Se recomienda también para los chicos, como una manera de aumentar los niveles de L-triptófano y aumentar su cooperación. Y nunca te olvides de matar a las hormigas (ANT, *automatic negative thoughts*).

Tócalo, tócala

El contacto es esencial para la humanidad. Sin embargo, en nuestra sociedad es cada vez menos frecuente. Abraza, toca, contacta con tus hijos, con tu pareja, con los que más quieres, y hazlo regularmente. Dar y recibir masajes tam-

bién mejora la salud del límbico, ya que éste no sólo está involucrado en los vínculos emocionales, sino también en los físicos. La conexión física es un elemento crítico en el proceso de vinculación padre-hijo. Las caricias, los besos, las palabras dulces, y el contacto visual de la mamá y el papá le dan al bebé el placer, el amor, la confianza y la seguridad que necesita para desarrollar vías sanas en este sistema. Es así como el vínculo y la conexión entre los padres y el bebé pueden comenzar a crecer. Sin amor, sin afecto, el bebé no desarrolla las conexiones apropiadas en el límbico y nunca aprende a confiar y a conectarse. Se siente solo e inseguro, se pone irritable e insensible.

El amor entre los adultos es muy parecido. Para construir un buen vínculo, las parejas necesitan abrazarse y besarse, decirse cosas lindas y tener contacto visual, miradas con cariño. No es suficiente que uno dé y el otro reciba pasivamente. Manifestaciones físicas de amor necesitan ser recíprocas para que el otro no se sienta herido, rechazado, causando el quiebre del vínculo.

Como padres o responsables de niños, construirles una zona emocional segura es crítico porque les permite desarrollar un terreno de entrenamiento fértil para que puedan lidiar con sus verdaderas emociones de una manera constructiva. Es, o mejor dicho, fue en este espacio de tu vida donde deberías haber aprendido que expresar —y no suprimir— tus necesidades y emociones es una acto saludable. Si tus padres, y otros, estuvieron más o menos disponibles y respondieron a tus necesidades emocionales, te sentiste calmado, amado, seguro y comprendido. Entonces estos actos de

amor de tu mamá o papá le enseñaron a tu cerebro que expresar tus emociones es importante, proveyéndote ejemplos de cómo elegir respuestas sanas para calmarte al atravesar dificultades en tu vida. Pero si no estuvieron disponibles, tu cerebro habrá aprendido que explorar tus emociones no es importante y que la vida no es un lugar seguro, disparando ansiedad y preocupaciones muy seguido en tu vida de adulto, defendiéndote de los "peligros" con reacciones y hábitos que a largo plazo te perjudican. Como dice mi mamá: "La culpa de todo la tiene la madre, menos yo".

Yoga cognitivo

Veamos ahora algunos ejercicios para mantener tu flexibilidad cognitiva –el sistema cingulado– lo más sano posible. Recuerda que esta flexibilidad es tu habilidad tanto para ir con la corriente como para adaptarte al cambio, y manejar en forma exitosa los problemas nuevos que se te presentan.

Si estás trabado, distráete y vuelve al problema más tarde

El primer paso para enfrentar una disfunción del cingulado es darse cuenta de cuándo estás trabado y distraerte. Darse cuenta de los pensamientos reiterativos es fundamental para poder controlarlos. Cuando te encuentras pensando lo mismo una y otra vez, distráete de ese pensamiento, eso puede ayudarte a tener un poco más de control sobre ellos.

Algunos ejemplos: cantar tu canción favorita, escuchar música que te hace sentir bien, salir a caminar, hacer un mandado, jugar con una mascota, meditar, focalizarte en una palabra y no dejar que todos los otros pensamientos entren en tu mente. Imagínate una escoba que barre todos los pensamientos afuera.

Piensa las respuestas antes de decir que no automáticamente

Muchas personas con problemitas en el cingulado tienen una tendencia a decir automáticamente que no. "No, no, no, no lo haré." "No quiero hacerlo." "No pueden obligarme a hacerlo." Dale pelea a esta tendencia. Antes de responder preguntas o pedidos en forma negativa, respira hondo y piensa primero si es mejor decir que no. A veces es importante respirar profundo, sostener la respiración por tres segundos, tomar cinco segundos para exhalar y tener suficiente tiempo extra antes de dar una respuesta. Esto lo vimos al aprender cómo poner pausa en el capítulo "Preparándote para el cambio".
Si tu pareja te pide que vayas a la cama a hacer el amor, respirá hondo antes de responder que estás cansado, enfermo, muy ocupado o sin ganas. Usa ese tiempo de respiración para preguntarte a ti mismo si realmente quieres darle una respuesta negativa a tu pareja. La negación automática ha sido causa de muchos quiebres en las relaciones. Tómate suficiente tiempo para preguntarte a ti mismo si decir que no es realmente lo que quieres decir.

Escribe opciones y soluciones cuando estás trabado

Cuando estás trabado en un pensamiento, es útil escribir. Escribir te ayuda a sacarlo de tu cabeza. Ver un pensamiento escrito sobre papel ayuda a manejarlo de manera más racional. Cuando pensamientos repetitivos te causen problemas para dormir, ten siempre un papel y una lapicera cerca de tu cama para poder escribirlos. Una vez que escribes un pensamiento que se ha "trabado", genera una lista de cosas que puedes hacer para revertirlo y de las que no puedes hacer. Por ejemplo, si estás preocupado por una situación en el trabajo, como si conseguirás un ascenso, haz lo siguiente: escribe tu pensamiento ("Estoy preocupado porque no sé si obtendré el ascenso"), luego haz una lista de las cosas que puedes hacer acerca de tu preocupación ("Puedo hacer mi trabajo de la mejor manera posible, seguiré siendo confiable, trabajador y creativo, me aseguraré de que mi jefe sepa cuánto deseo este ascenso, le haré saber de mis contribuciones en la empresa"). Luego enlista las cosas que no puedes hacer al respecto: "No puedo tomar la decisión por mi jefe, no puedo querer aún más de lo que quiero este ascenso, yo no puedo hacer que el ascenso sea un hecho, con preocuparme no gano nada y no ayuda, no puedo hacer que el ascenso sea un hecho aunque sé que tengo gran influencia en el proceso por mis actitudes y mi desempeño".

Busca el consejo de otros cuando te sientas trabado

A través de los años, mentores y personas pueden ayudarte a atravesar los problemas que tienes que enfrentar. Otros pueden ser una "caja de resonancia" que te ayude a ver opciones y te ofrece nuevas maneras de observar la realidad.

Perdonar, agradecer, reír

Lopon-la era un monje tibetano amigo del Dalai Lama. Luego de la invasión de los chinos al Tíbet, fue puesto en prisión durante dieciocho años. Una vez liberado, huyó de China y veinte años más tarde se reencontró con el Dalai Lama, quien nos dice: "Está igual, gentil como siempre, su mente muy ágil. A pesar de tantos años de prisión y tortura, le pregunté si había tenido miedo y me dijo: 'Sólo tuve miedo de una cosa, de perder la compasión por los chinos'. El perdón lo ayudó en la prisión, gracias al perdón su mala experiencia con los chinos no empeoró. Mental y emocionalmente no sufrió tanto". En efecto, el perdón es una actitud que te lleva a cambiar hacia una vida de mayor bienestar. Según los estudios del doctor Fred Luskin, de la Universidad de Stanford, perdonar estimula el sistema inmune, baja la presión arterial, reduce la ansiedad y la depresión, y mejora los patrones de sueño. Es fácil percibir que al no perdonar el resentimiento y la amargura de esa emoción dañan a la persona que no perdona, liberándose a la sangre hormonas de estrés. Sin embargo, nada le sucede a la persona que no está siendo perdonada.

Lo mismo sucede con la gratitud. El premio Nobel Albert Schweitzer dijo: "La mejor de las cosas es agradecer por todo. Aquel que haya aprendido esto sabe lo que significa vivir". Los doctores Robert Emmons y Michael McCullough llevaron adelante experimentos para medir los efectos de estar dispuesto a agradecer. Aquellos que

lo hacen reportan una vida de mayor bienestar y además son mucho más optimistas.

Ríete: muchas veces escuchamos que reírnos tiene un efecto analgésico, aparentemente libera endorfinas al torrente sanguíneo. Pero, además, el humor disminuye la tensión muscular y suprime la liberación del cortisol, la hormona del estrés. También existen estudios que muestran que mejoran los síntomas en pacientes alérgicos, nuestro sistema de defensa aumenta, ayudan a respirar más profundo, al latido del corazón y relaja músculos de la cara y parte superior del tronco.

Si se trata de cambiar para un mayor bienestar, el perdonar, agradecer y el humor ya no sólo son conceptos espirituales, religiosos o del sentido común, sino que existen evidencias científicas de sus efectos en las personas.

Vimos lo importante de tus experiencias a la hora de cambiar, sean estas acciones, pensamientos o emociones. Durante las experiencias, cuando estés queriendo cambiar algo es muy bueno tener presente las siguientes preguntas antes de que actúes o de que no lo hagas –recuerda que la inacción también puede ser un hábito que quieras cambiar–: "¿Esto que estoy por hacer me ayuda o me lastima?", "¿Está alineado con mis objetivos y valores?", "¿Estoy evitando algo en este momento?", "¿Estoy por hacer algo sólo basado en una necesidad, deseo, urgencia que busca un alivio instantáneo?", "¿Qué me motiva a hacer esto?", "¿Por qué estoy por hacerlo?"

En definitiva, vimos que las neuronas que utilizamos para llevar a cabo una acción comienzan a disparar juntas

al repetir lo mismo varias veces, sometiéndose a una suerte de abrazo fisiológico para terminar formando un circuito funcional del cerebro, un hábito. Lo mismo ocurre con nuestros pensamientos y emociones habituales. Por ende, tu cerebro es dinámico y los vas remodelando continuamente gracias a las experiencias que vas viviendo. El hábito es hijo de tus experiencias, tú lo sometes a cam-

bios físicos dado el tipo de vida que lleves adelante. Tus experiencias cambian tu cerebro, entonces te cambian. Es decir, tus experiencias y las cosas que vas aprendiendo en tu vida a cada momento cumplen un rol clave en tus posibilidades de cambiar de manera efectiva. Sin embargo, no hay nada más poderoso para cambiar que estar en contacto con tu experiencia presente. Para lograrlo con éxito, nada mejor que el proceso experiencial de la atención. Veamos de qué se trata.

CAPITULO 6
ATENCIÓN POSITIVA: TU MEJOR ALIADA

¿Estás atento?

A lo que prestamos atención, y cómo prestamos atención a eso, determina el contenido y la calidad de nuestras vidas.

MIHALY CSIKSZENTMIHALYI

Jamás habría tenido éxito en la vida si no hubiera yo prestado a la cosa más nimia de que me ocupé la misma atención y cuidado que he prestado a la más importante.

CHARLES DICKENS

En este preciso momento millones de neuronas de tu córtex visual están registrando las imágenes de las letras de esta página, como así también los espacios en blanco. Una mente consciente y despierta es bombardeada por un sinnúmero de bits de información sensorial a cada segundo. Esta información les hace cosquillas a billones de neuronas todo el tiempo. Sin embargo, son altas las posibilidades de que tú no estés *viendo* los espacios en blanco, porque no les estás prestando atención. Pero sí lo haces a las curvas y líneas negras que forman las letras. Sin atención, la información que registran tus sentidos –lo que ves, hueles, tocas, gustas, escuchas– no es registrada, de manera literal, por tu mente. Hasta puede que ni siquiera sea registrada brevemente en tu memoria. Lo que ves está determinado por eso a lo que le prestas atención.

Recién a principios de este siglo los investigadores entendieron cómo el cerebro administra la atención. Imagina que estás en la playa. Cientos de turistas en trajes de baño se agolpan recostados en sus toallas, unos al lado de otros. Tienes que encontrarte con un amigo que te dijo que estaría allí. Empiezas a escanear la arena en su búsqueda. Las imágenes entran en tu retina y van hacia "atrás", a tu córtex visual, en forma de señales eléctricas. Aquella señal que será registrada tendrá que ver con la fuerza de esa señal –por ejemplo, tu amigo tiene un sombrero verde fluorescente–, o por la novedad de la señal –quizá tu amigo tenga una sombrilla en forma de dinosaurio de cinco metros de alto–, por su fuerza asociativa –entre la multitud de caras reconocerás rápido la de tu amigo– o por tu atención. Es decir, tus neuronas están compitiendo. Si tú le das al cerebro la tarea de "buscar a un amigo", este aumentará las respuestas neuronales para encontrar ese objetivo, en este caso, en imágenes. La señal eléctrica asociada al objetivo es más fuerte que aquellas asociadas a los no-objetivos. Físicamente, lo que sucede cuando prestas atención es que bajas la actividad de todas las neuronas –la de la gente en la playa– salvo de aquellas involucradas en focalizar con la atención puesta en tu objetivo –la cara de tu amigo–.

Todo aquello que vemos tiene multiplicidad de atributos, desde movimiento, color, forma, etcétera. Diferentes pedazos del córtex visual se especializan en cada una de estas características. Tus neuronas responsables de la forma nada tienen que ver con las del color, y viceversa.

Y aquellas responsables de procesar el movimiento son otras distintas. La atención puede fortalecer la actividad de un grupo de estas neuronas, comparada con la actividad de otras diferentes. Los humanos, por ejemplo, tenemos neuronas especializadas en escanear y analizar caras. En definitiva, la intensidad de la actividad en algún circuito neuronal que se especializa en diferentes tareas visuales es amplificada por el acto mental de prestar atención. No cambia la información que entra en el cerebro, sino a qué se le presta atención. Es decir, **la atención enciende y aumenta la actividad para ciertos circuitos neuronales.** La atención es, entonces, algo real que toma una forma física capaz de afectar la actividad del cerebro. Y, como ya vimos, la atención también es indispensable para la neuroplasticidad, para el cambio.

El científico Michael Merzenich colocó en los dedos de unos monos un dispositivo –esto no duele– que da unos golpecitos durante cien minutos por día, durante seis semanas. Mientras sucedían esos golpecitos les puso, además, unos sonidos en auriculares. A un primer grupo de monos le enseñó a prestar atención al ritmo de los golpecitos, es decir, lo que sentían en los dedos. Si los primates descubrían cambios de ritmo en los golpecitos, se los recompensaba con jugo. Pero no se le enseñó nada sobre los sonidos cambiantes de los auriculares. Al segundo grupo, al revés: si prestaban atención a los sonidos –no a los golpecitos en dedos– y reconocían cambios, se los premiaba. Y, finalmente, al tercer grupo no se le enseñó a prestar atención. Antes de conocer los resultados

de esta experiencia te recuerdo que, según lo que vimos en el capítulo anterior, la experiencia estimula cambios cerebrales. A priori, los monos que fueron sometidos a los golpecitos durante seis semanas *deberían* –por experiencia– tener cambios en las regiones del cerebro que *sienten* esos golpecitos, en comparación con los que no recibieron estímulo sensorial. Esta última es la región cerebral que ya describimos como área somatosensorial, la que siente. Entonces, dado este conocimiento previo podemos hipotetizar que, sin importar si prestaban o no atención a los golpecitos, esa área debería crecer. Sin embargo, esto último ocurrió sólo cuando se les enseñó a prestar atención al estímulo. Es decir, en los monos que fueron sometidos a los golpecitos, pero se les pidió que prestasen atención a los sonidos, sólo se observó un cambio en la zona cerebral auditiva pero no en la sensitiva de los dedos. Me permito extrapolarlo a lo siguiente: si tu papá te lleva a jugar al tenis tres veces por semana durante cinco años (monos con golpecitos en los dedos) pero a ti no te gusta ese deporte, es decir, al practicar no prestas atención porque no te interesa ni progresar, ni mejorar ni divertirte (monos con golpecitos en los dedos pero que les prestan atención a los sonidos), significa que **la experiencia acoplada con la atención es la que produce cambios físicos en el cerebro.** Si a ti te piden que cambies algo, es fundamental que prestes atención, y si es algo que te interesa, el cambio será aún más efectivo.

Tu trabajo o tu relación con tu jefe es un ejemplo típico. Lo que nos lleva a una conclusión poderosa: es-

tamos esculpiendo nuestro cerebro momento a momento según a qué decidimos prestar atención. Elegimos quién vamos a ser en el próximo momento en un sentido muy real. **Somos eso a lo que le prestamos atención.** ¿Qué crees que va a pasar con tu vida presente y futura si les prestas atención sólo a las cosas malas que suceden, si sólo focalizas en el dolor, lo negativo, el miedo, la venganza? Más de eso obtendrás, más de eso serás.

Entonces, si te digo que mientras lees este libro pongas algo de música de fondo, tu cerebro tendrá una muy pequeña respuesta neuronal a esos sonidos, ya que estás mucho más metido en lo que lees. Pero si ahora te pido cerrar el libro y escuchar la música, entonces podrás detectar cada vez que las frecuencias cambien, tendrás mucha más señal en tu córtex auditivo. Es como si la atención funcionase como una puerta que puede abrirse para dejar entrar más información neuronal. La atención entonces no es una construcción psicológica. La puedes tocar, tiene anatomía, fisiología y química.

Todo esto quiere decir que **si entrenas tu atención, allanas el camino que puede conducirte a la neuroplasticidad autodirigida, por ende, a que logres cambiar.**

La habilidad de prestar atención de manera selectiva, ignorando las distracciones, se desarrolla desde la niñez hasta la adolescencia. Ésta es la habilidad de cambiar tu atención de manera rápida y eficiente de una cosa a otra. Pero esta habilidad, como seguramente notas, decrece con la edad. Por eso los más jóvenes parecen estar haciendo muchas cosas al mismo tiempo. Sin embargo, tanto en

jóvenes como no tan jóvenes, cuando realizamos varias actividades que requieren de nuestra atención consciente para poder resolverlas, no las estamos resolviendo *al mismo tiempo*. Nuestra atención va saltando de una tarea a la otra haciendo un gran esfuerzo que provoca no sólo más posibilidades de equivocarse y de tardar más tiempo en resolverlas, sino además mucho cansancio. Es lo que comúnmente llamamos "hacer *multitasking*" y lo que la ciencia conoce como "interferencia de la tarea dual". Es como si prendieses y apagases la luz de tu cuarto cientos de veces. Para las tareas que requieren mucha atención, te recomiendo entonces empezarlas y terminarlas sin distraerte en otras cosas. Sé que, por el mundo de estímulos en el que vivimos, esto es muy difícil, pero verás que eres más eficiente y que al final del día estarás menos cansado.

Entonces, vimos al equipo de Merzenich con sus monos y cómo la atención cambiaba sus cerebros. Pero ¿qué pasa en los humanos?

Plena

El neuropsiquiatra Jeffrey Schwartz, de Los Ángeles, California, siempre sospechó que las señales capaces de cambiar el cerebro podían venir no sólo del mundo exterior a través de tus sentidos, sino también de la mente en sí misma. Junto con Lewis Baxter iniciaron un grupo de terapia cognitiva conductual para tratar pacientes con trastornos obsesivo-compulsivos (TOC). Estas terapias están

enfocadas en la vinculación del pensamiento y la conducta, y suelen combinar técnicas de reestructuración cognitiva, de entrenamiento en relajación y otras estrategias de afrontar y de exponerse. Por otro lado, el TOC afecta a una de cada cuarenta personas sin discriminar entre hombres o mujeres, y se inicia en general en la adolescencia o temprana adultez. Estos pacientes son presos de pensamientos intrusivos, no deseados y desagradables o molestos (obsesiones) que disparan impulsos irresistibles para realizar ciertos comportamientos a modo de rituales (compulsiones). Dependiendo del paciente, estas compulsiones pueden ser lavarse las manos, asegurarse de que las puertas, los hornos, microondas, están cerrados, contar cosas, etcétera. Los que sufren estos TOC severos los describen como si sintieran que alguien secuestrara sus cerebros y se apoderase del control. En la actualidad, gracias a estudios de imágenes cerebrales se observa en estas personas una hiperactividad en dos áreas del cerebro, el córtex orbitofrontal y el *striatum*. La función del primero es detectar cuándo algo es "incorrecto", cuándo algo está mal. Es el detector de errores cerebral. Si está hiperactivo, como en pacientes con TOC, le está diciendo al resto del cerebro, todo el tiempo, que algo anda mal. El *striatum*, por su parte, recibe información de la amígdala –emociones negativas– y también del córtex orbitofrontal, y todas estas áreas juntas son parte de lo que se conoce informalmente como "circuito de la preocupación". En el equipo del doctor Schwartz pusieron a prueba en estos pacientes la técnica de meditación *mindfulness*, o también conocida

como *atención plena*, una práctica para aprender a observar las experiencias internas de forma consciente pero sin juzgar. Sería como "ver", desde un lugar de espectador, lo que estás pensando o sintiendo a cada momento. La técnica de atención plena se refiere, por ejemplo, a que puedas, y quieras, observar –ser consciente– de tu propio estrés y sufrimiento, y a su vez que estés presente con ellos, tanto si es incómodo o te pone triste o es doloroso. En general, la mayoría de nosotros tratamos de escapar lo más rápido posible de nuestros dolores, sufrimientos y cosas que nos estresan. Sería como la capacidad de sentir lo que sientes y reconocer las desilusiones que te producen ciertos fracasos, arrepentimientos luego de equivocarte, el enojo, la tristeza, la ansiedad. Te doy un ejemplo: imagínate que una persona por la cual sentis compasión, la quieres, viene a charlar contigo y te cuenta alguna circunstancia en la que la está pasando mal. Tú puedes *sentir* su tristeza, su enojo o sus desilusiones, pero no te "pierdes" en sus emociones. Es más, estás abierto y predispuesto a acompañarlo en su sufrimiento. Esto es lo que la atención plena puede enseñarte a hacer contigo mismo, con tus emociones negativas, verlas por lo que realmente son, sin caer en la autocrítica constante, o diciéndote cómo deberían ser las cosas. Simplemente, sentir lo que sentimos.

Fue el biólogo molecular Jon Kabat-Zinn, en Boston, quien introdujo este tipo de meditación en el mundo de la medicina occidental. Kabat-Zinn define a esta técnica como "un tipo especial de atención que posee **intención**, es decir que uno quiere estar atento; esa atención es **mo-**

mento a momento, en el presente; y **sin juzgar** eso que se presta atención". Esto último es quizá lo más difícil, ya que casi todo el tiempo estamos juzgando lo que nos sucede mediante opuestos contrarios como bueno-malo, feliz-triste, lindo-feo, etcétera, como ya vimos con los estilos explicativos. La idea general de la técnica es aceptar las cosas como son y reconocer que los opuestos son complementarios en lugar de contrarios.

Entonces, la atención plena no es un estado de la mente sino una actividad, un proceso experiencial, como andar en bicicleta. Uno puede aprender la teoría, las partes de la bici y la física del equilibrio, pero hasta que no se sube y prueba, no lo entiende. Se requiere esfuerzo, vigilancia y ganas porque en cada momento de tu día tú puedes elegir estar o no atento a lo que te está ocurriendo y a cómo reaccionas. Te recomiendo mucho que aprendas esta técnica.

Aquí es útil distinguir la diferencia entre estar viviendo la experiencia de la atención plena o estar muy focalizado en algo, que no es lo mismo. Focalizado es cuando tú conscientemente diriges tu atención a una actividad, como los monos a los golpecitos en sus dedos. Atención plena es comprender y sentir todo lo que te está pasando en el momento presente, la utilización de un circuito muy particular del cerebro, que estudiaremos a continuación, conocido como el circuito de experiencia directa.

Ambos, el foco en eso que eliges prestar atención y la atención plena, son clave para rediseñar tu cerebro y cambiar. Por ejemplo, focalizar en tus pensamientos automá-

ticos negativos –¿te acuerdas de las hormigas?– sin estar activamente consciente de lo que son, es lo que te lleva a los malos hábitos. Por ejemplo, si tu jefe rechaza una idea tuya durante una presentación en el trabajo, quizá te digas a ti mismo: "¿Qué le pasa a este tipo? Era una muy buena idea. ¿No puede ver que con esta idea las cosas van a funcionar? No sabe nada". Aquí estás focalizado sólo en el contenido. Pero si logras ser el espectador imparcial de tus pensamientos y decirte: "Uh, me perdí en mis pensamientos, debe ser un pensamiento automático negativo". Y ahora puedes matar el ANT, la hormiga: "Sí que sabe del tema, quizá hoy estaba de mal humor por otra cosa. Igualmente voy a repasar lo que me dijo para ver si puedo mejorar la presentación de mi idea". Es decir, en este último caso, estás activamente consciente de lo que te está pasando en ese momento de diálogo interno. La atención plena te sirve entonces, también, para ayudarte a reconocer las ANT, para luego poder pisarlas. El ejercicio más fácil para entender cómo el focalizar y la atención plena están relacionados es usando la respiración como objeto de tu atención, de tu foco. Aprender cómo focalizar en tu respiración es muy poderoso porque te da un ancla, algo para volver fácilmente cada vez que tu mente viaje por el tiempo. Hagámoslo.

EJERCICIO: FOCALIZAR EN TU RESPIRACIÓN

Siéntate tranquilo por al menos cinco minutos y asegúrate de que no tendrás distracciones externas. Te recomiendo cerrar o entrecerrar los ojos. Sin ningún objetivo en mente, nota cómo el aire de tu respiración entra y sale de tu cuerpo. Focaliza tu atención dentro de tu nariz: deberías sentir el movimiento sutil del aire al inhalar y al exhalar. No focalices en ningún pensamiento, emoción u otra cosa. Sólo en tu respiración sin tratar de influenciar su ritmo. Si tu atención se va de tu respiración y de la sensación del aire dentro de tu nariz, lo cual debería pasarte, es normal, nota dónde va y luego vuelve a tu ancla, el aire que entra y sale. Por ejemplo, si empiezas a pensar en qué vas a cenar a la noche, di internamente "pensando" y vuelve a la respiración. Si aparece todo lo que tienes que hacer en la semana, di internamente "planificando" y vuelve a la respiración. Si aparece la película que viste ayer, di internamente "viajando" y vuelve a la respiración, etcétera. Algunas personas encuentran que este ejercicio es más fácil contando. Decirte internamente "1" al inhalar, "2" al exhalar, "3" al inhalar, "4" al exhalar, y así sucesivamente hasta diez y luego volver a empezar. Llega un momento en que vas a poder mantener el foco en la respiración sin contar. Puede pasarte que logres contar hasta diez sin perder el foco, o no. No te decepciones, no es una competencia. Puede también ocurrir que te pierdas y no sepas por qué número vas o que te pases de diez. Esto ocurre porque el foco de tu mente se dispersó en algún pensamiento o sensación y ni te diste cuenta. Claro que cuanto más frecuente lo hagas, más rápido tu mente se dará cuenta de que perdiste el foco y más rápido volverás al foco de tu respiración. Si logras hacer este ejercicio durante treinta minutos por día, definitivamente tu

mente va a desarrollar la habilidad de reconocer cuándo tu atención se dispersa, y por consiguiente volver al foco. Así vas a potenciar tu poder de observación.

Volvamos a los pacientes de Los Ángeles. Cuando Schwartz y sus colegas enseñaron la técnica de atención plena a los pacientes con TOC, les mostraron que, por un lado, se pueden experimentar los síntomas sin reaccionar emocionalmente a ellos, y por el otro, a darse cuenta de que la sensación de que algo anda mal es la manifestación de un defecto en el cableado de una parte de tu cerebro –justamente, esa zona hiperactiva que describimos algunos párrafos atrás–. Es decir, tú no eres el que te manda a lavarte las manos veinte veces por día, es tu cerebro, que no anda muy bien... y tú no eres tu cerebro. El solo hecho de que los pacientes reconozcan esto último es tremendamente terapéutico. Pero, además, la atención plena enseñó a estos pacientes a darse cuenta de la verdadera naturaleza de sus obsesiones, para poder, de esta manera, estar mejor preparados para focalizar la atención lejos. La idea sería la siguiente: cuando una obsesión aparece en la mente, gracias a practicar la atención plena se puede decir "Mi cerebro otra vez está generando un pensamiento obsesivo, esto no es real sino un defecto en un circuito neuronal, no necesito lavarme las manos, esa urgencia no es real, es un problema de cableado cerebral". Ya sé, parece fácil, pero si tú tienes TOC sabes que no lo es. Lo interesante no es sólo que funciona, según las descripciones de los pacientes que dicen

que ya no son controlados por estos impulsos y que pueden hacer algo al respecto, sino lo que se ve en escáneres de los cerebros antes y después de las diez semanas de estas terapias junto con la práctica de la atención plena. ¡Los cerebros cambian! La atención, como vimos con los monos de Mike, hace cambiar a los cerebros. Más específico: la actividad en el córtex orbitofrontal –responsable de la detección de errores que está hiperactiva en pacientes con TOC– baja dramáticamente. Ya no está tan activa en comparación con antes de empezar las terapias y comparado con pacientes que llevaron adelante la terapia cognitivo-conductual pero que no practicaron atención plena. La acción mental de cambiar la atención de pensamientos intrusivos (obsesiones) en otros pensamientos más racionales y positivos cambió la química cerebral de estos pacientes. Una vez más, la mente puede cambiar el cerebro.

Te dejo cuatro ejercicios de atención plena fáciles y prácticos. Como casi todo en la vida, cuanto más practicas, mejor lo haces. Una o dos veces al día sería genial. Además, es un momento para ti, tan difícil de encontrar en nuestro agitado día a día. No esperes tener un espacio para estas prácticas, porque si eres como yo, ese espacio no existe. Tienes que creártelo. Piensa que de esta manera estás cuidando y mimando tu cerebro. Sin duda, la forma más fácil es encontrar grupos de meditación o instructores que te acompañen y guíen en cómo, cuándo y dónde puedes hacerlo.

Exploración corporal

Una meditación de cinco minutos que busca que tomes conciencia de las diferentes partes de tu cuerpo, desde las puntas de tus pies hasta la cabeza. La forma más fácil de hacerla es que te sientes cómodamente en una silla con la espalda derecha, los pies sin cruzarse sobre el piso, derechos, y con las manos sobre tu regazo. Otra forma podría ser acostarte boca arriba en el piso con las manos a los costados. Si decidís acostarte, debes resistir el impulso de quedarte dormido, ya que buscas traer un estado de alerta tranquilo pero no de total relajación que pueda llevar a dormirte.

Cierra los ojos o déjalos medio cerrados, y lleva tu atención hacia tu respiración, que entra y sale de tu cuerpo. Tal vez sientas cómo tu pecho y panza se expanden o al aire entrando y saliendo de tus fosas nasales. Elige una, la que te sea más fácil de sentir. Tómate un minuto para alejar todo lo que estabas haciendo antes y concéntrate en este momento.

Siente tu cuerpo sentado o acostado en el cuarto o habitación. Siente los puntos de contacto entre tu cuerpo y la silla o el piso.

Ahora, de a poco Empieza a enfocar la atención en tus pies; sólo si te cuesta sentirlos mueve los dedos. Explora las sensaciones que sientes en tus pies y dedos. Algunas sensaciones son obvias, como el contacto de tus pies con el piso o con las medias o de la ropa al tocar la piel. Otras son más sutiles, como la sensación de picazón, cosquilleo, de calor o del aire al rozar la piel. Otras son tan sutiles que no vas a ser capaz de percibirlas todavía. Al incorporar curiosidad y acep-

tación a esta experiencia, vas a encontrar que con el tiempo vas a percibir todo tipo de sensaciones diferentes.

Ahora lleva tu atención a la parte baja de tus piernas: tus rodillas, tus muslos. Toma conciencia de ambas piernas y de las sensaciones que van surgiendo de momento a momento.

Ahora lleva la atención a tus caderas. A la parte baja de tu espalda. Siente el lugar donde el cuerpo hace contacto con la silla. Puede pasar que te distraigas y ya no prestes atención a las sensaciones de tu cuerpo. Es completamente normal si te ocurre. La mente es una máquina de pensar. Pensar es lo que hace, al igual que el oído oye y la nariz huele. Cada vez que sientas que tu mente está distraída, lleva la atención hacia la exploración de tu cuerpo.

Ahora lleva la atención a la panza. Siente cómo la respiración entra y sale de ella. Explora las sensaciones en tus hombros, tus brazos y manos, cada uno de tus diez dedos. Si tienes alguna tensión en tus hombros, déjala ir.

Aunque esto no es un ejercicio de relajación, lo puedes usar para tomar conciencia y liberar cualquier tensión innecesaria. Ahora nota las sensaciones en tu cuello. Explora en tu rostro tu mandíbula, tu lengua, tus mejillas, tus orejas, tu nariz, tus ojos.

Ahora, amplía tu atención de tal forma que incluya la totalidad de tu cuerpo. Toma conciencia del lugar donde estás, siente dónde tu cuerpo se conecta con la silla o el piso. Siente el aire entrar y salir de tu cuerpo. Presta atención a los sonidos a tu alrededor. Ahora, poco a poco mueve tus dedos. Si lo deseas, estira y cuando estés listo abre tus ojos y sigue adelante con una sonrisa.

Respiración y sonidos

La atención plena consiste en llevar tu curiosidad a las cosas que están presentes ahora, como el cuerpo, la respiración y los sonidos de tu entorno. El hecho de incorporar la curiosidad, aceptación y la atención a estas cosas te permite cultivar una conciencia del momento presente y entrenar el músculo de la atención. Esta meditación de diez minutos te enseña a tomar conciencia de la respiración y de los sonidos. Siéntate en una silla o sobre un almohadón en el piso con las piernas cruzadas, asegúrate de tener la espalda derecha ya que te va a permitir, como ya vimos, respirar correctamente. Si estás sentado en una silla, procura no tener los pies cruzados y que descansen en el piso. Ahora cierra los ojos o déjalos a medio cerrar y tómate un minuto para acomodarte en la postura. Muévete un poco de lado a lado para asegurarte de que estás cómodo. Vas a estar sentado de esta forma unos diez minutos.

Pon tus manos sobre la panza y comienza a respirar profundo, más profundo de lo que sueles respirar. Siente las manos en tu panza elevarse al inhalar y caer al exhalar. Toma tres o cuatro de estas respiraciones y luego deja que tu respiración vuelva a la normalidad. Ahora, mientras respiras normalmente, siente tu respiración en tu panza, siente tus manos levantarse y caer con tu respiración normal. Es muy probable que notes que mientras intentas prestarle atención a tu respiración, la mente se pierda en pensamientos. Esto es completamente normal, de hecho esto es lo que la mente hace. Cada vez que te distraigas, intenta concentrar la atención de nuevo en la respiración.

Ahora vas a intentar contar 10 respiraciones, contando 1 al inhalar y 2 al exhalar, 3 al inhalar, 4 al exhalar, hasta llegar a 10 para luego recomenzar con 1.

Ahora lleva tus manos sobre tu regazo y trata de sentir la respiración entrar y salir de tu cuerpo sin usar la ayuda de tus manos. Tal vez sientas tu panza expandirse o la respiración entrar por la nariz. Elige un lugar en el cual concentrarte y mantén la atención en ese lugar, panza o nariz. Trata de sentir cada respiración que entra en el cuerpo y cada una que sale. Trata de mantener tu atención en ese lugar percibiendo cada inhalación y exhalación.

Recuerda que es normal que tu mente se pierda o se distraiga. Si esto sucede, lleva la atención de vuelta a contar tus respiraciones. Trata de explorar los diferentes tipos de calidad de la respiración, ¿son largas o cortas?, ¿son profundas o superficiales?, ¿son todas iguales o cambian?

Ahora, lleva tu atención de vuelta a sentir tu respiración entrando y saliendo de tu cuerpo. Puedes usar tu respiración como ancla hacia el momento presente cada vez que lo necesites.

Ahora, pon atención en el cuarto donde estás. Tómate un momento para percibir la totalidad del paisaje sonoro que te rodea. Escucha los sonidos lejanos, afuera de la habitación donde estás. Si tu mente se distrae, pon atención en explorar poco a poco los sonidos externos. Incorpora una actitud de curiosidad a esta exploración, que te permita percibir cosas que nunca notaste antes. Ahora escucha los sonidos que están más cerca de ti.

¿Puedes escuchar dónde termina un sonido y dónde empieza otro? ¿Puedes notar el espacio entre sonidos? ¿Cuál es el sonido más cercano que puedes oír? ¿Puedes escucharte respirar? Lleva tu atención de nuevo a tu cuerpo sentado en ese cuarto. Siente los puntos de contacto entre tu cuerpo y la silla o el almohadón. Siente el aire moverse de forma natural al entrar y salir de tu cuerpo. Toma conciencia de los sonidos que te rodean. ¿Qué notas diferente ahora en comparación con el principio del ejercicio? Cuando estés listo, puedes abrir los ojos y seguir adelante con tu día.

Respiración y pensamientos

Nuestras mentes son máquinas de pensar que divagan de forma salvaje cuando se las deja liberadas a su propio criterio. A veces nos conducen a ideas o recuerdos que causan enojo, tristeza, ansiedad o autocompasión. Prestar atención al momento presente y tomar conciencia de tus pensamientos disminuye el efecto que tiene en tu vida. Los próximos cinco minutos van a estar dirigidos directamente a prestarles atención a la respiración y a los pensamientos.

Comienza por sentarte cómodamente en una silla o sobre un almohadón en el piso. Asegúrate de tener la espalda derecha y apoya tus manos en los muslos o en el regazo, y cierra o entrecierra tus ojos. Tómate un minuto para acostumbrarte a la postura y para dejar de lado lo que estabas haciendo antes. Ábrete a explorar todo lo presente en este momento. Ahora, haz tres respiraciones bien profundas, sintiendo cómo el aire se mueve hacia abajo en tu cuerpo, pasando por la garganta, el pecho y cómo entra y sale de la panza.

Deja que la respiración vuelva a su ritmo natural y fíjate si puedes concentrarte en el movimiento ascendente y descendente de tu cuerpo mientras respiras. Tal vez sientas cómo la panza sube y baja, cómo el pecho se expande o cómo el aire entra por tus fosas nasales. Elige el punto donde sientas la respiración de forma más fácil y concéntrate en eso.

Si tu mente se distrae o se pierde en pensamientos, en preocupaciones o planes, trae lentamente la atención de vuelta hacia la sensación del aire entrando y saliendo del cuerpo. Mantén la atención en el lugar que elegiste en vez de dejar que la atención pasee por todo tu cuerpo. Explora los diferentes tipos de calidad de la respiración, ¿son largas o cortas?, ¿profundas o superficiales?

No pasará mucho tiempo antes de que tu mente se vuelva a distraer, pero esta vez sin perderse en pensamientos. Intenta ver adónde se ha ido la mente, el tipo de pensamientos que estás teniendo, ¿son recuerdos del pasado o planes y preocupaciones sobre el futuro?

Nota la intensidad y el tono emocional de estos pensamientos. Trata de verlos como si fueran nubes pasando por el cielo u hojas flotando en un río.

Es muy importante reconocer que pensar es la función esencial de la mente, al igual que la nariz huele o los oídos oyen. Tal vez encuentres muchos pensamientos que se mezclan con otros o que una vez que los miras no hay muchos. Fíjate si puedes percibir los pensamientos por sí solos y el espacio o la conciencia que ese pensamiento parece mantener.

Ahora lleva tu atención de vuelta al lugar del cuerpo donde podías sentir la respiración entrando y saliendo. Intenta

quedarte con toda la atención en la respiración desde el momento en que entra hasta que sale del cuerpo. Si la mente se pierde, trata de observar tus pensamientos, nota ciertos pensamientos que se repiten. ¿Puedes ver cómo algunos se fortalecen mientras otros mueren? ¿Puedes notar una pausa o silencio entre los pensamientos? Sé muy curioso al explorar. Pon una vez más tu atención en la respiración. Siente el aire entrando y saliendo del cuerpo. Siente cómo la panza sube, cómo el pecho se expande o cómo el aire se mueve hacia adentro y hacia afuera de las fosas nasales.
Ahora lleva tu atención al cuarto donde estás. Siente cómo estás sentado en la silla o el almohadón. Nota los puntos de contacto entre el cuerpo y la silla o el almohadón. Toma conciencia de los sonidos a tu alrededor. Cuando te sientas listo, puedes abrir los ojos y seguir adelante con tu día.

Respiración y emociones

Este ejercicio está dedicado a llevar la conciencia hacia las emociones, permitiéndote observarlas sin juzgar. Ya sabemos que nuestras reacciones pueden aumentar el efecto de las emociones y experiencias negativas de nuestras vidas. Este ejercicio de cinco minutos te ayudará a resistir las emociones intensas y te enseñará a observar la experiencia en vez de reaccionar frente a ella.
Comienza por sentarte cómodamente en una silla o sobre un almohadón en el piso. Asegúrate de tener la espalda derecha y apoya tus manos en los muslos o en el regazo, cerrando o entrecerrando tus ojos. Tómate un minuto para acostumbrarte a la postura y para dejar de lado lo que estabas haciendo antes. Ábrete a explorar todo lo presente en este momento.

Ahora, haz tres respiraciones bien profundas, sintiendo cómo el aire se mueve hacia abajo en tu cuerpo, pasando por la garganta, el pecho y cómo entra y sale de la panza.

Deja que la respiración vuelva a su ritmo natural y fíjate si puedes concentrarte en el movimiento ascendente y descendente de tu cuerpo mientras respiras. Tal vez sientas cómo la panza sube y baja, cómo el pecho se expande o cómo el aire entra por tus fosas nasales. Elige el punto donde sientas la respiración de forma más fácil y concéntrate en eso.

Si tu mente se distrae o se pierde, lentamente traé la atención de vuelta hacia la sensación del aire entrando y saliendo del cuerpo. Si se distrae cien veces, tráela de vuelta cien veces.

Cada vez que la mente se distraiga es una oportunidad para entrenar el músculo de la atención. Mantén tu atención en el lugar que elegiste, en vez de dejar que la atención pasee por el cuerpo. Explora los diferentes tipos de calidad de la respiración, ¿son largas o cortas?, ¿profundas o superficiales?

Ahora piensa en una situación que te haya hecho muy feliz. Trata de revivir ese momento con la mayor cantidad de detalles posibles. Piensa en las personas involucradas, los olores, los sonidos, los paisajes. Al hacerlo, explora todas las sensaciones que surgen en tu cuerpo. ¿Dónde sientes la felicidad o la alegría?

Mantén la atención en las sensaciones de tu cuerpo y observa qué sucede al hacerlo.

Ahora lleva la atención hacia la respiración, trata de conservarla a lo largo de todo el trayecto desde que entra al cuerpo hasta que sale.

Ahora imagina una situación en la que estuviste triste o enojado, y haz lo mismo que antes, trata de revivirla con la mayor cantidad de detalles hasta donde te sientas cómodo. Explora las sensaciones en tu cuerpo y observa cómo estas sensaciones son diferentes de las que experimentaste con los sentimientos de felicidad. Observa las sensaciones en tu cuerpo y percibe cómo cambian minuto a minuto. Explora las emociones de esta forma, te va a ayudar a reconocerlas en situaciones del día a día. Si incorporas curiosidad y aceptación a la exploración, vas a notar que es más fácil no identificarse con las emociones. Todo este ejercicio te ayuda a actuar de forma consciente frente a las emociones, en vez de reaccionar inconscientemente.

Pon tu atención en la habitación donde estás. Siente los puntos de contacto entre tu cuerpo y la silla o el piso. Nota cualquier tensión acumulada en tu cuerpo luego de este ejercicio e intenta dejarla ir. Siente la respiración entrando y saliendo de tu cuerpo. Presta atención a los sonidos a tu alrededor. Cuando te sientas listo, puedes abrir los ojos y seguir adelante con tu día.

Lleva tus emociones al *gym*

En 1992, el equipo de Richard Davidson, de la Universidad de Wisconsin-Madison, tomó una muestra de personas ubicadas en los extremos opuestos de una escala que mide el espectro de felicidad e identificó diferencias en sus patrones cerebrales. Es decir, identificó que existen estados

cerebrales diferentes que se correlacionan con la felicidad. A su vez, más adelante demostró que esos estados pueden transformarse (entrenarse). A diferencia de los estudios con pacientes con TOC, Davidson no se interesó en mejorar la calidad de vida de los pacientes, sino que su objetivo era investigar qué sucedía cuando se practicaba la atención plena en personas sanas. La idea era ver si a través de este entrenamiento se fortalecían, en el tiempo, la salud mental y emocional de las personas. En efecto, utilizando la sencilla herramienta de electroencefalografía que explora y registra la actividad bioeléctrica del cerebro en distintas condiciones, su equipo mostró que la actividad en el córtex prefrontal (CPF) es un reflejo del estado emocional de la persona. Una activación asimétrica en el CPF correspondía a lo que él llamó y hoy todavía se conoce como "estilos afectivos". Cuando la actividad en el CPF izquierdo era marcada y crónicamente más alta que en el derecho, esas personas reportaban sentirse más alertas, energizadas, entusiastas, alegres y disfrutando más de la vida con un alto sentido de bienestar. Es decir, se sentían más felices. Cuando se detectaba mayor actividad en el CPF derecho, la gente decía sentirse más preocupada, ansiosa y triste y descontenta con la vida. Cuando dicha actividad era extrema en el lado derecho *versus* el lado izquierdo, esas personas corrían alto riesgo de caer en depresión clínica.

Para 2006 el equipo de Davidson ya había publicado más de cincuenta artículos científicos confirmando esto: las asimetrías en la actividad del CPF se correlacionan con diferencias en estados de ánimo y bienestar. Es decir, más

activación en el CPF izquierdo está asociada con emociones positivas como la felicidad. Estas personas sienten que tienen la vida bajo su control, experimentan crecimiento personal, sienten que tienen un propósito en la vida y buenas relaciones interpersonales. Se aceptan mejor como son. Todo esto, cuando se compara con los que tienen más activo el lado derecho del CPF.

Como vimos cuando explicamos el sistema límbico de las emociones, estos estilos de ver las cosas más rosa o más gris son remarcadamente estables a lo largo de tu vida, como una especie de base de tu felicidad que todos tenemos. Un magneto emocional que sin importar si ganaste la lotería o tu empresa quebró, si te casaste con la mejor persona del mundo o fuiste dejado por el amor de tu vida, el magneto te vuelve a atraer a ése, tu punto de referencia de la felicidad.

Davidson y equipo pusieron a prueba voluntarios sin experiencia en meditación o la técnica de atención plena mostrándoles fotografías horribles, por ejemplo, de bebés con tumores en un ojo. Mientras veían las imágenes se les pedía que pensasen que ese bebé se iba a recuperar, que iba a estar feliz y que no sufriría. En paralelo les medían, esta vez con resonancia magnética nuclear, activación o desactivación, por ejemplo, de la amígdala, que como vimos está activa durante emociones negativas –miedo, enojo, angustia y ansiedad–. Por el solo entrenamiento mental de aspirar a que los bebés de la foto estén libres de sufrimiento, la señal en la amígdala disminuía. Es sabido que el CPF, lo que uso en este caso para pensar que el bebé está bien, y la amígdala están conectados. Es como si el pensamiento le hablase a la emoción: "Quédate tranqui, amígdala, ese bebé está bien, es sólo una foto trucada o después de la cirugía nunca más tendrá ese tumor, y además no le duele". Algunas personas son muy buenas haciendo esto y otras no tanto, aunque no se conocen las diferencias científicas de esta habilidad. Pero lo que otra vez está claro es que un proceso meramente mental –aspirar de manera consciente a que algo suceda– puede tener efectos observables a nivel cerebral, y en este caso, emocional.

Entonces, estudiamos el potencial de la práctica de la atención plena o *mindfulness*. También entendimos lo que es la atención y cómo funciona. Veamos ahora cómo usar la atención positiva para cambiar. Ésta tiene que ver con adónde tú, de manera consciente, rediriges tu atención para cambiar. Al hacer esto, se inicia el proceso de neuroplasticidad autodirigida. Es decir, se construyen nuevos circuitos neuronales y nuevas conexiones entre neuronas del cerebro. Tu cerebro se reesculpe y cambia. Cuanta mayor densidad de atención, mayor la neuroplasticidad, mayor el cambio.

Definamos densidad. Es la cantidad de veces que prestas atención a eso que quieres cambiar. Y también es la calidad de la atención. La calidad de focalizar en algo está asociada con el uso de la energía, que está directamente relacionada con tu involucramiento emocional con aquello a lo que le estás prestando atención. Es decir, cuanto más te interesa, más te gusta, más motivado estás, mayor será la calidad de atención en esos circuitos. Por ejemplo, quieres

aprender un idioma nuevo para ti, chino mandarín. Eso significa cambiar, incorporar un nuevo software, nuevos circuitos que antes no había, en tu cerebro. Imaginemos estos dos escenarios de cambio. Escenario 1: vas a tomar clases de una hora y media de chino dos veces por semana durante un año. Escenario 2: te vas solo cuatro meses a trabajar a China, donde nadie habla español ni ninguna otra lengua que domines, es decir, te las vas a tener que arreglar para comunicarte. Claramente en el segundo escenario la densidad de tu atención en el idioma chino será mucho mayor. La cantidad: todos los días a toda hora, en el trabajo, la radio, la tele, el supermercado, la vida social, chino, chino, chino. La calidad: si quieres hacer un buen trabajo allí y comunicarte con la gente, tener una vida social, vas a estar interesado en aprender, y lo más rápido posible. Eso será calidad en tus circuitos. Dicho fácil: **cuanto mejor te hace sentir eso a lo que le prestas atención, más atención le prestas.** En cuatro meses allí aprenderás mucho más que en un año en tu país. Dicho de otra forma: veinticuatro horas, los siete días de la semana de chino *versus* tres horas por semana. A mí me sucedió cuando viajé a Francia, sin hablar francés, para realizar mi doctorado. Recuerdo haber bajado del avión y, antes de tener un lugar donde dormir, ya estaba tomando mi primer curso de virología en la universidad, y en francés, el cual obviamente ni sé de qué se trató. Pero me encantaba el idioma y me entusiasmaba la idea de desarrollarme, crecer profesionalmente y conocer gente, con lo cual en pocos meses lo hablaba y entendía muy bien. Y eso que hubiese podido hacer todo en inglés, incluso mi vida social. Mucha densidad de atención en el idioma. Sin embargo, en esos años de doctorado fui enviado a Dinamarca por un par de meses a realizar una cooperación científica entre laboratorios y universidades. No tenía muchas ganas de moverme del Mediterráneo francés al frío y noche eterna de la puntita norte danesa. Sin embargo fui, no tenía opción. No aprendí ni una sola palabra en danés. Literalmente no le presté nada de atención ya que no me interesaba. Lo opuesto a lo que me había sucedido en Francia. Querer, algunas veces, es poder. Pero, como mínimo, siempre ayuda a poder.

Cerebro cuántico

Ya sabemos que el cerebro está compuesto por neuronas que se comunican entre ellas a través de señales electroquímicas. Estas señales son producto del movimiento de iones de elementos como el sodio, el potasio y el calcio. A su vez, para que estos iones se muevan, necesitan pasar a través de las neuronas por las dendritas y axones, y para ello deben atravesar canales que son apenas más grandes que el ancho de un ion. Por lo tanto, para que un ion atraviese el canal para entrar en una neurona, éste tiene que tener una posición, velocidad y dirección adecuadas que le permitan entrar. Debido a que esta interacción entre el ion y el canal se lleva a cabo en escalas cuánticas, está sujeta a probabilidades. Con escala cuántica nos referimos a partículas de tamaño menor o igual al

de un átomo. Así es, los científicos expertos en *quantum* –aparentemente la cosa más pequeña del Universo– aseguran que el cerebro está sujeto a las leyes de la física subatómica, de la física cuántica. Fue el físico alemán Werner Heisenberg quien se dio cuenta de que las reglas de la probabilidad que gobiernan las partículas subatómicas provocan una paradoja: cuando uno quiere estudiar el comportamiento de una partícula, no puede conocer su localización y su velocidad a la vez, porque cuando uno como observador utiliza un instrumento para evaluar estos dos factores en un sistema –sistema es un conjunto de partículas–, inexorablemente el instrumento afecta el sistema y cambia el comportamiento de la partícula que se quiere investigar. Esto es lo que se conoce como "principio de incertidumbre". Este principio se aplica a partículas muy pequeñas. Por ejemplo, en una habitación hay un hombre con los ojos vendados y una pelota que se mueve a lo largo de la habitación. El hombre va tanteando con los pies el piso con el objetivo de saber dónde se encuentra la pelota. En el momento en que, por azar, se cruza con la pelota, la toca con el pie y desvía el camino de la pelota, alterando su dirección y velocidad. Por lo tanto, cuando el hombre logra saber dónde se encuentra la pelota, inevitablemente deja de saber hacia dónde iba y a qué velocidad porque ya la cambió. En el caso de la medición de electrones y partículas del tamaño de un átomo o menor, como los iones que hacen comunicar a las neuronas, pasa lo mismo. Para medirlas hay que hacer que un fotón –partícula de luz– choque contra ellas, produciendo un

cambio, de manera similar a lo que le sucedió al hombre con la pelota. En estas condiciones se utiliza la mecánica cuántica para predecir el comportamiento de las partículas. Es decir, existe una probabilidad de que el ion logre atravesar el canal, como también una probabilidad de que no lo logre. Es por ello que se dice que procesos que ocurren en el cerebro están sujeto a las leyes de la física cuántica. Pero volvamos a la atención.

Un efecto interesante relacionado con el principio de incertidumbre es el conocido como Zenon Quantum Effect (ZQE). En español, efecto zenón cuántico. Este principio fue descrito en 1977 por el físico George Sudarshan, de la Universidad de Texas. El ZQE plantea que si uno mide la posición de una partícula repetidamente, en intervalos infinitamente pequeños, uno puede impedir que la partícula cambie de estado. La observación constante de la posición de una partícula afecta la velocidad con que ésta se mueve, disminuyendo su tasa de cambio. Este efecto fue verificado experimentalmente varias veces desde su postulación. En 2005, los científicos Henry Stapp y Jeffrey Schwartz (el mismo de los pacientes con TOC) trasladaron el concepto de ZQE a lo que sucede cuando prestamos atención a nuestra experiencia mental. Desde el punto de vista neurocientífico, el ZQE implicaría que si uno presta atención de manera repetitiva a una experiencia mental determinada, se logra mantener activados los circuitos cerebrales que producen esa experiencia, es decir, evita que cambien. O sea que, focalizar la atención en algún pensamiento, sensación o emoción, estabiliza

los circuitos cerebrales asociados a ellos y los mantiene dinámicamente activados. Se “fortalecen”. Con el tiempo, estos circuitos pueden eventualmente pasar de ser conexiones químicas temporales a cambios físicos estables de la estructura del cerebro. Lo interesante de este planteo es que la mente o el aspecto psicológico del ser humano pasa a tener relevancia a nivel físico. Éstos podrían ser los cambios que derivan de nuestras decisiones. En definitiva, el ZQE, desde la perspectiva de Schwarts y Stapp, explica cómo la forma en que focalizamos nuestra atención influye directamente sobre la actividad de nuestro cerebro. Por lo tanto, la física cuántica nos abre una puerta para integrar a nuestros pensamientos en el mundo material en el que vivimos. En la literatura científica sobre distintas terapias existe evidencia de que el esfuerzo direccionado y el entrenamiento logran cambios sistemáticos y predecibles en la función cerebral. Y esto es justamente lo que la física cuántica puede explicar a través del ZQE.

Por ejemplo, el equipo del doctor Ochsner, de la Universidad de Columbia, realizó un experimento que permite demostrar que la forma en que una persona dirige su atención afecta tanto a su experiencia de la realidad como al estado de su cerebro. Estos investigadores separaron a un conjunto de personas en dos grupos y se los hizo pasar por dos fases. La primera fase fue de entrenamiento: a ambos grupos les mostraron imágenes emocionalmente impactantes, por ejemplo, un asesino matando a una mujer. Al grupo 1 se le enseñó a atender pasivamente y reportar sus emociones tal como las per-

cibía al ver la foto. Al grupo 2 se le enseñó a reinterpretar esas imágenes para que el impacto emocional fuera menor, por ejemplo, focalizar la atención en pensamientos como "eso más que sangre parece salsa de tomate". Luego se pasó a la segunda fase, en la que se midieron las respuestas neuronales con resonancia magnética nuclear de los participantes mientras observaban las imágenes desagradables, debiendo cada grupo interpretarlas como aprendió en el entrenamiento de la primera fase. Los resultados mostraron que el grupo que atendió pasivamente a sus emociones mostraba una mayor activación en áreas emocionales como el miedo. Por el contrario, los individuos del grupo 2, que aprendieron a reinterpretar el contenido de las imágenes, para que no generasen una respuesta emocional negativa presentaron mayor activación en áreas del córtex prefrontal, justamente las áreas de pensamiento superior relacionadas con la actividad mental más racional. A su vez, este grupo presentó una disminución de las emociones negativas. Estudios y resultados similares a los experimentos de Davidson con las fotos de los bebés con tumores que vimos al principio del capítulo. En conclusión, se demuestra que **el modo en que uno decide prestar atención impacta directamente en la determinación de qué áreas del cerebro se van a activar**. Como diría mi abuela, "Cuanto más prestas atención a las cosas malas, más cosas malas te pasarán".

Para seguir sumando a estos conceptos, el matemático estadounidense John von Neumann formuló una teoría que da cuenta de cómo la mente del ser humano

voluntariamente puede alterar sus patrones cerebrales y, de esta manera, al mundo físico del cerebro. En la teoría de Von Neumann encontramos tres procesos distintos: el Proceso Dos (sí, ya sé, es raro, pero empieza con el número dos) es el proceso cuántico que consiste en el cambio de un sistema de un estado a otro, lo que genera un conjunto de mundos posibles. En la física cuántica se habla de probabilidades, por eso a partir de una causa tenemos varios efectos posibles con distintas probabilidades, de los cuales uno solo se actualiza. A eso nos referimos cuando decimos "mundos posibles".

Por ejemplo, imaginemos que hay una persona sentada en una habitación mirando una película de terror y justo está observando una escena de tensión donde de repente aparece el asesino. En un primer momento, la persona está sentada tranquila mirando la película; luego, en un segundo momento, frente a la aparición del asesino en la película, la persona puede: asustarse mucho, asustarse poco o no asustarse (cada posibilidad implica un correlato de activación neural específico: poca activación de áreas emocionales, mediana activación, mucha activación). Tenemos tres mundos posibles que dependen de la reacción que tome la persona. Luego, sucede el Proceso Uno, que es la elección humana de una posibilidad dentro del conjunto de posibilidades –o mundos posibles–. En nuestro caso, la persona puede decirse a sí misma: "Esto no me asusta porque es una película"; "No me tendría que asustar pero qué miedo me da el asesino"; o "¡Qué horror! El asesino va a matar a la chica". En este proceso,

el rol importante lo tiene la elección de la persona sobre a qué pensamiento o estado cerebral prestar atención. El Proceso Tres, finalmente, es llevado a cabo por la naturaleza, que le da información al ser humano respondiendo "sí" o "no" a su elección. En nuestro caso, la naturaleza le demostraría a nuestra persona que efectivamente asustarse no tiene sentido porque es sólo una película y el asesino no es de verdad. Con lo cual la respuesta de la naturaleza sería: "Sí, esto es sólo una película".

En el Proceso Uno es donde entra la voluntad del ser humano, que decide mantener un modelo mental, por ejemplo, "Esto no me da miedo porque es sólo una película". Este proceso implica una elección que no responde a las leyes de la física, porque la elección no está hecha de materia pero tiene un efecto definitivo sobre el cerebro del que elige. La elección libre de las personas es vista por la física cuántica como subjetivamente controlable, es decir, no hay una ley física que dé cuenta de cómo tú decides mantener o no un determinado estado mental, pero sí da cuenta de cómo el mantenimiento de ese estado mental produce cambios físicos en la estructura del cerebro y consecuentemente en tus conductas y a gran escala, en la naturaleza.

Otra forma de verlo sería: "Las preguntas que te haces influyen en las respuestas que aparecen en tu mente". Es decir, creas tu propia realidad a través de la naturaleza consciente o inconsciente de tu diálogo interno. Si yo te pregunto "¿Entendiste qué es la atención positiva?", tú vas a activar ciertos circuitos neuronales para buscar la

respuesta a mi pregunta. Pero si te pregunto si fui claro al explicar lo que es la atención positiva, seguramente serán otros los circuitos que se activarán, a pesar de que las dos preguntas son casi la misma. Esto está ocurriendo todo el tiempo durante tus diálogos internos. Eliges prender o no ciertos circuitos neuronales. Recuerda que cuanto más los enciendas, más recibirás en tu vida de eso. Prendes miedo, tendrás miedo; prendes chino, aprenderás más rápido chino. Como vimos en el capítulo de expectativas sobre cómo el estilo explicativo que tienes sobre las cosas que te suceden puede ayudarte o perjudicarte a cambiar, veamos ahora la neurociencia detrás de esos estilos cuando dialogas contigo mismo. Esos diálogos internos van a crear tu propia realidad.

¿Estás en *default*?

Si tomas conciencia de qué está haciendo tu mente y tratas de buscar en ella calma, tranquilidad, te darás cuenta de que la mente es un lugar muy ruidoso. Está muy ocupada en un diálogo interno, yendo y viniendo del pasado al futuro y empujándote lejos del presente. Si te pones a pensar con cuidado, verás que ese estado constante de distracción interna en general te lleva a sentirte disconforme, un poco ansioso o estresado, malhumorado con tu situación actual, con el tiempo presente. Es como si "alguien" te arrastrara fuera de tu experiencia directa del tiempo presente hacia un lugar de estrés y sufrimiento. La

neurociencia hoy puede ver bajo resonancia magnética qué le pasa al cerebro, qué áreas son las que se encienden y cuáles se apagan durante ese estado de "reposo" o *default* de la mente, es decir, cuando no estás haciendo nada, sin utilizar tu atención consciente sobre una actividad o pensamiento determinado. La gente entra al resonador y se le dice que no haga nada: "Descansa tu mente". Lo primero que se observa es que, cuando pones la mente en reposo, el cerebro se vuelve mucho más activo. En lugar de irse a dormir, muchos sistemas del cerebro se activan en simultáneo. Éstas son las áreas que producen lo que conocemos como "diálogo interno" y sus respectivas distracciones. Éste es el estado de *default* universal, el estado de reposo de la mente, cuando no estás prestando atención a nada específico. El reposo o *default* no es un estado real de silencio o descanso o lo que algunos llamamos "de paz mental".

Durante este estado se encienden principalmente cuatro áreas del cerebro que producen cuatro actividades mentales. La primera es un área que comenta todo lo que estamos experimentando en el momento presente. La mente produce una opinión de todo lo que pasa a tu alrededor y en general lo hace criticándote a ti mismo o a los demás, en lugar de buscar lo bueno o positivo. Por ejemplo: "Está haciendo frío", "Qué duro fue mi jefe en la reunión esta mañana", "Uy, qué tarado soy, me olvidé de llamar a mi madre", "Por qué se pone esos pantalones para venir a trabajar, qué desubicada", etcétera.

Es como un diálogo interno que te dice qué es lo que está mal en este momento de tu vida. Sin embargo, a veces te puedes proponer, con tus pensamientos, alternativas de ese escenario negativo que te estás creando para que puedas sentirte mejor y seguir adelante con tu día. "Seguro que más tarde sube un poco la temperatura", "Mi jefe debería disculparse por lo que hizo", "Bueno... no es grave, llego a casa y lo primero que hago es llamar a mi mujer", "La semana pasada se vino toda fluorescente, qué mal gusto, no entiende nada de moda". Es decir, sin hacer un verdadero esfuerzo, tu mente está diseñando una realidad alternativa de cómo las cosas deberían ser para ti.

Una segunda actividad que hace la mente en simultáneo al diálogo interno es viajar en el tiempo. Esto se observa en los escáneres al activarse áreas del cerebro involucradas en recordar cosas específicas que te pasaron en el pasado, y en paralelo, con áreas que te transportan a imaginarte diferentes escenarios, es decir, el futuro. Te creas una fantasía recordando cosas que te pasaron y proyectándolas hacia el futuro imaginando qué podría pasarte. Mientras viajas internamente, te pierdes muchas cosas que están pasando en el presente, como viviendo en otra parte.

Una tercera área activa en estado de reposo de la mente es la responsable del proceso de autorreferencia. Aquí lo que sucede es que sea lo que fuere que el cerebro elige pensar –presente, pasado o futuro–, está permanentemente tratando de interpretar esa información con relación a quién eres. De esta forma va creando una iden-

tidad, trata de fortalecer el sentido de quién eres como individuo: "Yo soy la clase de persona que...", "A mí me gusta mucho... y no me gusta...", "Los demás deberían tratarme de esta manera porque así soy yo".

La cuarta actividad es conocida como cognición social o pensar en otras personas. Hay muchas formas de hacer esto. A veces te preguntas qué pensarán de ti, o tú de ellos, y los pones en categorías: amigo, enemigo, jefe, menos inteligente, no me importa, etcétera. Pasas mucho tiempo pensando en ti en relación con los demás, comparándote: "¿Lo hace mejor que yo?", "¿Tiene más que yo?", "¿Es más atractivo que yo?"

Estas cuatro actividades las hace el cerebro simultáneamente sin que tú le pidas o quieras hacerlo cada vez que tu atención se diluye del momento presente, cada vez que dejas la mente "descansar". Muchos de estos momentos causan estrés, malestar, sufrimiento. El estado de reposo de la mente o estado de *default* entonces no es un reposo como el que conocemos: tranquilidad, paz, silencio, bienestar. En el cerebro, es más bien perderte del presente y sufrir un poco, y a veces, mucho. Es evidente que cuando reactivas tu mente en alguna actividad que te requiera foco y atención, sales inmediatamente de ese estado (leer un libro, conversar con alguien, mirar una peli, ponerte a trabajar, practicar deporte, etcétera).

Estudios neurocientíficos muestran, por ejemplo, que personas depresivas viven más tiempo atrapadas en este estado de *default*, incluso cuando tratan de involucrarse en alguna actividad que les requiera foco y atención y

que les provea cierto alivio. Además, cuanto más difícil es para estas personas salir de ese estado, peores son los síntomas, más deprimidas se sienten. Lo mismo ocurre con quienes sufren de mucha ansiedad o de síndrome de estrés postraumático. Sin embargo, sabes lo que es estar atrapado en ese estado y esto genera un real problema cuando quieres hacer un cambio en tu vida. Acércarte a la idea de cambiar algo desde el estado de reposo de la mente puede jugarte una mala pasada. Si usas el estado de *default*, con sus cuatro actividades principales a flor de piel, para ayudarte a orientar el cambio que quieres, en general te convencerás de que el cambio no es posible. Otra cosa que sucederá es que estarás orientado primero a cambiar cosas del mundo exterior, antes que ocuparte de cambios que puedes hacer tú, en tu comportamiento, pensamientos, reacciones y hasta en tu relación con las experiencias que estás teniendo en la vida.

Las teorías de neurociencia y evolucionistas más aceptadas de por qué hay tanto ruido y muchas veces sufrimiento, y de por qué no podemos cerrar los ojos y descansar la mente, argumentan que el estado de *default* evolucionó para permitirnos sobrevivir en un mundo cada vez más dinámico. Con tribus cada vez más complejas, peligros y amenazas ambientales y depredadores, seguramente estaba bueno tener un cerebro que cuando no estaba haciendo nada se dedicaba a tratar de resolver problemas que todavía no ocurrieron. Por ejemplo, si no hay ningún leopardo persiguiéndote, es bueno que pienses dónde estarán los leopardos o qué harías si te

encontraras con uno. Parece que el estado de *default* evolucionó de manera favorable para protegernos de amenazas futuras y resolver conflictos sociales, ya que estamos pensando constantemente qué estarán pensando los otros sobre nosotros. Si miramos el lado positivo del estado de reposo, no podemos ignorar que, más allá de las cuatro actividades principales que describimos y que muchas veces nos traen más insatisfacciones que otras cosas, durante este estado la mente también puede resolver problemas y ser muy creativa, algo que sin duda sigue siendo muy valorado, pero que cien mil años atrás probablemente era indispensable para sobrevivir. Es también durante esos momentos de reposo de la mente que te desarrollas teniendo nuevas ideas.

Ser alternativo

Expertos neurocientíficos han encontrado que existe un estado *alternativo* de la mente que no se la pasa evaluando ni escapando, sino más precisamente relacionándose de manera directa y con toda la atención y foco en las experiencias que estás viviendo en el momento, en el tiempo presente. Este modo alternativo lo componen los circuitos conocidos como de la experiencia directa. Es el estado que alcanzas al practicar la técnica de atención plena. Utilizando todos los recursos del cerebro, toda tu capacidad de atención, para vivir una experiencia o actividad, sea cual fuere, positiva o negativa, puedes aprender más

de esa experiencia o actividad y mejorar y desarrollarte como persona. Es decir, escapándote de lo que te sucede no aprendes nada, más bien sufres un poquito más.

Al mirar con escáneres los cerebros en modo alternativo, se observa un incremento de actividad en todas las regiones que procesan lo que sucede en tiempo presente y baja o nula actividad en áreas del diálogo interno o comentarios, el pasado o futuro. O sea, aumenta la actividad que procesa lo que ves, lo que oyes, lo que hueles, lo que sientes en tu cuerpo, como las sensaciones físicas y las emociones. También aumenta la actividad del área que controla la atención, justamente los circuitos responsables de permitirte focalizar en lo que estás viviendo en ese momento al ciento por ciento, sin perderte en tus comentarios, diálogos internos o viaje por el tiempo. Pero, más interesante aún, los estudios neurocientíficos que permitieron descubrir este modo alternativo se realizaron con personas que habían sido entrenadas en meditación o la ya conocida técnica de atención plena. Curiosamente, a aquellos no entrenados en alguna de estas técnicas o similares les resulta muy difícil, por no decir imposible, activar este modo alternativo de forma exclusiva, sin tener interferencias del diálogo interno, críticas, viaje por el tiempo, etcétera, del modo de *default*.

Ya venimos hablando seguido sobre el poder de la meditación. Desde la ciencia, hoy sabemos que la meditación interviene en al menos tres cambios centrales en el circuito de *default* de las personas que practican esta disciplina.

1. Si son distraídos de la experiencia directa cayendo en el estado *default* de la mente, la recuperación –vuelta a la estado experiencia directa– es más rápida que en aquellos que no meditan. Es como si desarrollaras un estado de conciencia interna que te permite que, cada vez que caes en el *default*, te des cuenta de esto y vuelvas al estado de experiencia directa. Es decir, de manera consciente puedes elegir salir de un estado para volver a otro.
2. Los meditadores transitan su vida utilizando durante mucho menos tiempo el estado de *default*. Además, sus áreas de viaje en el tiempo, diálogo interno y cognición social están menos activas en general.
3. Sus regiones cerebrales involucradas en la experiencia directa –ver, oír, sentir, etcétera– son más densas, o sea, más y mejores conexiones, porque las usan más prestando mucha atención a ellas.

En definitiva, la meditación te ayuda a cambiar tu relación con el estado de *default*. Por un lado, te permite ver lo que hace tu mente en ese estado, ver tus pensamientos. Esto te hace tomar distancia de los pensamientos y entender que no son interpretaciones perfectas de la realidad sino hábitos de la mente. El solo hecho de que seas consciente de esto te permite no creer que todo lo que piensas es lo que te pasa, que hay algo malo o negativo con tu vida –como te dirían tu diálogo interno y tu cognición social–. Meditar entonces no se trata necesariamente de

silenciar esos pensamientos. Distanciarte de ellos hará un gran beneficio a tu bienestar mental. Meditar es, entonces, desde una mirada neurocientífica, aprender de tu estado de *default* de la mente y, al mismo tiempo, fortalecer el estado alternativo de experiencia directa.

En conclusión, cuando diriges tu atención a eso que te importa, tu cerebro subatómico comienza a hacer conexiones que literalmente diseñan los cambios que quieres y la realidad que ansías ver. La atención crea un fenómeno que permite a los átomos lograr una estabilidad dinámica o cambio positivo. ¿Te suena? En otras palabras, si observas repetidas veces algo, permites que ciertas moléculas queden retenidas, y de esta manera creas la realidad a la que estás focalizando. Esto es bien distinto de otro tipo de atención cerebral básica, la involuntaria. Esta última ha evolucionado como mecanismo de supervivencia ya que no tienes que gastar energía pensando a qué le tienes que prestar atención. La atención involuntaria se dispara cuando cualquier cosa te pone en peligro. Es la atención que usas para aquello que es lo más importante y urgente que te está pasando en la vida en ese momento. Es por esto que prestas inmediata atención a cualquier peligro como neumáticos frenando en el asfalto, sonidos de accidentes, el olor a humo, luces que parpadean, aullidos de predadores, etcétera. Dados el contexto y las presiones naturales, tu cerebro evolucionó de manera tal de prestarles atención a aquellas emociones negativas más que a las positivas, puesto que el dolor de esas emociones te empuja a querer resolverlas. Ni siquiera tienes que pensar en prestar aten-

ción al miedo, culpa, enojo, ya que cualquier cosa que pueda sonar peligrosa automáticamente le prestas atención cerrándote a otros eventos de tu alrededor.

En definitiva, **para lograr el cambio, tu atención consciente debe coincidir con tus intenciones y expectativas.** Al hacer esto, comienzas a crear el próximo momento, es el primer paso de muchos momentos sucesivos. La atención tiene dos momentos de selección. El primero es llevar tu energía a algo que tú quieres focalizar y el segundo es inhibir la energía de las cosas que suceden alrededor de eso. Para que tu cerebro focalice en algo, primero debe suprimir los ruidos que rodean ese algo. Cuando logras estar focalizado sólo en eso, se convierte literalmente en tu única realidad cerebral y todo lo de afuera queda excluido. No puedes aprender bien chino si al mismo tiempo estás jugando Playstation. Te lo repito: para lograr el cambio tu atención debe coincidir con tus intenciones. Cuando no prestas atención a tus intenciones, entonces estás literalmente inconsciente a eso que dices que quieres, y en ese estado actúas bajo procesos dominantes y automáticos. Nada nuevo, no hay cambio.

El peligro en esta sociedad es que hay demasiados estímulos compitiendo por nuestra limitada atención: computadoras, teléfonos celulares, redes sociales, requerimientos en el trabajo, etcétera. Como resultado, muchas veces estás distraído por las demandas del trabajo, familia, presiones sociales, horas en el tráfico, deportes, socializar, y tienes poca densidad de atención hacia eso que quieres cambiar. Algunos estudios indican que en tu vida

tienes una capacidad limitada de atención de 173 mil millones de bits de información. ¡A utilizarla mejor!

No te pegues

Tras varios experimentos neurocientíficos con personas muy diferentes se concluyó que a la gente le parece mucho más fácil ser más duro y crítico que tener cierta compasión o consideración con uno mismo. La autocrítica con látigo en lugar de con esponja. La gente cree más en los mensajes fuertes que en las palabras suaves. Sin embargo, hay gente que es dura consigo misma cuando se critica pero que puede y sabe ser muy considerada y comprensiva con otras personas. Quizá las razones para este típico comportamiento humano es que, como vimos, en el estado de *default* nuestro cerebro tiene una preponderancia hacia lo negativo. Es como si tu cerebro estuviera construido para mirar más lo que está mal que lo que está bien. Para muchos de nosotros, darnos con el látigo, sobre todo luego de un fracaso, error o mal momento, es motivador del cambio. Si somos duros con nosotros, si nos hacemos sentir mal sobre lo que pasó, sobre lo que hicimos o no hicimos, sobre quiénes somos o quiénes deberíamos ser, de alguna forma toda esta crítica destructiva nos va a llevar a cambiar, o al menos a encontrar la fuerza y la motivación para cambiar. Ésta es una creencia muy profunda en muchas personas (y en empresas, ni te cuento).

Quizá cuando eras chico te han retado muy fuerte para cambiar algún comportamiento, para explicarte qué estaba bien y qué estaba mal. Pero ahora, como adultos, esa crítica te perturba mucho más de lo que te ayuda. Hoy existe una cantidad enorme de evidencia científica que concluye que cuanto más duro eres contigo mismo al tratar de cambiar algo en tu vida, y sobre todo si te está costando cambiar, menos posibilidades tienes de lograr ese cambio y más posibilidades de renunciar definitivamente a seguir tratando de cambiar. Cuando se miran por escáneres los cerebros durante la autocrítica, se observa que dos áreas particulares se activan, unos circuitos llamados de la autoinhibición, que son los responsables de poner un freno para que no tomes ningún tipo de acción. Así, imposible cambiar. Es como si el cerebro te protegiese de ti mismo diciéndote que, por las dudas, no hagas nada. Los otros circuitos son áreas que se encienden cuando alguien te está amenazando o retando. Entonces, según la activación cerebral que se observa, al criticarte es como si te pusieses un chaleco de fuerza que te impide actuar, y al mismo tiempo te sientes como en una especie de penitencia, desmoralizado, lo opuesto a motivado. Durante la autocrítica no se activan áreas involucradas en recordarte tus objetivos, tomar acciones positivas o hacer cambios. Criticarte duro es como ponerte en prisión, que por cierto no es un ambiente óptimo para cambiar. Sólo te hace sufrir más, enojarte y hasta creer que te será imposible cambiar algo, algún día, de ti o de tu vida.

Además, la gente que es más dura consigo misma durante una autocrítica tiene menos motivación y menos

control sobre sus acciones que aquella más comprensiva. En lugar de ser duro contigo, necesitas ser más consciente de tus acciones y de lo que haces, y que esto sea, además, consistente con tus valores y objetivos. Usar esa conciencia para guiar tus comportamientos y redirigir hacia lo que quieres a largo plazo cuando descubras que te alejaste del camino. Desviarse del camino o descarrilar no requiere ser duro y súper crítico, tampoco deberías sentirte avergonzado si sucede. Ya lo dijimos varias veces: cambiar es fallar. Peor aún, cuanto más duro eres contigo al criticarte, con más frecuencia actúas a través de hábitos automáticos que no son buenos para tu bienestar a largo plazo. Estos comportamientos frecuentes derivados de tus hábitos, como veremos en el último capítulo, son en general una estrategia para sobrellevar el estrés o para tratar de dejar de sentirte mal, pero sólo a cortísimo plazo. Abrir el refri y comerte todo lo dulce que haya, ir de compras, fumar, drogarte, quedarte sin hacer nada, etcétera, todos son comportamientos que activan tu sistema de recompensa cerebral y te dan placer casi instantáneo, pero que seguramente no encaja con los objetivos y deseos que tienes para ti y tu bienestar a largo plazo.

Finalicemos este viaje ahora entendiendo cómo decirles NO a esos hábitos que te conducen al placer o al alivio casi instantáneo, pero que no encajan con los objetivos y deseos que tienes para ti, o sea, los que no te dejan cambiar.

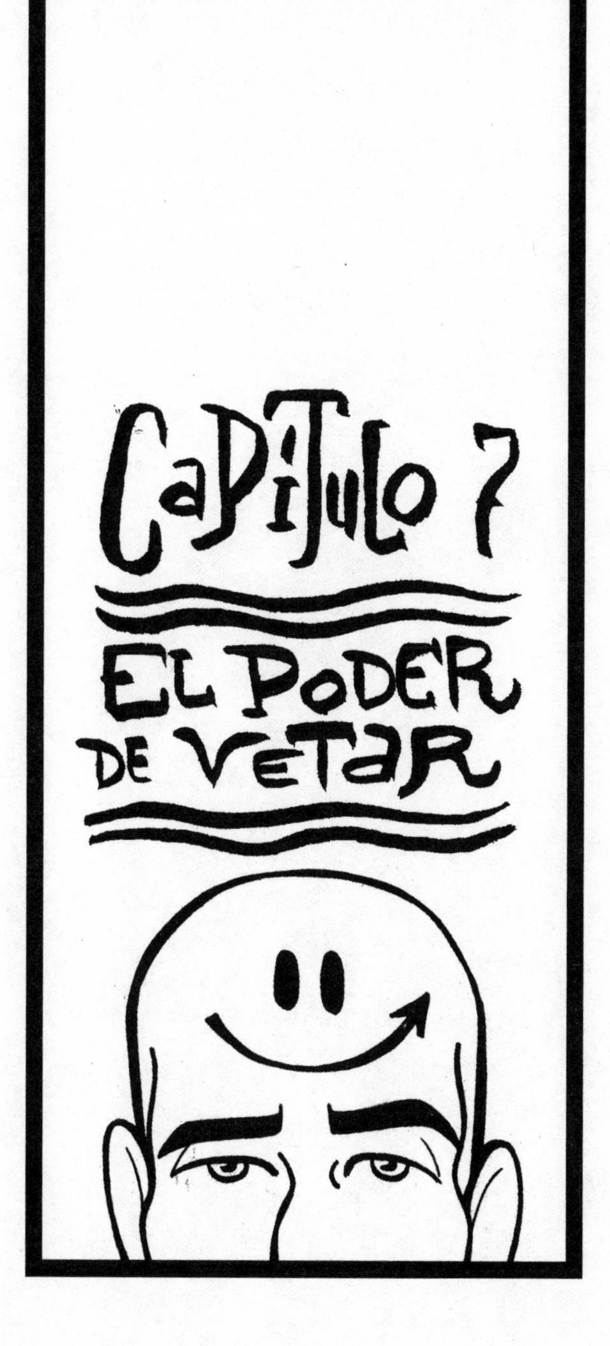
CAPÍTULO 7
EL PODER DE VETAR

Reprogramar tu cerebro

No todo lo que encaramos puede ser cambiado,
pero nada puede ser cambiado si no es encarado.
JAMES BALDWIN

Tus 0.2 segundos

Ya sabes que el cerebro hace nuevas conexiones basado en el uso repetitivo: tus experiencias. También aprendiste que si repites un pensamiento o comportamiento lo suficiente, prestándole mucha atención, su representación a nivel cerebral se fortalecerá estableciendo un nuevo mapa o circuito y se convertirá en automático: es así cómo se forman los hábitos. En efecto, cuanto más seguido realizas una acción, más fuertes se hacen las conexiones neuronales para esa acción, entonces, más difícil será modificarlos. Cuando aprendes a hacer algo (o pensar o sentir), las conexiones neuronales responsables de esa acción (o pensamiento o emoción) son como una cuerda que, con las repeticiones, se convierte en un cable de acero. Podría pensarse que cambiar es romper ese cable pero, como veremos con el poder de vetar, hoy la ciencia tiene evidencia de que, más que romperlo, lo cambiamos por uno nuevo. En este caso, uno más saludable o más orientado a tus expectativas e intenciones.

Eso que quieres cambiar. Cuando hayas cambiado, habrá otro cable nuevo.

Te propongo que conozcas una habilidad que tiene la mente para, llegado el momento automático de reaccionar con un hábito frente a un estímulo, puedas generar elecciones alternativas –nuevas cuerdas– para reemplazar esos viejos hábitos y patrones de pensamiento, emociones y acciones que no te hacen bien, a las que llamaremos malos hábitos.

Si prestas mucha atención a tu día, verás que la mayoría de las acciones que realizas no las piensas, son involuntarias. Es decir, conscientemente no decides con tu córtex prefrontal, que le da la orden al córtex motor de hacerlas. Por ejemplo, mientras tecleo en la compu, es obvio que decido qué letra apretar. Estoy pensando qué escribir: mi córtex prefrontal le da la orden a mi córtex motor para que mis dedos aprieten ciertas teclas y no otras para formar así estas palabras que estás leyendo. Pero mientras hago esto, cada tanto agarro un vaso de licuado de naranja y durazno y tomo algunos sorbos. Esas dos acciones (agarrar el vaso y llevarlo a mi boca) no las pienso, suceden. O sea, por momentos me encuentro tomando licuado y podría decirme: "¿Cuándo decidí agarrar el vaso?" Fue mi cerebro el que decidió. Como hemos visto a lo largo del libro, nuestro cerebro decide, sin consultarnos, muchas de las cosas que hacemos o dejamos de hacer. No nos pregunta si queremos seguir haciéndolas, si aún son beneficiosas o si se condicionan con nuestras expectativas y objetivos a largo plazo. En-

tonces, esa acción involuntaria es iniciada por el cerebro sin que nos demos cuenta de manera consciente. En 1982, el especialista en neurociencia Benjamin Libet determinó que en el cerebro 0.5 segundos antes de que ocurra la acción involuntaria, se genera una señal eléctrica en el córtex motor, llamada en inglés *readiness potential.* Es decir, la señal eléctrica neuronal de "haz una acción involuntaria" tarda medio segundo en llegar a destino (mano, pie, cuerpo) y ser realizada. Por ejemplo, 0.5 segundos antes de que mi mano agarre el vaso de licuado, desde mi cerebro ya había salido la señal hacia la mano: "Agarra el vaso". Es decir, cuando el licuado entra en mi boca, mi cerebro "sabía" medio segundo antes que yo que eso iba a pasar. ¿Y yo cuándo me entero de que eso está por suceder? Podría enterarme unos 0.3 segundos luego de que la señal de *readiness potential* haya sido iniciada en el cerebro. O sea, puedo ser consciente de la *intención de la acción* que fue iniciada por mi cerebro. Es el espacio de tiempo entre la conciencia de la acción y la realización de la acción. Es decir, me quedan 0.2 segundos (0.5–0.3 = 0.2) para decidir no hacerla. El **poder de vetar es la conciencia que puedo ejercer sobre una acción involuntaria accionada por el cerebro para no realizarla.** Parece poco tiempo, pero es más que suficiente para permitirnos que nuestra conciencia entre en funciones y pueda alterar el resultado de la intención de acción. La mente tiene poder de veto sobre el cuerpo. Libet describió entonces que "como el libre albedrío es iniciado en el cerebro de manera no consciente, uno no tiene por qué sentirse culpable o pecador por el

simple hecho de sentir ansias, urgencias o deseos de hacer algo no social. Pero el control consciente sobre ese posible acto está al alcance de todos, haciendo, entonces, que sí tengamos responsabilidades por nuestros actos". Es decir, tú no tienes que actuar "siempre" de la manera que te sientes (ansias, urgencias o deseos).

Con entrenamiento puedes mejorar el *estar consciente* de tus 0.2 segundos para cambiar una acción: cuando estás por gritarles a tus hijos porque te sacaron de las casillas, frenar y no gritarles, hablarles tranquilo. Cuando estás por encender el cigarrillo en la puerta del bar rodeado de amigos, no lo enciendes, pero entras a pedir un vaso de agua. Cuando tentado por el olor entras en la panadería a pedir una docena de donas, al llegar al mostrador pides una porción de pastel, etcétera. Puedes vetar, decirle que no a una acción, a un hábito, a una señal cerebral que, por comodidad, ahorro de energía y esfuerzo o búsqueda de placer y alivio inmediato, tiende a repetir una acción, emoción o pensamiento. Vetar no sólo significa decir que no a una acción aislada. Hoy sabemos que para cambiar definitivamente esa acción o hábito en tu vida es mucho más eficiente y sostenido a largo plazo reemplazar esa acción o hábito que no quieres más por otro más sano y saludable. Construir un cable nuevo al lado del cable viejo. Si vuelves a leer otra vez mis ejemplos, verás que utilicé alternativas de una acción por otra: hablarles tranquilos, tomar agua, pedir pastel, etcétera. Es decir, lo que estás haciendo al hablarles tranquilo una primera y segunda vez, es construyendo una cuerda, pero si logras sostenerlo en el tiempo —utilizando

tus expectativas, tu atención positiva y repitiendo esa nueva experiencia– se formará un nuevo cable al lado de ese viejo cable –gritarles cuando estás enojado– que ya no te hace bien, que no te deja cambiar. Cambiar sería construir un nuevo hábito sano y orientado a tus objetivos de largo plazo, al lado de un viejo hábito que ya no te sirve. En definitiva, cuando queremos cambiar malos hábitos, sean éstos poco sanos o ineficientes para nuestra productividad y desempeño, tenemos un período crítico de 0.2 segundos para decidir no realizar ese hábito y reemplazarlo por otra acción (pensamiento o emoción). Los 0.2 segundos del poder de vetar a nuestro cerebro inconsciente con nuestra mente. Cada vez que utilizamos este poder de vetar, estamos activando nuestra neuroplasticidad para formar nuevos patrones y conexiones. Pero quizá nuestro desafío más grande sea la sociedad, la cultura y el ambiente, que nos condicionan no a cambiar sino a focalizarnos en mandatos, rutinas y hábitos que nos imposibilitan el ejercitar nuestro poder de vetar. Es decir, no sólo tenemos que manejar mejor nuestro cerebro, sino también esquivar mandatos y formas de hacer las cosas de la sociedad en general.

Entremos en el mundo neurocientífico de los hábitos para entender mejor qué y cómo hacer para cambiarlos.

Ganglios basales

En el cerebro, un hábito se forma en respuesta a un comportamiento que ya hiciste varias veces. El hábito empieza

como un circuito neuronal específico que relaciona un disparador, estímulo o factor desencadenante con un objetivo que luego promueve un comportamiento o acción determinada. Muchas cosas pueden ser disparadores: un pensamiento, una emoción, algo del ambiente, otras personas, una actividad que estás haciendo. Por ejemplo, puede ser que fumes (mal hábito) sólo cuando estás con amigos en un bar (disparador), pero no en otro contexto; o cuando te sientes triste (disparador) vas en busca de algo dulce (mal hábito si te terminas un pastel entero) o vas a hacer algo de actividad física (con moderación es un hábito bueno, si te matas más de lo que tu cuerpo soporta puede lastimarte). Hay algo en este proceso que dispara una necesidad y tú eliges el comportamiento que trata de satisfacer esa necesidad. Cuando lo haces muy seguido, el cerebro entiende rápido y aprende a anticipar que ante un determinado disparador o estímulo tú vas a actuar con una acción muy específica. Lo que sucede es que lo que en algún momento fue una elección consciente y un deseo intencional, luego se convierte en algo automático y veloz, y entonces el cerebro va directamente del disparador al comportamiento y de manera casi instantánea. Y así, ese momento en el que tú querías alcanzar un objetivo, o en el que reconoces que quieres algo y tienes que tomar alguna decisión para esa urgencia, ansia, deseo, se borra de los circuitos neuronales. Es decir, para usar los ejemplos anteriores, al entrar al bar te pones a fumar y cuando estás triste te encuentras en la tienda comprando, pero todo esto sucede ya sin el componente motivacional. Ya no decides tú, decide tu cerebro.

El cerebro evade la motivación y va directo al comportamiento. Esto lo hace porque el cerebro ama conservar energía. Para él es muy eficiente y productivo predecir qué es lo que tú harías cuando te enfrentas a ciertos disparadores o estímulos. Es una forma de simplificar el proceso consciente de "tener" que elegir, que gasta mucha más energía. Y esto ocurre neuronalmente, como vimos, según la Ley de Hebb. La misma, te la recuerdo, establece que cuando algunas neuronas se activan con un mismo patrón repetidas veces, eventualmente forman un circuito. Una vez que ese circuito está establecido, las áreas del cerebro involucradas responden automáticamente cada vez que ocurre una situación similar. Esto causa que el circuito sea cada vez más fuerte, y así se forma y mantiene un hábito. Sería el pasar de la cuerda (neuronas disparando juntas cada tanto) al cable de acero (circuito establecido, neuronas muy fuertemente unidas). Siguiendo los ejemplos, si nosotros relacionamos el estrés con algo dulce y repetimos este comportamiento, el circuito que automáticamente te lleva a la tienda o al refri cuando estás estresado se fortalece, se hace más denso y mejor conectado. Difícil salir de ahí. Mientras esto sucede, el centro de recompensa del cerebro, que pronto veremos cómo funciona, va aumentando su actividad cada vez más, por lo cual tus ansias y urgencias por algo dulce aumentarán cada vez que te estreses. Muy difícil salir de ahí. Lo que antes "calmaba" una porción de pastel, luego de un tiempo va a necesitar tres porciones y luego el pastel entero. ¿Te suena? Cuando llevas diez años yendo a trabajar en

auto por el mismo camino, metro o colectivo (circuito) te lleva mucho más esfuerzo y energía tomar por un camino diferente (cambiar).

Es decir, el cerebro está construido para aprender hábitos y para conservarlos. Para nuestro propósito de cambiar, esto parece malo, pero en realidad es muy bueno porque una de las formas más efectivas de cambiar los malos hábitos es aprendiendo nuevos hábitos para reemplazar los viejos que no queremos o no nos sirven o nos perjudican a largo plazo. Construir nuevos hábitos positivos. Y esto es lo que el cerebro sabe hacer bien: hábitos.

El área del cerebro involucrada en aprender y retener los hábitos son los ganglios basales. Se encuentran geográficamente en el medio del cerebro, muy cerca de las áreas responsables de nuestras necesidades básicas de supervivencia e instintos, como el hambre y la sed. Además, está cerca de nuestra amiga la amígdala, que produce la respuesta al miedo y detecta amenazas disparando nuestro instinto de agresión o autodefensa. Y muy cerca, también, del hipotálamo, que crea los deseos sexuales. ¿Por qué te estoy haciendo un descripción geográfica? Para que veas que tienes un cerebro que dispone muy cerca los circuitos de nuestros hábitos aprendidos con los de nuestros instintos de supervivencia. Eso determina que muchos de tus hábitos estén relacionados con tus necesidades de supervivencia básica. Por eso frente a momentos de estrés y dificultad utilizamos estos instintos.

El ganglio basal también es responsable por aprender y mantener lo que conocemos como memoria de procedimiento. Esto es cuando nos acordamos cómo hacer algo pero sin tener conciencia de ello, como por ejemplo andar en bicicleta o volver a casa desde el trabajo. No tienes que pensar cómo hacerlo, es como un mapa interno que ni necesitas consultar. Sabes de dónde sales, adónde tienes que ir y de repente, como por arte de magia, llegaste sin ni siquiera haber pensado en cómo llegar durante el camino. Estas memorias de procedimiento son las que sustentan todos los hábitos. Es por eso que, a veces, nos encontramos realizando acciones o comportándonos de cierta forma sin haber sido conscientes de que lo estamos haciendo. Por ejemplo, cuando me mudé del barrio de Palermo al barrio de Núñez, en Buenos Aires, durante varios días cuando salía de la universidad para volver a casa mi cuerpo me decía que tenía que ir por Avenida del Libertador hacia el centro, y lo hacía, en lugar de ir en dirección a provincia, donde está ahora mi nuevo hogar. Cuando me sentaba en el auto al salir del trabajo tenía una memoria de procedimiento: "Ir hacia Palermo". Esto es exactamente lo que pasa en tu cerebro cuando, por ejemplo, estás muy triste y de pronto te encuentras comiéndote un pastel, o cuando estás ansioso y le gritas a alguien. Seguro que puedes encontrar tus propios ejemplos. El clásico es encontrarte frente al refri, con la puerta abierta y a punto de comer algo pero no tienes hambre, ni siquiera fuiste consciente de que estabas yendo a la cocina. Finalmente, si bien cuando tratamos de cambiar

hábitos estas memorias de procedimiento son una pesadilla, en realidad es un don de nuestro cerebro poder no gastar tanta energía consciente para la gran mayoría de las acciones de nuestro día.

Además, los ganglios basales están involucrados en establecer el nivel de ansiedad y ayudan a modular la motivación. Si tus ganglios basales están hiperactivos, como en el caso de personas con tendencias o desórdenes de ansiedad, te encontrarás más propenso a sentirte abrumado por situaciones estresantes y tenderás a quedarte "helado" o inmóvil en pensamientos y acciones. Bajo esta hiperactividad de ganglios basales también tiendes a paralizarte frente al conflicto y, como consecuencia, haces lo posible para evitarlo. Cuando los ganglios basales se encuentran hipoactivos –por ejemplo, en personas que sufren déficit de atención (ADD)–, una situación estresante puede motivar a estas personas a la acción. Las personas con ADD son generalmente las primeras en las escenas de accidentes y responden a situaciones estresantes sin miedo. El aumento de la tensión muscular relacionada con la actividad de los ganglios basales se asocia generalmente con los dolores de cabeza. Algunas personas con fuertes dolores de cabeza presentan intenso aumento de actividad en ciertas áreas de los ganglios basales. Esto aparentemente ocurre en dolores de cabeza causados por contractura muscular –dolor detrás del cuello o en una franja tirante en la frente– o migrañas y dolor de cabeza punzante que puede estar precedido por un aura visual u otro fenómeno de advertencia.

FUNCIONES DE LOS GANGLIOS BASALES
Integración de sentimiento y movimiento. Cambiar y suavizar comportamientos motores finos. Suprimir comportamientos motores no deseados. Establecer el nivel de ansiedad del cuerpo. Modular la motivación. Mediar entre el placer y el éxtasis.

PROBLEMITAS EN LOS GANGLIOS BASALES
Ansiedad, nervios. Ataques de pánico. Sensaciones físicas de ansiedad. Tendencia a predecir lo peor. Evitar el conflicto. Tics, síndrome de Tourette. Tensión muscular, dolores. Problemas motores finos. Dolores de cabeza. Baja o excesiva motivación.

Las siguientes recomendaciones pueden ayudarte a optimizar tus ganglios basales. Están basadas en datos específicos de los ganglios basales y en experiencias clínicas con pacientes.

MATA LOS PENSAMIENTOS QUE PREDICEN SÓLO LO NEGATIVO
Las personas que tienen problemas en los ganglios basales son expertas en predecir lo peor. Tienen muchos pensamientos automáticos negativos para predecir el futuro. ¿Te acuerdas de las ANT? Aprender a sobrellevar la tendencia a las predicciones pesimistas es muy útil para curar esta parte del cerebro. Muchas personas dicen ser pesimistas porque creen que si esperan lo peor de una situación, nunca estarán decepcionadas. Puede ser que no se decepcionen, pero probablemente mueran antes. El estrés constante provocado por las predicciones negativas baja la efectividad del sistema inmunológico y aumenta el riesgo de enfermarse. Ya vimos

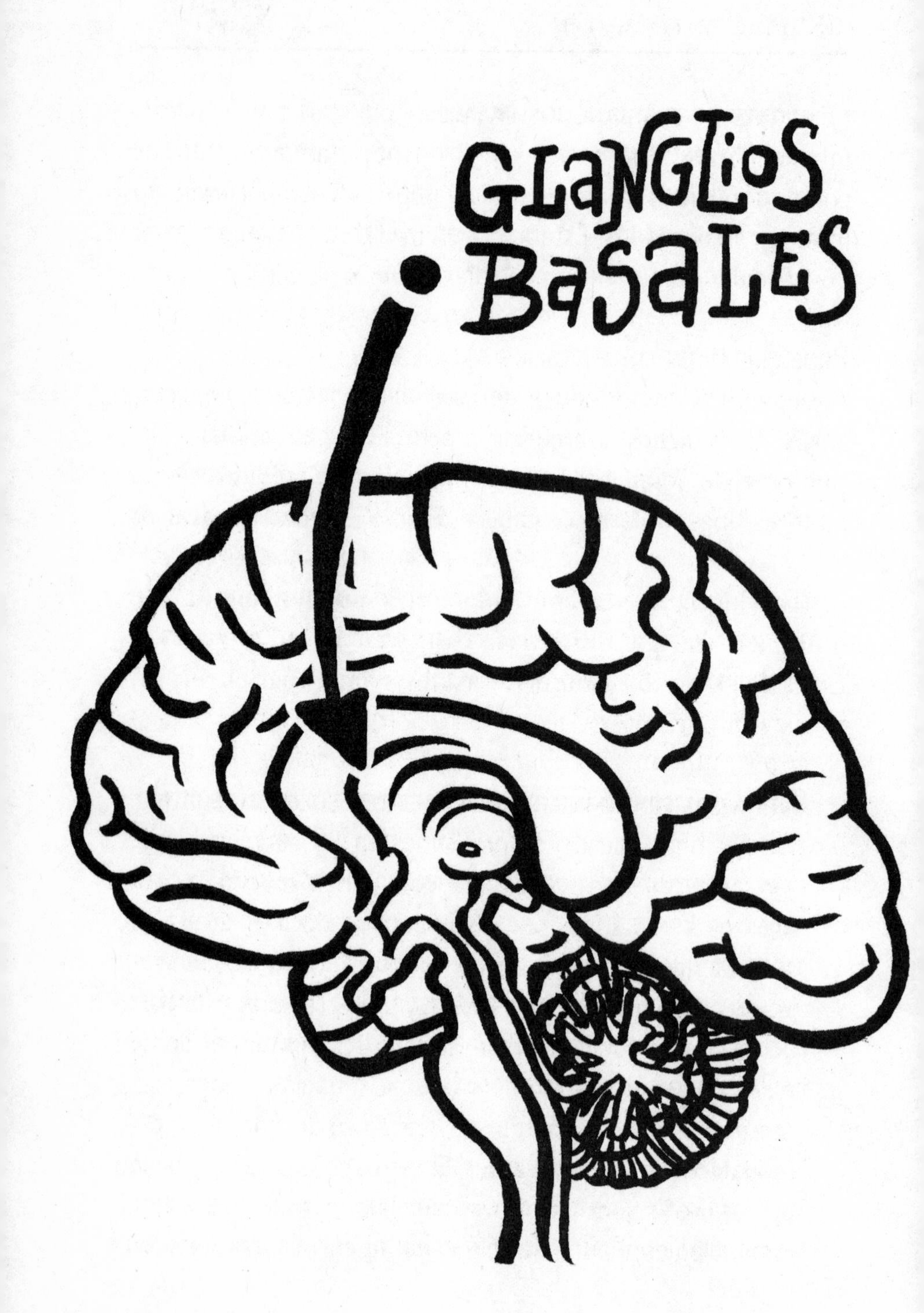
GLANGLIOS
BASALES

lo desastroso para el cambio que es tener un estilo explicativo pesimista. Aprender cómo matar estos pensamientos de predicción del futuro que pasan por tu mente es clave para manejar efectivamente la ansiedad generada en esta parte del cerebro.
Cuando te sientas ansioso o tenso, prueba los siguientes pasos:

1. Escribe el hecho que te está causando ansiedad, por ejemplo, tener que dar una charla frente a muchas personas.
2. Presta atención y escribe los pensamientos automáticos que tienes frente a ese hecho. Probablemente muchos de ellos sean predicciones negativas si estás ansioso o nervioso. Algunos serán como "Van a creer que soy tonto", "Van a reírse de mí", "Me voy a trabar al hablar" y "Voy a estar temblando y se va a notar que estoy nervioso".
3. Etiqueta e identifica estos pensamientos como de "predicción de futuro". En ocasiones, simplemente nombrar e identificar el pensamiento ya ayuda a quitarle parte de su "poder".
4. Contéstale a este pensamiento negativo automático y mátalo. Escribe una respuesta para apaciguar este pensamiento negativo. En los ejemplos previos, podría ser algo como "Es probable que no se rían y haré un buen trabajo. Si se ríen, me reiré con ellos. Sé que hablar en público es tensionante para muchas personas y algunas seguramente puedan sentir empatía si me pongo nervioso".

Visualización guiada

Es importante poner —o regresar— tus ganglios basales a un estado saludable y de relajamiento. Esto se logra con un

régimen de relajación diaria. Usar 20 o 30 minutos por día para entrenar a tu cuerpo a relajarse tiene muchos efectos beneficiosos, como la disminución de la ansiedad, bajar la presión sanguínea, la tensión y dolor en los músculos, y una mejora en tu temperamento frente a los demás. La visualización guiada es una buena técnica para usar a diario. Busca un lugar tranquilo donde puedas estar solo durante 20 o 30 minutos. (Yo lo hago en el garaje de mi casa cuando vuelvo de trabajar.) Siéntate cómodo en una silla —puedes recostarte si no te vas a quedar dormido— y entrena a tu mente a estar en silencio. En tu imaginación, elige tu propio refugio "especial". Si pudieras ir a algún lugar en el mundo para sentirte relajado y satisfecho, ¿adónde irías? Imagínate tu lugar especial apelando a todos los sentidos. Mira lo que quieras ver, escuchá los sonidos que quieras escuchar, huele y prueba las fragancias y gustos del ambiente, siente lo que quieras sentir. Cuanto más vívido sea lo que imaginas, más te dejarás llevar por la imaginación. Si te molestan pensamientos negativos, préstales atención pero no te obsesiones ni extiendas en ellos. Piensa que esos pensamientos negativos son como nubes que están pasando. Vuelve pasar. Vuelve a focalizarte en tu refugio seguro. Respira hondo, despacio, tranquilo y profundo. Disfruta de tus mini vacaciones.

Prueba respiración diafragmática

El propósito de la respiración es obtener oxígeno del aire para tu cuerpo y soltar desechos como el dióxido de carbono. Cada célula de tu cuerpo necesita oxígeno para funcionar bien. Las células del cerebro son particularmente sensibles al

oxígeno, ya que comienzan a morir a los cuatro minutos desde que dejaron de recibir oxígeno. Algunos pequeños cambios en la cantidad de oxígeno en tu cerebro pueden alterar la manera en que te sientes o te comportas. Respira lenta y profundamente, con tu diafragma lleva el aire a la panza. Éste es un ejercicio muy efectivo en personas con trastornos de pánico. Yo mismo lo probé y me funcionó de maravilla y casi inmediatamente. Aprender a respirar bien es súper beneficioso. Intenta hacer este ejercicio: siéntate en una silla, ponte cómodo, cierra los ojos. Pon una mano sobre tu pecho y la otra en tu panza. Durante algunos minutos, siente el ritmo de tu respiración. ¿Estás respirando con el pecho o desde la panza, o con ambos? Muchos adultos respiran con la parte superior del pecho. Para corregir este patrón de respiración negativo, recuéstate sobre tu espalda y pon un pequeño libro sobre tu panza. Cuando inspiras, haz que el libro suba, y cuando exhalas, haz que el libro baje. Cambiar el centro de respiración más hacia abajo en tu cuerpo puede ayudarte a sentirte más relajado y con un mejor control de ti mismo. Practica esta respiración diafragmática durante 5 o 10 minutos cada día para estabilizar tus ganglios basales.

Prueba meditación

Existen muchas formas de meditación. Ya nos referimos a la atención plena o *mindfulness*, y te propuse cuatro meditaciones de esta técnica para que practiques. Si no te gustaron, puedes probar la siguiente. Muchas de las formas de meditar incluyen respiración diafragmática y visualización guiada. Éstos son como pasos para una "autohipnosis". Las primeras

veces, es necesario hacer esto con tiempo. Muchas personas se relajan tanto que se quedan dormidas. Si esto te pasa, no te preocupes. En realidad se trata de una buena señal porque estás muy relajado. Es importante que tengas dos o tres espacios de 10 minutos el primer día para seguir estos pasos:

1. Siéntate en una silla cómoda con los pies en el suelo y las manos sobre las piernas.
2. Elige un punto en la pared que esté un poquito por encima del nivel de tus ojos. Mira fijo ese punto y cuenta lentamente hasta 20. En poco tiempo vas a sentir tus párpados más pesados. Deja que tus ojos se cierren.
3. Respira profundo, tan profundo como puedas, y muy despacio exhala. Repite la respiración y exhala despacio tres veces. Presta atención a tu respiración. Vas a notar que te llega una cierta calma.
4. Cierra los ojos con fuerza. Luego, deja que tus músculos del párpado se relajen lentamente. Date cuenta de cuánto más se han relajado. Imagínate que esta relajación de tus músculos en los párpados se extiende por todos los músculos de la cara, hacia tu cuello, hombros y hasta tu pecho y el resto del cuerpo.
5. Cuando todo tu cuerpo se sienta relajado, imagínate en la cima de una escalera mecánica. Da un paso y baja por esta escalera mecánica contando lentamente para atrás, de 20 a 0.
6. Disfruta de la tranquilidad por varios momentos. Después vuelve a la escalera mecánica y, esta vez, sube. Cuenta hasta 10. Cuando llegues a 10, abre los ojos, sentite relajado y bien despierto.

Aprende a manejar el conflicto

Cuando cedes frente a caprichos, cambios de humor de tus hijos, o dejas que alguien se burle o sienta control sobre ti, te sientes mal. Sufre tu autoestima y la relación con esa persona se daña. De muchas maneras enseñas a los otros cómo tratarte al mostrar lo que toleras y lo que te niegas a tolerar. Muchas personas tienen tanto miedo al conflicto con otros que hacen todo lo posible por evitarlos. Este miedo a los conflictos en realidad establece relaciones en las que la posibilidad de conflicto es, paradójicamente, mayor. Para tener poder en una relación, tienes que estar dispuesto a defenderte y defender lo que crees justo. Esto no quiere decir que tengas que ser malo, grosero ni antipático. Existen maneras de ser firme y al mismo tiempo racional y amable. Éstas son cuatro maneras que pueden ayudarte a afirmarte de una manera saludable y amable:

1. No te rindas ante el enojo de otras personas sólo porque te pone incómodo.
2. No permitas que las opiniones de los demás controlen cómo te sientes sobre ti mismo. Tu opinión, dentro de lo razonable, es la que cuenta.
3. Di lo que sientes y mantén lo que crees que está bien o que es verdad.
4. Sé amable, en lo posible, pero sobre todo firme en tu postura. Recuerda que eres tú quien determina la manera en que quieres que otros te traten. Cuando cedes frente a los caprichos o cambios de humor, estás marcando y enseñando cómo quieres que te controlen. Cuando te muestras firme

y amable al mismo tiempo, los demás te tienen más respeto y te tratan respetuosamente. Si dejaste que otros te atropellasen emocionalmente durante un largo tiempo, van a estar un poco resistentes a tu nueva manera de enfrentar las cosas con firmeza. Pero mantente en tu nueva postura y los estarás ayudando a que aprendan una nueva manera de relacionarse contigo.

Hábitos, una promesa de placer

Si bien el centro de recompensa cerebral es el que te promete que te sentirás feliz y te empuja a la acción en busca de esa felicidad, muchas veces puede engañarte. Esta área comprende regiones bien primitivas de nuestro cerebro y ha evolucionado para impulsarnos hacia la acción y el consumo. Nuestro mundo está lleno de estímulos que la ponen en funcionamiento, como avisos publicitarios, comidas, marcas de ropa, dispositivos tecnológicos, etcétera. Es la que nos empuja a la acción en busca de una promesa de felicidad. Nuestro cerebro se obsesiona con "yo lo quiero", y una vez encendida se hace cada vez más difícil decir "no lo quiero". Entonces, cuando el cerebro reconoce una oportunidad de recompensa, libera el neurotransmisor dopamina. La dopamina le dice al resto del cerebro a qué debe prestar atención y dónde debemos meter nuestras ávidas manos (u otras partes del cuerpo). Pero un chorro de dopamina no crea felicidad, sino una sensación de excitación. No sexual, sino cerebral: nos sentimos alerta, despiertos,

cautivados, embelesados, encantados. Es cuando reconocemos la posibilidad de sentirnos bien y nos ponemos a trabajar, accionamos lo que sea necesario para lograr esa sensación. Durante los últimos años la neurociencia le ha dado a la liberación de dopamina en el cerebro diferentes nombres: búsqueda, querer, desear, ansiar, entre otros. Fue en 2001, tras un experimento del doctor Brian Knutson, de la Universidad de Stanford, se demostraron definitivamente los efectos anticipatorios de la dopamina y no la experiencia misma de sentirse recompensado. Knutson puso a personas en escáneres cerebrales y las condicionó a esperar la oportunidad de ganar dinero si veían un símbolo particular en una pantalla. Para ganar ese dinero debían apretar un botón cuando aparecía ese símbolo. Pero el sistema de recompensa se iluminaba y activaba apenas al aparecer ese símbolo antes de obtener la recompensa. Cuando los participantes ganaban el dinero, esta área se desactivaba. El placer de ganar el dinero se veía reflejado en la activación de otras áreas. De esta manera, se probó que la dopamina se relaciona con la acción y no con la felicidad. La promesa de la recompensa garantiza que no dejes pasar la oportunidad, por ejemplo, no actuando o dejando de actuar. Cualquier cosa que pienses que te puede hacer feliz activará esta área: el olor a café, el descuento en la zapatería, una mirada de alguien sensual en el metro, la pinta del pastel en la panadería, etcétera. El chorro de supervivencia, aunque ya nada tiene que ver con la supervivencia per se. La dopamina entonces secuestra toda tu atención, tu mente se obsesiona en obtener eso, o en repetir el comportamiento que alguna vez

fue disparado por ese mismo estímulo (malos hábitos). Éste es un mecanismo perfecto de la naturaleza que se asegura de que vuelvas a comer, aunque no tengas ganas de ir a recolectar frutas o a cazar mamuts, o se asegura de que trates de seducir a esa chica, aunque sepas que puede llevarte días obtener su número de teléfono, dirección de e-mail o facebook. Así fue que no nos extinguimos. A la evolución no le interesa la felicidad, pero usa la promesa de la felicidad para que sigas luchando por sobrevivir. Es la promesa de la felicidad, y no la felicidad en sí misma, la estrategia del cerebro para que sigas trabajando, cortejando, cazando y acumulando. Este sistema instintivo es genial si vivimos en un ambiente donde no hay mucha azúcar disponible, pero hoy no sólo sobra la cantidad de alimentos producidos sino que están *ingenierilmente* construidos para maximizar nuestra respuesta dopamínica. Si sigues cada ráfaga de dopamina a cada minuto, terminas obeso. Cuando un desodorante o marca de jeans usa campañas de alto contenido sexual, te está convirtiendo en esclavo de tus chorros de dopamina, que te van a hacer salir a buscar todo tipo de "oportunidades" para obtener eso que crees que te hará feliz. En nuestra época, la tecnología moderna nos brinda una sensación de gratificación instantánea. Sabes que un nuevo mail o el próximo video online te pueden hacer reír, entonces te la pasas mirando sin parar todo tipo de aparato que tengas de manera impulsiva. Es como si tu *smartphone* y *laptop* tuviesen un cable conectado directamente a tu cerebro que se la pasa alimentándolo con corrientes de dopamina. Por eso la tecnología es tan adictiva y cada vez

quieres más. La función básica de internet describe perfecto la función básica del sistema de recompensa: buscar, ir por más. Y si bien internet, los celulares y las redes sociales han explotado tu sistema de recompensa de manera accidental, las computadoras y los juegos son diseñados para mantenerte enganchado jugando y jugando. La promesa de avanzar al siguiente nivel. Es por eso que te es difícil dejar el Playstation, el Wii o similares.

Un estudio mostró que jugar un *videogame* incrementa la cantidad de dopamina como el uso de anfetaminas. La impredictibilidad del puntaje o avanzar a otros niveles te deja pegado al *joystick* o al *touchscreen* de tu teléfono. Esto puede ser, o tremendamente entretenido o peligrosamente adictivo. En 2005, Lee Seung Seop, un joven coreano de 28 años, murió de una falla al corazón luego de jugar durante cincuenta horas seguidas *StarCraft*. Durante ese tiempo se rehusó a comer y a dormir. Cuando la dopamina pone a tu cerebro en modo "buscar para sentir recompensa", te conviertes en tu versión más impulsiva, tomas riesgos fuera de control. Si esa recompensa nunca llega, te deja en un extremo poco riesgoso, con la cartera vacía o el estómago a punto de estallar, pero en el otro más riesgoso te puede llevar a un estado de compulsión y obsesión tremendo.

Muchos estudios muestran que cuando se libera la promesa de una recompensa, nos volvemos más susceptibles a todo tipo de tentaciones, muchas de las cuales disparan nuestros malos hábitos. Altos niveles de dopamina amplifican lo atractivo de la gratificación inmediata preocu-

pándote menos por las consecuencias a largo plazo. Este sistema también responde a la novedad y la variedad, es decir, tus neuronas dopaminérgicas –las que secretan dopamina– responden cada vez menos a los estímulos familiares, lo mismo que ocurre si son cosas que te gusta mucho hacer, como un plato particular de comida o un chocolate de una marca especial. Por eso las marcas cambian permanentemente sus colecciones, sabores, colores, etcétera.

El sistema de recompensa tiene una segunda arma secreta: no sólo envía dopamina para que actúes en busca de esa recompensa, sino que además les indica a áreas particulares del cerebro que secretes hormonas de estrés. Esto hace que te sientas ansioso –una de las más comunes sensaciones emocionales molestas que describí párrafos atrás– mientras te anticipas a tu objeto de deseo. La necesidad de obtener eso que quieres se convierte en una sensación de emergencia, de vida o muerte.

Así que ya sabes: "Descuento de 80%" o "Compra uno y el segundo es gratis" inundan tu cabeza de dopamina. Y también ahora entiendes por qué algo que te parecía irresistible en el negocio, cuando llegas a tu casa te desilusiona un poco. La ráfaga de dopamina que nubló tu juicio y te lo hizo comprar, ya pasó. Si bien es dificilísimo por el mundo en el que vivimos evitar estos chorros de dopamina que nos hacen actuar muchas veces sin realmente quererlo, podemos prestar más atención. Saber cómo funciona no los elimina pero te da el poder de lu-

char contra eso y ejercitar tu poder de decir que no –tu poder de vetar– sumado a tu fuerza de voluntad.

Pero, cuidado, esta "promesa de recompensa" es tan poderosa que va a continuar tratando de obtener y consumir cosas que ni siquiera te hacen feliz, y que hasta pueden llevarte un poco más a la miseria. Recuerda que la búsqueda de esta recompensa es el objetivo principal de la dopamina y nunca habrá una señal cerebral de *stop*, al igual que si la experiencia no es lo que prometía. El *stop* lo tienes que decidir tú con tu mente; pronto veremos cómo. A veces estás tan convencido de que "eso" debería hacerte feliz, que lo que haces es ir por más, aunque lo que sucede es que todavía no tuviste lo suficiente. Si lograras analizar cuidadosamente la experiencia y sus consecuencias, al menos podrías eliminar la ansiedad que te produce obtenerlo. Se trata de ajustar las expectativas para sentirte menos frustrado, menos desilusionado, menos cansado, menos infeliz. Cuando logras liberarte de las falsas promesas del sistema de recompensa, descubres muchas veces que eso que ansiabas tanto era la causa central de tu infelicidad. Entonces, es tu sistema de recompensa el que muchas veces te empuja a lo malos hábitos.

La paradoja es que si bien la promesa de la recompensa no garantiza la felicidad, que no haya promesa garantiza la infelicidad. Así es. Si escuchas la promesa de la recompensa, muchas veces caes en la tentación, pero si no hay ninguna promesa, no tienes motivación, ése es el dilema. Necesitas el sistema de recompensa para seguir conectado, interesado e involucrado en la vida. Lo

que debes hacer para cambiar es separar las recompensas reales que dan sentido a tu vida de aquellas falsas que te distraen y te vuelven adicto. Poder diferenciarlas es quizá lo mejor que puedes hacer. Entonces, cuando la dopamina apunte a la tentación, debes distinguir entre "querer" y "felicidad". El deseo es la estrategia del cerebro para la acción y puede ser ambas cosas contradictorias: una amenaza para el poder de vetar o una fuente de voluntad para hacer y obtener cosas. No es que el deseo sea malo ni bueno, lo que importa es tener la sabiduría de saber cuándo seguirlo y cuándo no.

Malos hábitos

Nada es más confuso que cuando tu cerebro se apodera de tus pensamientos y trata, muchas veces con éxito, de dictar tus acciones. Si lo dejas decidir, y no usas tu poder de veto, puede hacerte actuar de manera autodestructiva de variadas formas: pensando "demasiado" los problemas que tienes, agitándote sobre cosas que no controlas, quedando atrapado por pánicos o miedos infundados, culpándote o castigándote por cosas que no fueron tu responsabilidad, iniciando comportamientos no saludables para escapar de los conflictos de tu rutina diaria y repitiendo patrones del pasado cuando tú quieres tratar de cambiar. Cuanto más seguido actúas de estas formas insanas, más le enseñas a tu cerebro que éstos son hábitos sencillos y esenciales para tu supervivencia.

Éstos son tus malos hábitos, comportamientos que aprendiste. Y digo "malos" porque si bien a corto plazo hay posibilidad de que no te haga mal comerte dos hamburguesas, fumarte una cajetilla de cigarrillos, quedarte toda la semana de manera sedentaria, etcétera, a largo plazo, sean cuales fueren tus objetivos y metas con tu vida, hay altísimas posibilidades de que te perjudiquen. Tu cerebro no distingue si la acción es beneficiosa o destructiva, responde a cómo tú te comportas y luego genera deseos, ansias, impulsos, pensamientos muy fuertes que te obligan a perpetuar tus hábitos, sean cuales fueren.

Todo pensamiento inexacto o falso, todo impulso, ansia o deseo que distrae tu atención, o sea poco constructivo y te lleve lejos de tus intenciones reales y metas en tu vida, quien tú quieres ser, es un hábito malo que deberías cambiar. La gran mayoría de éstos se empiezan a construir (cuerdas) durante diferentes eventos importantes de tu infancia, experiencias específicas que fueron moldeando tu cerebro de maneras particulares. Quizá no recuerdes muchas de estas experiencias, o no las recuerdes como importantes. No es el objetivo de este libro estudiar de dónde vienen o por qué se formaron. Pero que están, están. Todos los tenemos y en muchas oportunidades son nuestras trabas, conscientes o inconscientes, para poder cambiar.

Como vimos, entonces, el cerebro puede ejercer un dominio poderoso sobre tu vida, pero sólo si tú lo dejas. Puedes superar ese control y reescribir o recablear tu cerebro eligiendo actuar de manera adaptativa y sana. De

esta forma será tu vida, la vida que tú eliges y el cerebro que tú esculpes, y no los viejos caminos de acciones conflictivas y comportamientos impuestos por estos hábitos de tu cerebro que se repiten y repiten.

Algún tipo de estos malos hábitos nos impacta a todos en algún momento de nuestras vidas. Incluso si vivimos bastante relajados, cuando nos estresamos o sentimos "bajoneados" estos hábitos insanos logran infiltrarse y causar estragos. Una vez que sucede, tu confianza se debilita y te hace encontrar formas de escapar de la realidad, con drogas, alcohol, comida, gastando dinero que no tienes, evitando gente, enojándote, desarrollando expectativas exageradas sobre ti mismo, sintiendo y pensando cosas absurdas o dolorosas, limitando tu rango de experiencias, preocupándote demasiado, etcétera. En los casos más benignos, cuando dejas que esos hábitos te dominen, puedes llegar a perder el tiempo que podías haber usado mucho mejor en otro lugar. En las peores situaciones, terminas actuando de forma impulsiva, que no representa quién realmente eres, viniéndote abajo y lamentándote. Cambiar estos hábitos que definitivamente no te benefician es quizá el desafío más difícil e importante de tu vida. Para lograrlo, vas a tener que usar tus expectativas e intenciones alineadas a tu atención para focalizar en comportamientos y acciones –experiencias– nuevos pero más sanos para ti. Estos tres componentes son posibles de utilizar si primero aprendes a detener, con tu poder de vetar, a los malos hábitos, antes de realizarlos.

Los malos hábitos en tu vida
Te sacan tiempo, se apoderan de tu vida, te cansan, te hacen perder oportunidades, restringen tu vida y tus actividades, te hacen evitar personas, lugares y cosas que disfrutas, causan problemas de parejas, te hacen perder relaciones importantes, oscurecen tu realidad, te alejan de tus metas y objetivos de largo plazo, te dejan atrapado haciendo sólo lo que los otros quieren, te hacen rendirte a ansias y urgencias y deseos para aliviar solamente cosas inmediatas e instantáneas.

Sensaciones emocionales

Sin importar qué lo inicia, este fenómeno de hábitos es universal y nos sucede a todos. El proceso comienza cuando el cable cerebral del hábito se dispara frente al estímulo y hace superficie –ya sin el componente motivacional de hacer algo– llevándote, a veces, a experimentar cierta angustia, sufrimiento, incomodidad o molestia. Puedes sentir una sensación física, como el aumento de los latidos del corazón, un nudo en el estómago, unas ansias abrumadoras de comer algo o de fumar; o una sensación emocional, como miedo, ansiedad, enojo, tristeza o terror. No importa cuál sea, si te estás sintiendo así, ahora tu objetivo primordial es sacarte de encima esa sensación lo más rápido que puedas, y esto lo haces actuando como actúa el cerebro a su mayor velocidad, de manera automática, con algún hábito.

Las estrategias que a la larga terminan siendo perjudiciales para ti, las que usas para evitar y escapar de esas sensaciones incómodas, varían dependiendo de los patrones que desarrollaste para tratar de ocuparte de esa angustia o sufrimiento. El rango de posibles reacciones es infinito e incluye: una adicción, ponerse a pelear, evitar la situación por completo, encerrarse y no hablar con nadie, ponerse a hacer algo cientos de veces (como revisar mails, si cerraste la llave de gas, lavarte las manos, etcétera). En muchos casos tú ni siquiera eres consciente de que lo estás haciendo. Pero algo dentro de ti, por debajo de tu nivel de atención consciente, cree instintivamente que tienes que completar ese comportamiento para sacarte de encima esa horrible e intensa sensación que estás experimentando. Es decir, cuando hablamos de malos hábitos, la secuencia sería la siguiente: disparador o estímulo que activa tu circuito fuertemente cableado (el cable de acero), sensaciones molestas (físicas o emocionales) y luego la acción o comportamiento habitual que quiere lo más rápido posible sacarse de encima esas sensaciones molestas.

Distinguimos sensaciones emocionales, y no emociones, porque no están basadas en la verdad, sino que están evocadas por la reacción habitual que tienes frente a ese estímulo específico. Si estás triste porque falleció alguien que querías mucho, ésa es una emoción, no una sensación emocional, porque está basada en un hecho real. Las emociones no deben ser evitadas. Al contrario, debes vivirlas y de manera constructiva ocuparte de ellas a medida que van apareciendo. Pero si te sientes triste porque tuviste un

pensamiento (disparador o estímulo) que te dice que nadie te quiere o que no eres un ser querible, a pesar de que hay mucha evidencia que demuestra lo contrario –por ejemplo, tener una variedad de conexiones positivas con familiares y amigos–, entonces tu tristeza es una sensación emocional, no una emoción, y puede llevarte a actuar de una forma que no es sana ni conveniente para ti, como aislarte de personas que sí se preocupan y te quieren, o usando drogas o comidas para escapar, u otro comportamiento insalubre o enfermizo a largo plazo.

Si bien es natural querer evitar el sufrimiento y la angustia, buscar placer o sentirse aliviado, el problema con satisfacer esas ansias o urgencias y sofocar eso que te molesta es que tu cerebro entonces se cablea de forma tal que automatizará de manera muy eficiente esos comportamientos insalubres que elegiste para calmarte cada vez que te pase o vuelva a pasar. Es decir, consentir esas reacciones habituales causa que tu cuerpo y cerebro comiencen a asociar algo que tú haces, evitas, buscas o piensas, repetidas veces, con alivios o placeres temporales. Estas acciones crean patrones o circuitos neuronales muy fuertes y durables en tu cerebro que son muy pero muy difíciles de cambiar sin un esfuerzo y atención considerables. A medida que este proceso se desencadena, estos hábitos ocurren con más frecuencia y las sensaciones feas también crecen en intensidad, haciendo aún más difícil resistirse o cambiar tu comportamiento. En conclusión, sea lo que hagas de manera repetida que te dé placer, o para evitar cualquier tipo de sensación desagradable, tu

cerebro aprende que ésas son las acciones prioritarias y genera pensamientos, impulsos y deseos para asegurarse de que lo sigas haciendo una y otra vez. No le importa que esa acción a largo plazo sea muy perjudicial para ti.

Entonces, ¿cómo podemos reemplazar esos malos hábitos por otros más saludables? ¿Cómo podemos cambiar dejando esos malos hábitos atrás en nuestra vida?

¡Identifíquese!

Un hábito no es sólo una acción física repetitiva, también lo es, por ejemplo, evitar constantemente una situación, una persona o un lugar. Un pensamiento repetitivo –las ANT– que no te lleva a ninguna solución ni te hace progresar también es un hábito, al igual que sobreanalizar o pensar demasiado. Pensamientos, acciones o inacciones repetidas, cualquier cosa que hagas repetidas veces y te aleje de focalizar o poner tu atención en algo que es beneficioso para ti, eso es un hábito. Y para nosotros es uno malo.

Una de las formas más eficientes de identificar estos malos hábitos es prestar mucha atención a tu diálogo interno, que muchas veces es crítico y negativo. Me refiero a esas cosas que te dices de manera automática durante tu estado de *default* cerebral, sin que te des cuenta, que no son verdades y que los otros no podrían imaginarse que te las estás diciendo. Aquí podemos incluir el estilo explicativo pesimista y los pensamientos automáticos ne-

gativos. El punto es que si ésas son historias que te dices a ti mismo y te menosprecian –las explicaciones imprecisas que te das sobre por qué las cosas ocurren de una manera determinada– te van a hacer actuar de las formas habituales que no son de tu beneficio. Entonces, no cambias.

Pero tu mente, como ya sabes, es tu mejor aliada para luchar contra estos malos hábitos. Tienes que involucrarla para que te ayude a focalizar tu atención de manera constructiva. Aprender cómo focalizar tu atención de forma positiva para obtener beneficios recableando y renovando tu cerebro. Así, tu mente te da el poder de determinar tus acciones, decidir qué es o no importante, y revisar el valor o el significado de situaciones, personas, eventos y de ti mismo.

Hoy existen varios enfoques para cambiar estos malos hábitos representados en acciones, inacciones o a veces pensamientos que te perjudican a largo plazo. La mayoría de los enfoques comparten determinadas etapas. Primero tienes que identificar qué o quién es el estímulo que dispara ese comportamiento automático que a largo plazo no te beneficia. Esto requiere un trabajo de autoconocimiento, de aumentar tu conciencia sobre las cosas que te pasan. La técnica de atención plena es muy útil para lograr esto, ya que te permite estar consciente o "ver" qué es lo que tu cerebro está haciendo en el momento que lo está haciendo, y así poder darte cuenta de que esos estímulos, personas, ambiente, disparadores que rapidísimo se trasladan a sensaciones emocionales molestas –angustia, ansiedad, enojo, miedo–, te empujan a un hábito que sólo sirve para aliviarte momentáneamente. Por ejemplo, gracias a esta técnica y haciendo terapia, descubrí mi miedo a ser rechazado, del cual no era consciente. No sé por cuántos años, pero seguramente muchos, de manera automática, al sentir miedo de ser rechazado –algo que sucedía por debajo de mi nivel de conciencia– por cualquier tipo de persona o relación cercana, crecía mi ansiedad y me enojaba por cualquier pequeñísima cosa –sensaciones emocionales– y me ponía a sobrepensar en un diálogo interno cansador, pudiendo verlas sólo como negras o blancas –malos hábitos–.

Al conocerte más a ti mismo, no sólo vas a lograr empezar a reconocer todos esos disparadores que te llevan directo y sin escalas –sin el componente motivacional– a los malos hábitos, sino que además descubres cuán ciego estabas a un montón de información importante de todo tipo. Es como si hubieses estado viviendo una versión falsa de tu vida. Estoy convencido de que es posible conocerte más a ti mismo de muchas maneras, técnicas, disciplinas y formatos variados. Yo hice terapia, meditación, atención plena, creo que el salir a correr también me ayuda, hablar con un *coach*... Es decir, para mí no importa la forma, importa que te sirva. Ahora bien, cualquiera sea la forma que elijas o te convenga por tu estilo y personalidad, todas requieren primero querer hacerlo, y luego siempre tendrás que poner esfuerzo y atención, como cualquiera otra actividad que realices. Y cuanto más practiques el conocerte a ti mismo, más fácil, rápido y eficiente se convertirá esta habilidad en ti, como

la práctica de un deporte o cualquier cosa nueva que se aprende en la vida.

A nivel cerebral, para identificar esos disparadores de malos hábitos, se trata de estar en contacto con lo que te está pasando en el momento presente utilizando tu circuito alternativo o de experiencia directa, no el de *default*. Este último, te lo recuerdo, es el que activa el diálogo interno, el viaje al pasado y al futuro, la cognición social y lo relacionado con la autorreferencia, o sea, te pierdes del presente.

Propuesta: ¿tienes una ventana, jardín o balcón cerca? ¿Hay sol? Si es así, te invito a que cierres los ojos con tu cara al sol y sientas la tibieza de los rayos en tu cara, en tu piel. Trata de concentrarte y de llevar toda tu atención sólo a esa sensación, sin perderte en pensamientos, preocupaciones o planes de lo que tienes que hacer más tarde. No lo fuerces. Si aparece un pensamiento, algo normal, déjalo pasar. Si logras sentir sólo el sol y nada más, sé que es muy difícil, estás utilizando tu circuito alternativo.

Otro lindo ejercicio es comer algo y tratar de sentir llevando toda tu atención al sabor en el paladar, lengua, encías, cómo va cambiando ese sabor a medida que lo vas masticando, la temperatura, gusto, etcétera. Practícalo en tu próxima cena, te aseguro que descubrirás cosas nuevas. Hazlo con alguien y compartan la experiencia.

Entonces, en esta primera etapa, para derrotar tus malos hábitos estás tratando de aprender a reconocer cuáles son esos estímulos o disparadores que hoy te llevan a realizarlos. Entendimos que la forma más eficiente de lograr

esta identificación es aprendiendo más sobre ti, conociéndote más, elevando tu nivel de conciencia. Es decir, tienes que estar más interesado en estar más atento y consciente al proceso de qué y cómo lo hace tu cerebro y luego tu cuerpo, que al contenido de eso que hace.

Para potenciar esta habilidad te propongo el siguiente ejercicio para que practiques: mientras estés haciendo una actividad como mirar la tele, trabajar, revisar tus mails, navegar por internet, leer, etcétera, trata de prestar atención a cada movimiento que haces durante cinco a diez minutos. Todos y cada uno de ellos. Por ejemplo: estornudar, mover cosas a tu alrededor, cambiar la posición de tu cuerpo, cruzar o descruzar las piernas, rascarte, estirarte, golpear o tocar algo. Ésta es una forma sencilla de empezar a incrementar tu atención y conciencia sobre ti mismo. En resumen, te estoy proponiendo hacer todo esto porque no puedes cambiar algo de lo que no eres consciente, o sea, no puedes tomar decisiones sobre cosas que no sabes que existen. Tu mini objetivo sería que comiences a ser más consciente en cada momento de tu día, y la evidencia indica que empezar por entender qué le pasa a tu cuerpo es un muy buen lugar para comenzar. Por ejemplo, en los próximos días tratar de notar cualquier movimiento o sensación física. Pero sólo notarlo, no trates ni de cambiarlo ni de darle un significado. La idea no es que te conviertas en un mega-súper-dotado de la conciencia sobre ti mismo, sino en adquirir la habilidad de estar más consciente de qué te pasa en el momento que te pasa. Es como estar "despierto" en tus experiencias.

Al final, en esta primera etapa todo se trata de aprender a detectar qué o quién es lo que te dispara el realizar un hábito malo, eso que quieres cambiar. Pero esto no significa que logres controlar las sensaciones molestas que ese estímulo o disparador te provoca. Lo que sí puedes controlar es cómo responder a esos estímulos y sensaciones molestas si lo que quieres es cambiar modificando cómo funciona tu cerebro. Además, no tienes que avergonzarte de esas sensaciones sino ser gentil contigo mismo. Se trata de ir hacia adelante, ya no importa qué lo inició o qué es lo que te hace sentir, sino cómo vas a actuar para cambiar. En esto último puedes ganar control y en las próximas dos etapas veremos cómo. Cuanto más consciente de ti mismo, cuanto más puedas estar presente, momento a momento, mejor usarás el poder de vetar aquellas acciones que no te benefician más.

Ejercicio de reprogramación cerebral

1. Identifica un estímulo o disparador que hace que te sientas mal. Algo o alguien que secuestra tus emociones. Ejemplo: cuando mi jefe me grita.
2. Identifica qué dolor físico ese estímulo o disparador te hace sentir en tu cuerpo (a algunos les será muy fácil de identificar, a otros no tanto). Ejemplo: cuando mi jefe me grita, empieza a contracturarse mi cuello (calor en las manos, sudoración, picazón, ojos rojos, dolor de panza, etcétera).
3. Identifica qué te dices a ti mismo en ese momento. Ejemplo: cuando mi jefe me grita, empieza a contracturarse mi cuello y me digo "¿Por qué sigo trabajando aquí? Debería buscarme otro trabajo, no quiero estar aquí".

1, 2 y 3 son parte de tu viejo programa cerebral. Vamos a reprogramarlos en 4 y 5.

4. ¿Qué cosa distinta podrías decirte a ti mismo en esa situación? Ejemplo: cuando mi jefe me grita, empieza a contracturarse mi cuello y podría decirme: "Tranquilo, seguro que tuvo un mal día, no siempre me trata así. En dos años se termina su mandato, es la forma que tiene de expresar sus emociones, no es contra mí, él es así con todos".
5. ¿Cómo crees que te sentirías si te dijeses eso?
Ejemplo: me sentiría más energizado, lleno de fuerzas para hacer mejor mi trabajo, con nuevas ilusiones sobre mi futuro.

Ahora practica tu nuevo programa cuantas veces puedas. La magia está en repetir, repetir y repetir. ¡Y no olvides recompensarte cada vez que hagas algo nuevo!

Ejercicio: ¿cuáles son?, ¿cuáles podrían ser?

Tómate un momento para pensar cuáles son tus malos hábitos y cómo te afectan, esos que sería bueno que cambies. Escríbelos.
Ahora tómate un momento para pensar cuáles podrían ser los estímulos y disparadores de cada uno de esos malos hábitos (esto es mucho más difícil pero prueba). Escríbelos. Ahora escribe cómo son todas las formas en que tu cerebro y tu cuerpo responden cuando estás ansioso, deprimido, desesperanzado, estresado o urgido de algo. Te dejo unos ejemplos personales de estímulos y disparadores: alguien te molestó o actuó mal contigo; tuviste que decirle que no a alguien; la comunicación no está fun-

cionando bien; sientes que alguien está dolido por lo que dijiste: alguien te dijo algo lindo/feo o percibes que alguien no gusta/gusta de lo que haces, etcétera.

EJERCICIO: PENSAR Y VETAR

Una vez que estés más consciente de aquellos malos hábitos, antes de que los realices puedes usar tu poder de vetar para preguntarte:

Esto que estoy por hacer, ¿me ayuda o me hiere?

¿Está alineado con mis objetivos y valores?

¿Estoy tratando de evitar algo?

¿Estoy por hacer algo basado sólo en mis sensaciones emocionales?

¿Qué me está motivando a hacer esto?

¿Por qué estoy por hacer esto?

Inteligente para conocerte

Si la idea es que aprendas a conocerte más a ti mismo, no puedo dejar de hablarte de la inteligencia emocional. Por muchos, muchos años la sabiduría convencional tendió a evitar las emociones cuando se trataba de tomar decisiones importantes. Es más, el término *emocional* es muchas veces tomado como algo poco serio en la sociedad en la que vivimos. Sin embargo, ya existen muchos estudios que sugieren que la habilidad que tiene tu cerebro de conectar tus emociones con tu sistema cognitivo involucrado en tomar decisiones –tu córtex prefrontal– produce

mejores decisiones para tu vida. De manera sencilla, la IE (inteligencia emocional), que varía entre las personas, describe tu habilidad para percibir y comprender emociones, cómo usas tus emociones para facilitar el proceso de pensamiento y cómo gestionas tus emociones para tener más éxito en tu trabajo o en tu vida en general.

En 1995 Daniel Goleman explicó cómo las personas que logran comprender y gestionar sus emociones en diferentes situaciones de su vida tienen 85% más de posibilidades de ser más exitosas en sus trabajos y en las importantes decisiones de su vida en comparación con las que tienen un bajo IE. Aquéllas con alto IE validan y respetan los sentimientos de los demás, usan sus emociones para tomar decisiones importantes, asumen responsabilidad por eso que sienten, distinguen bien entre lo que piensan y lo que sienten, evitan controlar, culpar y juzgar a los otros y buscan resultados positivos a partir de sus emociones negativas. Además estas personas están menos estresadas en sus trabajos, son más felices y llevan adelante una vida con mayor bienestar general.

Los psicólogos John Mayer y Peter Salovey han conducido cientos de estudios sobre la naturaleza de la inteligencia emocional, lo que eventualmente los llevó a construir un modelo con cuatro componentes. *Rankeate* en estas doce afirmaciones para conocer un poco más sobre tu IE.

1 = estás muy en desacuerdo

2 = en desacuerdo

3 = ni de acuerdo ni en desacuerdo

4 = de acuerdo

5 = muy de acuerdo

Habilidad para percibir y expresar emociones

Detecto fácilmente si alguien está triste, contento o desilusionado.

Rara vez interpreto mal las emociones de los otros en sus vidas personales o situaciones laborales.

Percibo fácilmente las emociones que se expresan a través de la música o el arte.

Expreso bien mis emociones a los demás.

Habilidad para asimilar emociones en mis pensamientos

Detecto fácilmente el impacto que tienen mis emociones en mis pensamientos y acciones.

Integro con frecuencia mis emociones con mi razonamiento cuando trato de resolver un problema.

Habilidad para entender emociones

Entiendo cómo las emociones se pueden combinar entre ellas (por ejemplo, puedes estar contento y temeroso al mismo tiempo).

Entiendo que las emociones pueden cambiar en el tiempo (por ejemplo, de estar contento a estar aburrido, de triste a enojado).

Entiendo cómo ciertas emociones pueden aislarme de otras personas y cómo otros pueden darme ayuda y alivio.

Habilidad para gestionar y regular de forma eficiente las emociones

Estoy abierto a experiencias emocionales cuando resuelvo problemas y tomo decisiones.

Soy bueno gestionando mis emociones, incluso en situaciones difíciles.

Soy bueno gestionando las emociones positivas y negativas de los demás.

Estas afirmaciones no han pasado por validaciones estadísticas pero te pueden dar algunos resultados para reflexionar. Un total de entre 48 y 60 indica que tienes una alta IE. Si es menor a 48, indica una IE baja o promedio.

Un elemento crítico de la IE es tu habilidad de verte a ti mismo con tus propios ojos siendo consciente de tus creencias, tus objetivos, tus valores, tu diálogo interno, y cómo éstos contribuyen a tu percepción del mundo en el que vives. Como ves, todos son elementos con alto impacto en tus posibilidades de cambio y que ya hemos venido mencionando y estudiando. Una forma de mejorar tu conocimiento sobre ti mismo es cuando puedes contestar estas tres preguntas de manera muy honesta:

1. ¿Cuáles son tus creencias y valores más importantes dado que si alguien les hace algo a estas últimas, te tocan las emociones y eso te empuja a la acción?

Haz una lista de esas creencias y valores y trata de recordar las circunstancias en las que eso sucedió.

¿Qué hiciste cuando eso sucedió? ¿Cómo lo manejaste? ¿Reaccionaste o respondiste? ¿Cómo lo vas a hacer la próxima vez que te suceda?

2. ¿Cuán bueno eres para determinar el estado de ánimo o el humor de la gente que te rodea?

En tu próxima reunión, por ejemplo, nota cómo las personas se miran entre ellas cuando hablan y se escuchan.

¿Cómo son sus expresiones faciales? ¿Están concentrados? ¿Prestan realmente atención a los comentarios de los otros o sólo esperan su turno para hablar?

Toma nota y luego mira lo que escribiste y fíjate si puedes determinar el estado de ánimo de cada una de esas personas.

¿Estaban entusiasmados, cooperaban, entendían lo que debían hacer?

Si practicas esto, te va a ayudar a usar información sensorial para juzgar mejor y moverte de eso que crees que ves a lo que realmente puedes ver.

3. ¿Cuánto confías en tus emociones y sentimientos? ¿Eres honesto contigo mismo?

Por ejemplo, un amigo te pide la noche anterior que lo ayudes con una mudanza. Tú estás tapado de trabajo con un proyecto muy importante pero, como quieres ayudar, le dices que sí. Durante la mudanza te das cuenta de que va a durar más de lo que creías y entonces te molestas contigo, tu amigo y todo. Tu intención original de ayudarlo entra en conflicto con tu objetivo de terminar

tu proyecto laboral. Habría sido más honesto y menos estresante decirle que no a tu amigo porque eso es lo que realmente querías decirle.

Espero que esta brevísima descripción de la inteligencia emocional, más todo lo que venimos hablando de las emociones en el libro, te ayude a reconocer la importancia respecto a cómo contribuyen en tus decisiones en general y obviamente en aquellas que vas tomando para cambiar.

No soy yo

Ya sabes o tienes más claro cuáles son los disparadores o estímulos que inician tus comportamientos habituales que quieres cambiar: tus malos hábitos. Ahora, en esta segunda etapa, ya habiéndolos identificado, vas a cambiar la percepción de la importancia de lo que te hacen sentir, poner en otro contexto las sensaciones emocionales y físicas molestas, lo que yo llamo "no te creas todo lo que estás sintiendo". Puedes decirte que esas sensaciones se sienten reales, pero son falsas. Y lo sé porque lo viví, y claro que se sienten reales. La ansiedad la sientes, pero es producto de un cable, de algo físico que fue construido, quizá hace más de diez años. Ponerla en otro contexto sería: "Estas sensaciones, impulsos, urgencias, ansias, pensamientos negativos son muy incómodas y no me gustan. No son parte de mí y no reflejan quien soy, pero se sienten reales y verdaderas. Tengo que cambiar

algo". Cuando tú pones esas sensaciones en otro contexto, racionalizándolas con tu córtex prefrontal, tu amígdala se calma, por ende bajan esas sensaciones tan molestas. Sería utilizar tu conocimiento sobre qué causa esas sensaciones para quitarles poder sobre ti.

Con conocimiento me refiero a que tú ya sabes que es el cable formado hace años para reaccionar de forma habitual y aliviarte instantáneamente, y que el cerebro lo hace no porque quiera molestarte, sino porque así es más eficiente y ahorra energía, ya que predice tus comportamientos. De esta manera, explicándote a ti mismo, vas a ir cambiando la percepción de estas sensaciones molestas. Pero, cuidado, no tienes que tratar de cambiar esas sensaciones o hacerlas desaparecer, sino cambiar tu experiencia y perspectiva sobre ellas. Así vas a comprender mejor por qué suceden y aprender que es a través de nuevas acciones más saludables y constructivas que tus reacciones y respuestas a esas sensaciones pueden cambiar de manera durable y sostenible. Lo complicado es que sentarse con tus sensaciones molestas sin tratar de hacer algo lo más rápido posible para que se vayan puede ser doloroso y difícil. Lo sé y lo viví. Para soportar esto, tienes que recordarte que rendirte frente a esas sensaciones y actuar de manera insalubre es, biológicamente, aún peor para tu vida. Cables más gruesos que serán más difíciles de cambiar.

Ejercicio: no hagas nada

Puedes aprender que las sensaciones emocionales molestas, aunque no hagas nada, se van a ir. Cuando te pique algo o

tengas un mini dolorcito en el cuerpo, nota cómo se siente pero no hagas nada, ni trates de cambiar nada, ni darle ningún significado. Entrénate en eso. Y luego, haz lo mismo con tus sensaciones emocionales molestas. Si te pones a pensar, esto tiene mucho sentido: ¿cuántas veces en tu vida algo que te molestaba desapareció cuando dirigiste la atención a otro lugar?

EJERCICIO: VOLVER AL FUTURO

Piensa en algún episodio de las últimas semanas donde hayas tenido una fuerte reacción emocional. Mientras lo estás pensando, contesta: ¿qué pasó?, ¿por qué reaccionaste de esa manera?, ¿qué fue lo que te molestó? Piénsalo ahora en el presente: ¿sigue provocando la misma reacción en ti? Si la respuesta es afirmativa, ¿por qué? Si es negativa, ¿por qué no? Cuando piensas en esa situación ahora, ¿sientes las mismas sensaciones emocionales molestas que aquella vez?, ¿por qué o por qué no?

Foco en otra cosa

Ya identificaste qué o quiénes son los disparadores y estímulos de tus malos hábitos gracias a que aprendiste más sobre ti mismo: autoconocimiento. Acabas de recontextualizar esas sensaciones emocionales y físicas molestas que causan esos estímulos al darte cuenta de que ése no eres tú, es tu cerebro, y lograste de esta forma apaciguarlas.

En esta última etapa vas a redirigir tu atención o refocalizar hacia otra actividad o proceso mental pero que sea productivo para ti, incluso si estos estímulos y disparadores, y las sensaciones que causan, persisten y te siguen molestando.

Ya sabes que la atención puede iniciar el proceso de neuroplasticidad autodirigida y así reescribir tu cerebro. Aquí es importante destacar que redirigir la atención no tiene nada que ver con distraerse para, de alguna manera, evitar la situación que te está causando esas sensaciones molestas. No tienes que tratar de sacarte de encima de cualquier forma esas sensaciones, sino dejar que todas esas sensaciones, pensamientos, ansias, urgencias y deseos estén ahí, pero mientras tú te involucras en otra actividad que es sana y buena para ti y tus objetivos de cambio. Es decir, tienes que aprender, de una manera constructiva, a gestionar tus respuestas a esas sensaciones feas.

Uno de los ejercicios más poderosos que puedes hacer para prepararte y así ayudarte a redirigir tu atención cuando te llegue el momento es elaborar una lista de actividades en las que sabes que sería bueno llevar tu atención. Dado que esas sensaciones feas que prenuncian tus malos hábitos muchas veces son fuertes y perturbadoras, no te dan tiempo a que decidas adónde redirigir tu atención. Por eso la lista será de gran ayuda. Ya estás preparado para cuando te encuentres lidiando en la tormenta de sensaciones.

Aquí te dejo algunas ideas de actividades para refocalizar tu atención: llama a alguien; escribe o bloguea; pasa

tiempo con tu mascota; pasa tiempo con alguien como un amigo, familiar, compañero; juega algún juego como solitario, sudoku, palabras cruzadas; lee; si estás en el trabajo, focaliza en lo que tienes que hacer o terminar ese día; toma clases de yoga, pilates, *spinning*; juega futbol, basquet, tenis, etcétera; anda en bici, corre, nada; cocina algo rico y sano; practica tu hobby; aprende algo nuevo, como un deporte, habilidad, juego; mira algún programa de tele educativo o una serie; estira o levanta pesas; camina y, mientras lo haces, lleva toda tu atención a tus pies cuando tocan el suelo (ésta sería una caminata de atención plena) o percibe bien todo el ambiente (árboles, gente, edificios, etcétera).

Lo que yo hacía cuando sufría ataques de pánico era salir con un *frisbee* a la plaza que tenía frente a mi casa en Boston y jugar con él yo solo. Lo tiraba y tenía que correr para agarrarlo. No te rías. Hacía todo tipo de estrategias de altura, velocidad, formas de tirarlo para lograr mi objetivo. La clave de elegir una actividad que te requiera de cierta estrategia o interés es que tiendes a involucrarte mucho más fácilmente ayudándote de esta manera a refocalizar más rápido, sobre todo cuando comienzas a hacerlo. La estrategia te empuja a construir nuevos circuitos cerebrales sobre las rutinas que estás aprendiendo, por ejemplo, cómo hacer volar el *frisbee* para que logre agarrarlo, en tus ganglios basales, privando así la atención sobre los circuitos de tus malos hábitos. Recomiendo entonces que elijas refocalizar en algo que te gusta hacer y disfrutas, o que te requiera de cierta estrategia, o ambas

cosas a la vez. Acuérdate de que el objetivo aquí es una actividad que capture tu atención de manera positiva y sana. Este ejercicio es tremendamente productivo para aquellas personas ansiosas o que piensan demasiado las cosas.

EJERCICIO: LOS 15 MINUTOS (SI AGUANTAS MÁS, MEJOR)
Cuando el estímulo o disparador del mal hábito aparezca y provoque esas sensaciones físicas o emocionales molestas, trata al menos por 15 minutos de no sucumbir a tu hábito y refocalizar tu atención en otra actividad más sana para ti. Si logras pasar los 15 minutos, súmate otros 15 más. Acuérdate de tenerte compasión y paciencia contigo mismo, alentándote, siendo honesto y sabiendo que estás haciendo lo mejor que puedes.

Tranqui y sin evitar

Para asegurarte el éxito en refocalizar tu atención en otra actividad y derrotar así tus malos hábitos, puedes ayudarte regulando tu sistema nervioso central. Recuerda que mientras buscas refocalizar la atención en conductas más sanas estás viviendo ese cóctel de sensaciones molestas y no trates de evitarlas. Regular tu sistema nervioso central significa tratar de relajarte. Existe mucha evidencia científica y clínica de que si logras bajar la presión arterial, el ritmo cardiaco y la respiración, llevas tu cuerpo a un estado fisiológico opuesto al de pelear o escapar. O sea,

opuesto al de las reacciones que tienden a la búsqueda del placer inmediato sin importar el futuro. Opuesto a tus malos hábitos.

Estamos hablando de métodos de relajación que pueden influenciar en la expresión de muchos genes, por ejemplo, asociados al estrés. Hay estudios que muestran que la práctica de la relajación durante tan sólo ocho semanas permite una baja en la presencia de proteínas –que derivan de la expresión de genes– asociadas al estrés. Existen muchos métodos de relajación de la respuesta fisiológica como el yoga, la meditación, técnicas de respiración, relajación muscular, repetición de mantras o sonidos, visualizaciones guiadas, tai-chi, etcétera. La que yo practico es el 4/8. No, no es un paso de tango. Al sentir esas sensaciones molestas, respiro profundo por mi nariz, cuento hasta cuatro, expiro y cuento hasta ocho. Es decir que la expiración dura el doble que la inspiración. Hacerlo por la nariz me asegura no hiperventilarme ni respirar "de más". Pruébala la próxima vez que te sientas molesto por algo.

¿Por qué tanto énfasis en que no trates de evitar las sensaciones molestas? Uno de los enemigos acérrimos de este enfoque para cambiar tus malos hábitos es, justamente, evitar una acción porque te causa mucho sufrimiento o angustia. Evitar es uno de los comportamientos más destructivos porque te limita mucho de lo que puedes hacer con tu vida, llevándote directamente a los más variados pensamientos automáticos negativos: "Yo no necesito esto", "Lo puedo hacer en otro momento", etcétera.

Aunque entendible, dado el dolor que te causa, al evitar es muy difícil estar atento a lo que te pasa para cambiarlo, y te quedas atrapado allí sin poder cambiar nada.

Ejercicio: ranking de acciones

Haz una tablita con todas las acciones que evitas en tu día porque te causan mucho sufrimiento o angustia, y ponles, en una escala del 1 al 10, el nivel de "evitar" (10 a las acciones que evitas hacer siempre por toda la angustia y sufrimiento que te causan, y 1 a las que nunca evitas). Aquéllas con 5 o menos ni las mires, no impiden ni limitan tu vida.

Te propongo que empieces a probar este enfoque de tres etapas: 1) reconoce los estímulos, disparadores, personas que causan que evites eso; 2) reinterpreta la importancia de las sensaciones físicas y emocionales que te causan esas acciones cuando estás allí, ya que no pudiste evitarlo; y 3) relaja tu sistema nervioso central y, en la medida de lo posible, redirige tu atención en otras actividades o pensamientos más sanos. Empieza por la que te pusiste 5 o 6, no por las de 10. Te doy un ejemplo con acciones cotidianas.

1. Acción: llamar a mis clientes–*nivel de evitar: 3*
2. Acción: tener reuniones con mi jefe–*nivel de evitar: 8*
3. Acción: ir a visitar a mi madre–*nivel de evitar: 4*
4. Acción: comer con amigos–*nivel de evitar: 1*
5. Acción: preparar una presentación–*nivel de evitar: 6*
6. Acción: exponer mi trabajo frente a mis colegas–*nivel de evitar: 10*

Está claro que en este caso, si lo que quieres es mejorar en tu trabajo, cambiar tu desempeño y tus resultados evitando exponer (6), preparar presentaciones (5) y hablar con tu jefe (2), te llevará en la dirección opuesta.

EJERCICIO: REDIRIGIR TU ATENCIÓN

Cuando no encuentres una actividad o foco para redirigir tu atención, puedes escribir la noche antes de dormir lo siguiente: diez cosas por las que estás agradecido (que mi hermano le esté yendo bien en el trabajo), cinco cosas que lograste hoy (por más pequeñas que sean, como que la mesera de la cafetería donde vas cada mañana te sonría, que tus colegas te feliciten, el cumplimiento de un objetivo, reunir a todos tus amigos en una cena, etcétera), y cualquier cambio positivo que hayas logrado con respecto a tus malos hábitos (hoy no le grité a mi esposo, pude tener paciencia en el tráfico, fumé menos que ayer, etcétera).

Tú puedes vetar tus malos hábitos, esos comportamientos y acciones que no te ayudan en tu vida, lo que quieres cambiar. Tienes esos 0.2 segundos que parecen poco pero con la práctica verás que es más que suficiente. Reconocer o identificar qué los dispara es importante porque es imposible cambiar aquello que ni siquiera conoces. Reinterpretar esas sensaciones molestas, físicas y emocionales te ayuda a no creerte todo lo que sientes. Recuerda que esas sensaciones son producto de algo físico, de conexiones neuronales que fuiste construyendo. No eres tú, es tu cerebro. Con tan sólo hacer esto, ya te sentirás

más aliviado. Mientras tanto, ayúdate bajando la actividad de "escape o pelea" de tu sistema nervioso central con técnicas de relajación, sin evitar esas situaciones que te angustian o generan sufrimiento. Y finalmente lleva tu atención a otras actividades más sanas para ir, de a poco, construyendo cables más gruesos que aquellos responsables de tus malos hábitos. Todo esto en 0.2 segundos, una eternidad. Te aseguro que es un camino sinuoso pero seguro hacia el cambio. Y, por sobre todas las cosas, nunca te olvides de recurrir a toda la ayuda que creas necesaria.

EJERCICIO: QUÉ QUIERO PARAR DE HACER

Escribe cuáles son los malos hábitos que quieres dejar de tener. Ejemplos: comer chocolate cuando estás nervioso, nunca hacer nada para ti, pelearte con tu pareja o hijos cuando llegas cansado del trabajo, etcétera.

EJERCICIO: QUÉ QUIERO HACER

Escribe cuáles son los nuevos hábitos sanos que quieres empezar a hacer. Ejemplos: hacer ejercicio físico, decirles a las personas lo que pienso o necesito, empezar técnicas de relajación o atención plena, etcétera.

Hablando de ayuda, es un desafío muy especial que se te presenta en tu vida cuando un amigo, pariente, hijo o pareja se esfuerza y lucha sin éxito con problemas que lo desmoralizan por mucho tiempo, con cosas que quiere pero no puede cambiar. Y muchas veces puede significar que tu relación con esa persona que quieres no la ayudó a

atravesar y superar esas crisis, o peor, a pesar de tus mejores intenciones, es posible que haya empeorado. Quizá esa persona esté repitiendo una "tentativa de solución" haciendo "mucho de lo mismo", lo cual no funciona.

Es muy natural y poderosa el ansia de querer ayudar, de protegerlo de las consecuencias de sus acciones o inacciones, de hacer por él lo que él no está haciendo. Si no, al menos, decirle lo que tiene que hacer, como si nuestras palabras pudiesen romper su mecanismo de defensa. Pero es clave que recuerdes que para que cambie no debes ofrecerle tu consejo o protección. Debes inspirarlo para que crea y tenga expectativas de que puede y va a cambiar su vida. Necesita que tú creas en él o ella, lo cual fortalecerá su propia creencia en sí mismo. También puede beneficiarse si le muestras afectuosamente ejemplos y experiencias de otras personas que exitosamente han atravesado por crisis o problemas o desafíos de cambio similares. Acuérdate de que no ayuda a un paciente del corazón decirle: "Vive más sanamente", pero puede ser muy útil presentarle a ese paciente otras personas que hayan sufrido como él y hayan logrado cambiar su estilo de vida.

Y como yo creo en ti y creo que este libro no te cambia, sino que eres tú el que puede cambiar, lo mismo debería suceder con esa persona que quieres ayudar. Acompáñalo a identificar aquellas situaciones que le desencadenan sus malos hábitos para que aprenda y crea en su poder de vetarlas. Ayúdalo a establecerse expectativas reales y alcanzables de aquello que quiere cambiar en el largo plazo.

Empújalo a repetir esas experiencias sanas que se relacionan con eso que quiere cambiar y lo va alejando de comportamientos automáticos y habituales que no condicen con sus objetivos. Y ofrécele tu apoyo incondicional y emocional cuando necesite sostener su atención positiva en esas nuevas experiencias.

EJERCICIO: USA "TÚ" CON CUIDADO CUANDO NO ESTÁS DE ACUERDO

Parece una tontería pero la palabra "tú" tiene una connotación emocional muy poderosa. Es un disparador negativo que puede secuestrar las emociones de la gente cuando hay un conflicto real o potencial.

Para cambiar y mejorar las relaciones con los demás, usa mensajes "yo" cuando no estés de acuerdo o quieras hacer una crítica, y mensajes "tú" cuando estés de acuerdo o quieras mostrar empatía. Esto lleva las charlas y discusiones a un terreno más productivo para debatir.

Los mensajes "yo" funcionan así:

Yo... (emociones)

Cuando, dado que, etcétera... (hechos, no prejuicios ni opiniones)

Porque... (dar una razón)

Ejemplo de mensaje "yo":

"*Yo* estoy preocupado *dado* que fui criticado en la reunión, *porque* trabajé muy duro para este proyecto".

En lugar de: "Tú me hiciste quedar mal adelante de todos en la reunión".

Dar una explicación ("Ya que trabajé muy duro para este proyecto") de por qué te sientes de determinada manera tiene un poder muy fuerte en el comportamiento humano. Por ejemplo, en un experimento que se realizó en la biblioteca de una universidad de Nueva York se les pidió a ciertas personas que pidieran permiso para "colarse" en la fila de las fotocopias de tres formas diferentes:

"Disculpa, tengo cinco páginas, ¿puedo usar la fotocopiadora antes que tú?" (60% dijo que sí.)

"Disculpa, tengo cinco páginas, ¿puedo usar la fotocopiadora antes que tú porque tengo que hacer unas copias?" (93% dijo que sí.)

"Disculpa, tengo cinco páginas, ¿puedo usar la fotocopiadora antes que tú porque estoy apurado?" (94% dijo que sí.)

Practica los mensajes "yo":

1. No te están escuchando lo que dices.

____

2. Esto nunca va a funcionar, es una idea estúpida.

____

3. Tienes que decir algo con lo que no estás de acuerdo.

____

Recal
cambiando

Cambiar implica conocerte a fondo, tus experiencias internas, pensamientos y emociones, para modificar tus comportamientos y acciones, y así tu desempeño y los resultados que obtienes de lo que haces o dejas de hacer. *EnCambio* es como un GPS para que descubras el potencial cerebral que tienes para crecer, aprender y desarrollarte. Como esto último es bastante difícil de conocer, es imposible prever o saber cuánto puedes lograr cambiar. Pero sí aprendimos que tu cerebro posee esta increíble capacidad de cambio. Puede crecer y cambiar en respuesta a tus experiencias de vida, y al igual que tu cuerpo, tu cerebro mejora en lo que tú le pidas que haga.

Vimos que conocerte a ti mismo en algunos aspectos y algunos cambios particulares te requerirá más energía, paciencia, voluntad y entereza, pero son posibles. Acuérdate, además, de que no vas a cambiar por conocer los hechos, sentir miedo y usar la fuerza para transformar una situación. Y que si quieres ser tu propio piloto del cambio, sí o sí, y en variadas ocasiones, debes salir de tu zona de confort. Esto último te generará dudas, ansiedades y miedos.

También debes ser más consciente de quién eres, qué quieres, conocerte más. Conocerte a ti mismo, tus experiencias internas, tus motivaciones más profundas y tus trampas mentales o hábitos emocionales que muchas veces

detienen las acciones que deberías tomar para mayor bienestar personal.

Cuidado, de adulto estás más cómodo con tus éxitos, entonces te pones adverso a la práctica ardua y la repetición sostenida de cosas nuevas, que son las que te llevan al cambio. Porque cambio es entrenar, practicar y enseñar, y para esto necesitas una motivación que sostenga el esfuerzo necesario para que lo logres en el tiempo. Necesitas pasar mucho tiempo explorando y practicando las nuevas acciones para que se consoliden en memorias de largo plazo, de lo contrario tus comportamientos del pasado volverán, volverán, volverán.

Escapa de tu *expertise* y vuélvete novato en un desafío totalmente diferente. De esta forma el cerebro aprende, mejora y cambia. Recuerda que, para lograrlo, tu cerebro adulto retiene mucha de la plasticidad de aquel cerebro en pleno desarrollo, incluyendo el poder de reparar regiones dañadas, hacer crecer nuevas neuronas, reubicar neuronas de una región que realizan una tarea determinada en otra región asumiendo nuevas funciones, y cambiar los circuitos del tejido neuronal en las redes que te permiten recordar, sentir, sufrir, pensar, imaginar y soñar. En efecto, tu cerebro no está limitado a las neuronas con las que nace, ni a aquellas que nacen durante la etapa temprana de tu desarrollo, sino que nuevas neuronas nacen hasta en la octava década de tu vida, y pueden crear estructuras cerebrales o migrar a estructuras ya existentes para armar nuevos circuitos y mapas.

Tu búsqueda de cambio positivo tiene que ver con la búsqueda de cierto sentido de compromiso y empeño, para ir creciendo y desarrollándote como persona, ya sea en el ámbito personal o profesional. Sin compromiso, es muy difícil cambiar. Sin decirte a ti mismo que este cambio que pretendes, o que en ciertas situaciones te exigen desde algún lugar, es "bueno para ti", será muy difícil lograrlo.

¿Quieres cambiar? Entonces recuerda que primero vas a tener que poner pausa para poder pensar y dejar de reaccionar. Para responder, eligiendo con tus pensamientos durante la pausa, cuál es la mejor opción para ti. Responder requiere de más recursos, más esfuerzo, atención y energía, que reaccionar. Y si tu mente está preocupada, tus impulsos van a guiar aún más tus elecciones. Una mente distraída caerá más en las tentaciones. Impulsos y tentaciones muchas veces te juegan en contra de eso que realmente quieres para tu futuro. Por eso necesitas voluntad, ese estado temporal del cuerpo y mente que te da la fuerza y la calma para anular o hacer caso omiso a tus impulsos.

Además de la preocupación y la distracción, las amenazas también te empujan a reaccionar. Ante la amenaza, tu cerebro tiende a lo conocido, a lo familiar. Y cambiar es lo opuesto a esto último. Para reducir las amenazas sociales que impiden tu cambio, busca más autonomía a la hora de cambiar evitando los enfrentamientos por estatus, recolectando en lo posible certezas, colaborando en lugar de competir y sabiendo que frente a situaciones injustas

se te va a complicar un poco más. Recuerda esta ecuación sencilla: en estado de amenaza, estés consciente o no de ellas, será más difícil que cambies.

Cambiar de manera positiva significa evolucionar en el tiempo, logrando un desarrollo un poco más complejo e incorporando nuevas habilidades. Cambiar es sinónimo de seguir aprendiendo. Para esto, tus expectativas positivas te ayudan. Al hallarte en una posición clara en cuanto a tus objetivos de cambio, eres mucho más eficaz para encontrar oportunidades para lograrlo. En efecto, las expectativas de una posible recompensa al querer obtener algo tienen un impacto en el cerebro al cambiar no sólo tu habilidad para procesar información, sino también qué y cómo percibes las cosas. Y cuanto más sabes de ti mismo, de qué cosas puedes controlar y cuáles no, mejor eres en ponerte buenas expectativas para cambiar. Es decir, más entiendes tus deseos e intenciones. A medida que piensas en ese objetivo y caminas hacia él, las expectativas de obtenerlo aumentan. Esto último activa todo un estado cerebral de acción. Acuérdate de que tendés a ignorar información negativa que no condice con tus intenciones y prestas más atención a la *info* que sí se condiciona con ellas. Es decir, dependiendo de las expectativas que te pongas sobre el proceso de cambio que se te avecina, te animarás más, menos o nada a enfrentarlo. O sea, si tus expectativas son de dolor fuerte por lo que se viene, sentirás realmente ese dolor en ese momento, antes de empezar a cambiar. Y esta sensación dolorosa hará que lanzarte a cambiar se te complique.

Cuando sabes qué es lo que quieres, es más fácil que cambies tu comportamiento en torno a tu deseo para obtenerlo. Mantenerte direccionado a cierto objetivo te ayuda a ir por el camino indicado. Cambiar implica atravesar un proceso donde seguramente habrá equivocaciones, fallas, errores y caminos aparentemente sin salida. Entender qué es lo que pasó, en qué te equivocaste, qué no deberías volver a hacer y por qué, y buscar nuevas alternativas para subsanar esos errores, es fundamental en el camino del cambio. Si vas a cambiar, vas a fallar. Es decir, la clave es que tu atención coincida al máximo con tus intenciones. Que les prestes atención a tus expectativas.

Para que tu cerebro cambie una acción del pasado por una nueva, tiene que pagar un costo o un detrimento del desempeño. El cerebro siempre preferirá repetir una misma tarea que ya sabe hacer. Estos costos incluyen tiempo, miedo a lo no familiar, desorientación, imprecisión, inexactitud, etcétera. Y los humanos tendemos a ver nuestra etapa de aprendedores sólo cuando somos pequeños. De adultos, nos gusta "dominar" algo. Y esos costos de cambiar acciones nos quitan ese sentido de *expertise*, del saber. Por todo esto, puedes reducir estos costos si los tomas como oportunidades para dominar algo nuevo. Una de las formas positivas de favorecer que asumas ese "costo de cambiar" es no sólo enfatizarte los beneficios y la importancia de la nueva acción y de cambiar, sino además mostrar por qué tus viejas acciones ya no sirven. Recuerda que no eres más débil por sentir dolor o miedo, justamente eso es lo que te hace humano. Además,

si quieres cambiar tu desempeño en algo, recuerda que tienes que dominar el arte del reconocimiento, de reconocerte. A través de poder ver lo que estás haciendo bien, ayudas a construir nuevos circuitos neuronales.

Vimos también que explicarte a ti mismo el porqué de las cosas malas que te suceden es clave para aumentar o disminuir tus posibilidades de cambio. Si te rindes fácilmente ante los reveses, contratiempos y obstáculos que se presenten en tu proceso de cambio, te dejará con las manos vacías. Si piensas que tus fracasos, obstáculos y batallas perdidas son permanentes, entonces no volverás a actuar sobre ellas. Tienes que pensar que cualquiera de las causas que provocaron ese contratiempo pueden ser superadas. Y recuerda que son las personas que creen que las cosas buenas tienen efectos permanentes en el tiempo las que se esfuerzan aún más para lograr cambiar y ser exitoso en lo que quieren. Reconoce y festeja los pequeños triunfos, pues te motivarán para seguir adelante. Cuando luego de una adversidad creas que no puedes, enfrenta esas creencias. Busca evidencia que muestre que son incorrectas. Busca alternativas. Casi nada de lo que te pasa tiene una sola causa, la mayoría de los eventos tiene múltiples causas.

Tu cerebro es dinámico y se va remodelando a sí mismo continuamente en respuesta a tus experiencias. No basta con una vez. Aquello que quieras hacer nuevo, diferente, aquel cambio que deseas, vas a tener que practicarlo, repetirlo y probarlo muchas veces, hasta que se convierta en un nuevo mapa, un nuevo cable cerebral.

Las experiencias son un gran estimulante de la plasticidad del cerebro. Permiten el incremento en el largo y en la densidad de las dendritas, en la formación de nuevas sinapsis, en el incremento de la actividad glial y en la alteración de la actividad metabólica. O sea que tu cerebro es el hijo de tus experiencias al someterse a cambios físicos en respuesta al tipo de vida que lleves adelante. Tus experiencias cambian tu cerebro. Tus experiencias te cambian. En definitiva, tus experiencias y los aprendizajes que vas viviendo a cada momento, y aquellos que son parte de tu historia –es decir, tu presente y pasado–, cumplen entonces un rol clave en tus posibilidades de cambiar de manera efectiva. Cuanto más intensas e importantes sean tus experiencias, más involucradas estarán tus emociones en dichos momentos.

Recuerda que frente a una situación de cambio considerada muy difícil, necesitas la influencia de una persona o varias que te hagan recuperar las esperanzas para hacerte creer que puedes cambiar. Necesitas una conexión emocional, un verdadero acto de persuasión. Cuando estás pensando en un cambio, tu cerebro busca de manera racional los pros y los contras. Sin embargo, que la balanza se incline hacia los pros no es suficiente: debes entender también las emociones frente a ese cambio, como quieres sentirte. Como ya sabes, el cambio está acompañado de fuertes emociones, muchas de ellas negativas. Y tu cerebro es una máquina que se dedica a proteger lo conocido, el *statu quo*, por eso comportarte de manera distinta o pensar diferente hará sonar una alarma.

Etiqueta racionalmente y ponle nombre a lo que sientes. Eso apaciguará esa emoción. Cuando etiquetas, utilizas tu parte más nueva del cerebro, y eso disminuye tu parte más impulsiva e instintiva.

La atención es algo real que toma una forma física capaz de afectar la actividad de tu cerebro. Y es la experiencia acoplada con tu atención la que produce cambios físicos en el cerebro. Por eso es tan difícil cambiar en algo que no te interesa tanto o no te gusta, o te están forzando a hacerlo. Cuando prestas atención, bajas la actividad de todas las neuronas, salvo de aquellas involucradas en focalizar con la atención puesta en tu objetivo. Es decir, la intensidad de la actividad en algún circuito neuronal, que se especializa en diferentes tareas visuales, es amplificada por el acto mental de prestar atención. Estás esculpiendo tu cerebro momento a momento, según a qué decides prestar atención. Eliges quién vas a hacer en el próximo momento en un sentido muy real. Eres eso a lo que le prestas atención.

Todo esto quiere decir que si entrenas tu atención, puedes allanar el camino que conduce a la neuroplasticidad autodirigida, por ende, a que logres cambiar. Y cuanto mejor te hace sentir eso a lo que le prestas atención, más atención le prestas. Químicamente, al focalizar tu atención en algún pensamiento, sensación o emoción, se estabilizan los circuitos cerebrales asociados a ellos y los mantiene dinámicamente activados. Se fortalecen. Con el tiempo, estos circuitos pueden pasar de ser conexiones químicas temporales a cambios físicos estables de la estructura de tu cerebro.

Tu mente o tu aspecto psicológico tiene relevancia a nivel químico y físico en tu cerebro. Recuerda que tu atención tiene dos momentos de selección: el primero es llevar tu energía a algo que tú quieres focalizar y el segundo es inhibir la energía de las cosas que suceden alrededor de eso. Para que tu cerebro focalice en algo, debe primero suprimir los "ruidos" que rodean ese algo. Cuando logras estar focalizado sólo en eso, se convierte literalmente en tu única realidad cerebral y todo lo de afuera queda excluido.

La técnica de meditación *mindfulness* o atención plena es una práctica que permite aprender a observar tus experiencias internas de forma consciente pero sin juzgar. Podemos decir que es la capacidad de sentir lo que sientes y de reconocer las desilusiones que te producen ciertos fracasos y arrepentimientos luego de equivocarte, el enojo, la tristeza, la ansiedad. Gracias a esta práctica puedes dirigir la atención puesta en pensamientos negativos hacia otros pensamientos más racionales y positivos, lo que cambia la química cerebral de tu cerebro.

Recuerda que cuanto más duro seas contigo mismo, al tratar de cambiar algo en tu vida, y sobre todo si te está costando cambiar, menos posibilidades tienes de lograr ese cambio, y más posibilidades de renunciar definitivamente a seguir tratando de cambiar. Al criticarte es como ponerte un chaleco de fuerza que te impide actuar, y al mismo tiempo te hace sentir como en una especie de penitencia, desmoralizado, lo opuesto de motivado. Criticarte con dureza es como ponerte en prisión, un ambiente poco apropiado para cambiar. Esa actitud sólo te hará sufrir

más, enojarte y hasta creer que te será imposible cambiar algo. Y cuanto más duro seas contigo mismo, con mayor frecuencia actúan hábitos automáticos que no son buenos para tu bienestar a largo plazo.

Cambiar implica construir un nuevo hábito, sano, orientado a tus objetivos de largo plazo, al lado de un viejo hábito que ya no te sirve. Es construir un cable nuevo al lado del cable viejo. Para ello cuentas con tu poder de vetar acciones involuntarias que tu cerebro genera por debajo de tu nivel de conciencia. Al utilizar este poder de vetar, estás activando tu neuroplasticidad para formar nuevos patrones y conexiones. El desafío es que no sólo tienes que manejar mejor tu cerebro, sino también esquivar mandatos y formas de hacer las cosas de la sociedad en general.

Acuérdate de que tu cerebro no distingue si tu acción es beneficiosa o destructiva. Tu cerebro responde a tu manera de comportarte y luego genera deseos, ansias, impulsos y pensamientos muy fuertes que te obligan a perpetuar tus hábitos, sean éstos cuales fueren. Las emociones no deben ser evitadas: por el contrario, debes vivirlas y ocuparte de ellas de manera constructiva, a medida que van apareciendo. Si bien es natural que quieras evitar el sufrimiento y la angustia, y busques el placer o sentirte aliviado, el problema con saciar esas ansias o urgencias y sofocar lo que te molesta es que tu cerebro se cableará de forma tal que automatizará de manera muy eficiente esos comportamientos insalubres que elegiste para calmarte. Es decir, consentir esas reacciones habituales va a causar

que tu cuerpo y tu cerebro comiencen a asociar algo que tú haces, evitas, buscas o piensas repetidas veces con alivios o placeres temporales.

Vimos tres etapas para cambiar esos malos hábitos representados en acciones, inacciones o pensamientos que te perjudican a largo plazo. Primero: tienes que identificar qué o quién es el estímulo que dispara ese comportamiento automático que a largo plazo no te beneficia. Esto requiere un trabajo de autoconocimiento, de aumentar tu conciencia sobre las cosas que te pasan. La técnica de atención plena es muy útil para lograr esto. Sin embargo, es posible conocerte más a ti mismo de muchas maneras, técnicas, disciplinas y formatos variados, pero todas requieren querer hacerlo, y luego, siempre tendrás que poner esfuerzo y atención. Segundo: tienes que cambiar la percepción de la importancia de aquello que los malos hábitos te hacen sentir. Ponerlos en otro contexto. Esto calma tu amígdala y bajan las sensaciones molestas. Tercero: tienes que redirigir tu atención o refocalizar hacia otra actividad o proceso mental, pero que sea productivo para ti, al igual que si estos estímulos y disparadores, y las sensaciones que causan, persisten y te siguen molestando.

Elige una actividad que te requiera de cierta estrategia o interés, ya que así tiendes a involucrarte mucho más fácil, y esto te va a ayudar a refocalizar más rápido. Esta estrategia te empuja a construir nuevos circuitos cerebrales sobre las nuevas rutinas que estás aprendiendo. Recuerda que el objetivo aquí es una actividad que capture tu atención de manera positiva y sana. Relajarte también

ayuda en esta etapa, ya que llevas a tu cuerpo a un estado fisiológico opuesto al de pelear o escapar, es decir, un estado opuesto a las reacciones que tienden a la búsqueda del placer inmediato sin importar el futuro. Y no evites: evitar es uno de los comportamientos más destructivos porque te limita mucho de lo que puedes hacer con tu vida, y te lleva directamente a los más variados pensamientos automáticos negativos.

FinalMente

La biología no es tu destino. No estás predestinado a vivir una vida dada por tu genética. Tienes la habilidad de sobreponerte a muchos de los que pueden ser obstáculos que heredaste e influenciar la manera en que tu cerebro y cuerpo funcionan. Para tener éxito no servirán tácticas del miedo, sino una conciencia y atención profunda sobre el hecho de que para sobreponerse a estos circuitos neuronales automáticos llevará una increíble paciencia, esfuerzo y dedicación. Es decir, cambiar comportamientos automáticos demanda un esfuerzo y un compromiso considerables. No sólo primero tienes que darte cuenta, salir del automatismo o ser consciente de que te estás involucrando en acciones perjudiciales, sino que además necesitas mucha energía para armar circuitos neuronales diferentes que te permitan elegir cómo actuar distinto cada vez que te confrontes con aquellos estímulos (ansias, deseos y ganas) que dispararon esos comportamien-

tos. Para llevar a cabo esta estrategia, es crítico separar quién eres, tu identidad, de esos comportamientos que no te benefician a largo plazo. Tú no eres una enfermedad ni un problema ni un desorden, eres una persona tratando de resolver momentos molestos de los que quieres sentirte aliviado o de cambiar pensamientos, emociones o comportamientos que no concuerdan con tus objetivos de largo plazo. Esta distinción te permite darte cuenta de que eres más que un grupo de hábitos que ya no te benefician y que tienes el poder de derrotarlos. Sin creer en esto y en tus habilidades para lograrlo, el desafío de cambiar será muchísimo más difícil. En conclusión, tú tienes la habilidad de definir quién quieres ser y alinear tus comportamientos con tus metas. Claramente no será fácil, ya que para alterar o cambiar viejos comportamientos fundamentalmente debes modificar muchas de las elecciones que haces a cada minuto de tu día. Además, tendrás que luchar con la poderosa biología que hay detrás de tus comportamientos habituales, aquellos que actúan de manera automática y súper eficiente por fuera del alcance de tu conciencia.

No te enojes con tu biología. Entiende que desde su perspectiva tiene mucho sentido que estés cableado para usar de la manera más automática posible la parte del cerebro más eficiente en el uso de energía, que tiene como meta principal la supervivencia y la seguridad del momento. Necesitas reconocer que no es tu culpa por lo que estás pasando, sino que es lo que tu cerebro hace mejor, y realizar los cambios a partir de tu interés a largo plazo.

Con el tiempo, refocalizando tu atención en la combinación de expectativas positivas, corroboradas por tus experiencias, y mientras practicas el poder de vetar una y otra vez, se producirán nuevas conexiones cerebrales y nuevos hábitos mentales.

Espero que *EnCambio* haya contribuido a que recalibres tu GPS del cambio. Ya entiendes la importancia que tiene establecer tu destino utilizando tus expectativas, intenciones y deseos de aquello que quieres. Ya sabes que la ruta que elijas deberás transitarla en repetidas ocasiones –experiencias– y con dedicada atención al camino. Y para cuando tu cerebro quiera agarrar el volante para conducirte por los caminos que a él más le convienen, ya contarás con las herramientas para decirle que no –poder de vetar–. El volante es tuyo, de tu mente y de tus pensamientos, que son los únicos que pueden conducirte a un cambio positivo.

Me despido recordándote que, para la ciencia, la verdad es siempre tentativa, está sujeta a ser refutada por un experimento que pruebe lo contrario.

Te deseo lo mejor en este viaje por los cambios de tu vida.

Bibliografía

Libros

Abrahamson, Eric: "Change Without Pain: How Managers Can Overcome Initiative Overload, Organizational Chaos, and Employee Burnout", *Harvard Business Review Press*, December 4, 2003.

Adams, Marilee: *Change Your Questions, Change Your Life: 10 Powerful Tools for Life and Work*, Berrett-Koehler Publishers, June 1, 2009.

Altman, Joseph: *Atlas of Human Central Nervous System Development, 5 Volume Set: The Human Brain During the Early First Trimester*, CRC Press, first edition, July 17, 2007.

Amen, Daniel G.: *Use Your Brain to Change Your Age: Secrets to Look, Feel, and Think Younger Every Day*, Harmony, reprint edition, January 1, 2013.

Barber, Benjamin R.: *If Mayors Ruled the World: Dysfunctional Nations, Rising Cities*, Yale University Press, first edition, November 5, 2013.

Baumeister, Roy: *Willpower: Rediscovering the Greatest Human Strength*, Penguin Books, reprint edition, August 28, 2012.

Begley, Sharon: *Train Your Mind, Change Your Brain: How a New Science Reveals Our Extraordinary Potential to Transform Ourselves*, Ballantine Books, November 20, 2007.

Bridges, William: *Managing Transitions: Making the Most of Change*, Da Capo Lifelong Books, third edition, revised and

updated for the New Work Environment edition, September 22, 2009.

BURNS, David: *Feeling Good: The New Mood Therapy*, Harper, reprint edition, December 30, 2008.

CLARK, Timothy: *Business Model You: A One-Page Method For Reinventing Your Career*, Wiley John + Sons, 2012.

DAVIDSON, Richard: *The Emotional Life of Your Brain: How Its Unique Patterns Affect the Way You Think, Feel, and Live–and How You Can Change Them*, Plume, reprint edition, December 24, 2012.

DEUTSCHMAN, Alan: *Change or Die: The Three Keys to Change at Work and in Life*, Harper Business, December 26, 2007.

DWECK, Carol: *Mindset: The New Psychology of Success*, Balantine Books Inc., 2006.

EAGLEMAN, David: *Incognito: The secret lives of the brain*, First Vintage Books Edition, April 2012.

EMMONS, Robert A.: *Gratitude Works!: A 21-Day Program for Creating Emotional Prosperity*, Jossey-Bass, first edition, April 1, 2013.

FLAGELLO, Jane: *The Change Factor*, Trainers Publishing House, 2013.

FRANK, Jerome: *Persuasion and Healing: A Comparative Study of Psychotherapy*, JHU Press, 1993.

FREEMAN, Arthur: *10 Dumbest Mistakes Smart People Make and How To Avoid Them: Simple and Sure Techniques for Gaining Greater Control of Your Life*, William Morrow Paperbacks, reprint edition, April 28, 1993.

FREUD, Sigmund: *The Ego and the Id*, CreateSpace Independent Publishing Platform, January 14, 2013.

GAGE, Fred: *Adult Neurogenesis*, Cold Spring Harbor Laboratory Press, first edition, November 15, 2007.

GOLEMAN, Daniel: *Emotional Intelligence: Why It Can Matter More Than IQ*, Bantam Books; 10th anniversary edition, September 27, 2005.

GORDON, E.: *Integrative Neuroscience: Bringing together biological, psychological and clinical models of the human brain*, Singapore, Harwood Academic Publishers, 2000.

GOTTLIEB, G.: *Development of Species Identification in Birds: An Inquiry into the Prenatal Determination of Perception Hardcover*, University of Chicago Press, August 23, 1971.

GROSS, James J.: *Handbook of Emotion Regulation*, The Guilford Press, first edition, June 18, 2009.

HAWKINS, Jeff & Sandra BLAKESLEE: *On Intelligence*, St. Martin's Griffin, July 14, 2005.

HEISENBERG, Werner: *The Physical Principles of the Quantum Theory*, Dover Publications, June 1, 1949.

JAMES, William: *Psychology: The Briefer Course*, Dover Publications, May 24, 2001.

KOTTER, John P.: *Leading Change*, Harvard Business School Press, first edition, January 15, 1996.

KOTTER, John P. & Dan S. COHEN: *The Heart of Change: Real-Life Stories of How People Change Their Organizations*, Harvard Business Review Press, first edition, August 1, 2002.

KURZBAN, Robert: *Why Everyone (Else) Is a Hypocrite: Evolution and the Modular Mind, Princeton University Press*, reprint edition, May 27, 2012.

LEVINE, Peter: *Stronger After Stroke*, Demos Health, first edition, October 1, 2008.

LUSKIN, Frederic: *Forgive for Love: The Missing Ingredient for a Healthy and Lasting Relationship*, HarperOne, reprint edition, January 27, 2009.

MAYER, John: *Readings in Personality Psychology*, Pearson, first edition, August 6, 2006.

MCGONIGAL, Kelly: *The Willpower Instinct: How Self-Control Works, Why It Matters, and What You Can Do to Get More of It*, Avery Trade, reprint edition, December 31, 2013.

MEANEY, Michael: *Epigenetic Regulation in the Nervous System: Basic Mechanisms and Clinical Impact*, Academic Press, first edition, February 22, 2013.

NACCACHE, Lionel: *Le Nouvelle Inconscient*, Odile Jacob, February 26, 2009.

NEUMANN, John von: *Mathematical Foundations of Quantum Mechanics*, Princeton University Press, translation from German edition, October 28, 1996.

PILLAY, Srinivasan S.: *Your Brain and Business: The Neuroscience of Great Leaders*, FT Press, first edition, March 3, 2011.

PINKER, Steven: *How the Mind Works*, W. W. Norton & Company, reissue edition, June 22, 2009.

PROCHASKA, James O. & John NORCROSS: *Changing for Good: A Revolutionary Six-Stage Program for Overcoming Bad Habits and Moving Your Life Positively Forward*, William Morrow Paperbacks, April 24, 2007.

RAMÓN Y CAJAL, Santiago: *Advice for a Young Investigator*, A Bradford Book, first edition, February 27, 2004.

RATEY, John J.: *A User's Guide to the Brain: Perception, Attention, and the Four Theaters of the Brain*, Vintage, January 8, 2002.

ROCK, David: Quiet Leadership: Six Steps to Transforming Performance at Work, HarperBusiness, October 16, 2007.

ROCK, David & Linda J. PAGE: *Coaching with the Brain in Mind: Foundations for Practice*, Wiley, first edition, August 24, 2009.

ROZEMOND, M.: *Descartes' Dualism*, Harvard University Press, 2002.

SALOVEY, Peter: *At the Heart of Leadership: How To Get Results with Emotional Intelligence*, Six Seconds, third edition, November 9, 2012.

SAPOLSKY, Robert M.: *Stress, the Aging Brain, and the Mechanisms of Neuron Death*, The MIT Press, September 23, 1992.

SCHOONOVER, Carl: *Portraits of the Mind: Visualizing the Brain from Antiquity to the 21st Century*, Abrams, November 1, 2010.

SCHWARTZ, Jeffrey M. & Sharon BEGLEY: *The Mind and the Brain: Neuroplasticity and the Power of Mental Force*, ReganBooks, October 14, 2003.

SCHWARTZ, Jeffrey & Rebecca GLADDING: *You Are Not Your Brain: The 4-Step Solution for Changing Bad Habits, Ending Unhealthy Thinking, and Taking Control of Your Life*, Avery Trade, reprint edition, June 5, 2012.

SEGERSTROM, Suzanne: *Breaking Murphy's Law: How Optimists Get What They Want from Life–and Pessimists Can Too*, The Guilford Press, first edition, September 1, 2007.

SELIGMAN, Martin E. P.: *Learned Optimism: How to Change Your Mind and Your Life*, Vintage, January 3, 2006.

SIEGEL, Daniel J.: *The Mindful Brain: Reflection and Attunement in the Cultivation of Well-Being*, W. W. Norton & Company, first edition, April 1, 2007.

SIMPKINS, C. Alexander: *The Dao of Neuroscience: Combining Eastern and Western Principles for Optimal Therapeutic*

Change, W. W. Norton & Company, first edition, April 19, 2010.

STOUT, Glenn & Matt CHRISTOPHER: *Michael Jordan: Legends in Sports*, Little, Brown Books for Young Readers, revised edition, April 1, 2008.

SUDARSHAN, George: *Doubt And Certainty: The Celebrated Academy Debates On Science, Mysticism Reality*, Basic Books, October 7, 1999.

TAUB, Edward: *Dr. Edwards Taub's Seven Steps to Self-Healing*, Dorling Kindersley Limited, 1996.

TEASDALE, John & Philip BARNARD: *Affect, Cognition and Change: Re-Modelling Depressive Thought*, Psychology Press, February 4, 2014.

TRAUTLEIN, Barbara A.: *Change Intelligence: Use the Power of CQ to Lead Change That Sticks*, Greenleaf Book Group Press, Har/Psc edition, May 14, 2013.

VV. AA.: *HBR's 10 Must Reads on Change Management*, Harvard Business Review Press, first edition, March 8, 2011.

WEINER, Bernard: *An Attributional Theory of Motivation and Emotion*, Springer, Softcover reprint of the original, first ed., 1986, November 30, 2011.

WHITAKER, Harry: "Brain, Mind and Consciousness in the History of Neuroscience", *History, Philosophy and Theory of the Life Sciences*, Springer, 2014 edition.

ZINN, Jon Kabat: *The Mind's Own Physician: A Scientific Dialogue with the Dalai Lama on the Healing Power of Meditation*, New Harbinger Publications, first edition, September 1, 2013.

——: *Mindfulness for Beginners: Reclaiming the Present Moment-and Your Life*, Sounds True, first edition, December 28, 2011.

ZULL, James E.: *From Brain to Mind: Using Neuroscience to Guide Change in Education*, Stylus Publishing, May 2011.

ARTÍCULOS CIENTÍFICOS

ARNSTEN, A. F. T. (1998): "The Biology of Being Frazzled", *Science*, 280, 1711-1712.

BAUMEISTER, R. F., E. BRATSLAVSKY & K. D. VOHS (2001): "Bad Is Stronger Than Good", *Review of General Psychology*, 5 (4), 323-370.

BAUMEISTER, R. F. & M. R. LEARY (1995): "The need to belong: Desire for interpersonal attachments as a fundamental human motivation", *Psychological Bulletin*, 117, 497-529.

BURKE, R. (2007): "Sir Charles Sherrington's The integrative action of the nervous system: a centenary appreciation", *Brain*, 130 (4), 887-894.

CACIOPPO, J. T., & B. PATRICK (2008): *Loneliness: human nature and the need for social connection*, New York, W. W. Norton and Company.

CARTER, E. J. & K. A. PELPHREY (2008): "Friend or foe? Brain systems involved in the perception of dynamic signals of menacing and friendly social approaches", *Journal Social Neuroscience*, volume 3, issue 2, June 2008, pp. 151-163.

CHIAO, J. Y., A. R. BORDEAUX & N. AMBADY (2003): "Mental representations of social status", *Cognition*, 93, 49-57.

DAVACHI, L., T. Kiefer, D. ROCK & L. ROCK (2010): "Learning that lasts through the ages: maximising the effectiveness of learning initiatives", *NeuroLeadership Journal*, 3, 53-63.

DIXON. P., D. ROCK & K. OCHSNER (2010): "Turn the 360 around: Why feedback doesn't work and how to do it better", *NeuroLeadership Journal*, 3, 78-86.

DOMES, G., M. HEINRICHS, J. GLÄSCHER, C. BÜCHEL, D. BRAUS & S. HERPERTZ (2007): "Oxytocin Attenuates Amygdala Responses to Emotional Faces Regardless of Valence", *Biological Psychiatry*, 62(10), 1187-1190.

DONNY, E. C., G. E. BIGELOW & S. L. WALSH (2006): "Comparing the physiological and subjective effects of self-administered vs yoked cocaine in humans", *Psychopharmacology*, 186(4), 544-52.

DWORKIN, S. I., S. MIRKIS & J. E. SMITH (1995): "Response-dependent versus response-independent presentation of cocaine: differences in the lethal effects of the drug", *Psychopharmacology*, 117(3), 262-266.

EISENBERGER, N. I., M. D. LIEBERMAN & K. D. WILLIAMS (2003): "Does rejection hurt? An fMRI study of social exclusion", *Science*, 302, 290-292.

EISENBERGER & LIEBERMAN (2004): "Why it hurts to be left out: The neurocognitive overlap between physical and social pain", *Trends in Cognitive Sciences*, 8, 294-300.

FARB, N. A. S., Z. V. SEGAL, H. MAYBERG, J. BEAN, D. MCKEON, Z. FATIMA & A. K. ANDERSON (2007): "Attending to the present: Mindfulness meditation reveals distinct neural modes of self-reference", *Social Cognitive Affective Neuroscience*, 2, 313-322.

FREDRICKSON, B. L. (2001): "The Role of Positive Emotions in Positive Psychology: The Broaden-and-Build Theory of Positive Emotions", *American Psychologist*, 56, 218-226.

Bibliografía

GALLUP, 13 November 2008, Newsflash: "Workplace Socializing Is Productive Gallup Organization", *Employee Engagement*, Retrieved November 20, 2009, in: http://www.gallup.com/consulting/52/Employee-Engagement.aspx

GOLLWITZER, P. M. & V. BRANDSTAETTER (1997): "Implementation intentions and effective goal pursuit", *Journal of Personality and Social Psychology*, 73, 186-199.

GREENE, Joshua (2004): "For the law, neuroscience changes nothing and everything", Department of Psychology, Center for the Study of Brain, Mind, and Behavior, Princeton University, Princeton.

HEDDEN, T. & J. D. E. GABRIELI (2006): "The ebb and flow of attention in the human brain", *Nature Neuroscience*, 9, 863-865.

IZUMA, K., D. SAITO & N. SADATO (2008): "Processing of Social and Monetary Rewards in the Human Striatum", *Neuron*, 58(2), 284-294.

JONES, Gareth (2011): "Thomas Graham Brown (1882-1965): Behind the Scenes at the Cardiff Institute of Physiology", *Journal of the History of Neurosciences*, July 20(3): 188-209.

KNUTSON, Brian (2001): "Anticipatory affect: neural correlates and consequences for choice", Department of Psychology, Stanford University, published online.

KOSFELD, M., M. HEINRICHS, P. J. ZAK, U. FISCHBACHER & E. FEHR (2005): "Oxytocin increases trust in humans", *Nature*, 435, 673-676.

KOYAMA, T., J. G. MCHAFFIE, P. J. LAURIENTI & R. C. COGHILL (2005): "The subjective experience of pain: Where expectations become reality", *Proceedings of the National Academy of Sciences*, September 6, vol. 102, n. 36, 12950-12955.

LIBET B. (1983): "Time of conscious intention to act in relation to onset of cerebral activity (readiness-potential). The unconscious initiation of a freely voluntary act", *Brain*, sep., 106 (Pt 3):623-42.

LIEBERMAN, M. D. (2009): "The Brain's Braking System (and how to 'use your words' to tap into it)", *NeuroLeadership Journal*, 2, 9-14.

LIEBERMAN, EISENBERGER, CROCKETT, TOM, PFEIFER & WAY (2007): "Putting Feelings Into Words: Affect Labelling Disrupts Amygdala Activity in Response to Affective Stimuli", *Psychological Science*, 18(5), 421-428.

LIEBERMAN & EISENBERG (2008): "The pains and pleasures of social life", *NeuroLeadership Journal*, first edition.

LUDMER, R., Y. DUDAI & N. RUBIN (2011): "Uncovering Camouflage: amygdala activation predicts long-term memory of induced perceptual insight", *Neuron*, 69, 1002-1014.

LASHLEY, K. S. (1923): "The behavioristic interpretation of consciousness", *Psychological Review*, vol. 30(4), July 1923, 237-272.

LIEBERMAN, M. D. (2007): "Social Cognitive Neuroscience: A Review of Core Processes", *Annual Review of Psychology*, 58, 259-289.

MASON, M. F., M. I. NORTON, J. D. VAN HORN, D. M. WEGNER, S. T. GRAFTON & C. N. MACRAE (2007): "Wandering minds: the default network and stimulus-independent thought", *Science*, 315, 393-395.

MATHER, M., K. J. MITCHELL, C. L. RAYE, D. L. NOVAK, E. J. GREENE & M. K. JOHNSON (2006): "Emotional Arousal Can Impair Feature Binding in Working Memory", *Journal of Cognitive Neuroscience*, 18, 614-625.

McDaniel, M. A, G. O. Einstein, T. Graham & E. Rall (2003): "Delay Execution of Intentions: Overcoming the cost of interruptions", *Wiley InterScience*, published online.

Merzenich M. M., G. H. Recanzone, W. M. Jenkins & K. A. Grajski (1990): "Adaptive mechanisms in cortical networks underlying cortical contributions to learning and nondeclarative memory", Cold Spring Harbor Symposia on Quantitative Biology, 55:873-87.

Merzenich, M. M. & W. M. Jenkins (1993): "Reorganization of cortical representations of the hand following alterations of skin inputs induced by nerve injury, skin island transfers, and experience", *Journal of Hand Theraphy*, April-June; 6(2):89-104.

Merzenich, M. M., R. J. Nelson, J. H. Kaas, M. P. Stryker, W. M. Jenkins, J. M. Zook, M. S. Cynader & A. Schoppmann (1987): "Variability in hand surface representations in areas 3b and 1 in adult owl and squirrel monkeys", *Journal of Comparative Neurology*, April 8, 258(2):281-96.

Mitchell, J. P., C. N. Macrae & M. R. Banaji (2006): "Dissociable Medial Prefrontal Contributions to Judgments of Similar and Dissimilar Others", *Neuron*, 50, 655-663.

Naccache, L., R. L. Gaillard, C. Adam, D. Hasboun, S. Clemenceau, M. Baulac, S. Dehaene & L. Cohen (2005): "A direct intracranial record of emotions evoked by subliminal words", *Proceedings of the National Academy of Science*, 102, 7713-7717.

Ochsner, K. N. & M. D. Lieberman (2001): "The emergence of social cognitive neuroscience", *American Psychologist*, 56, 717-734.

Ochsner K. N. & J. J. Gross (2005): "The cognitive control of emotion", *Trends in Cognitive Sciences*, 9(5), 242-249.

OCHSNER, K. (2008): "Staying cool under pressure: insights from social cognitive neuroscience and their implications for self and society", *NeuroLeadership Journal*, 1, 26-32.

PASCUAL-LEONE, A. (1993): "Plasticity of the sensorimotor cortex representation of the reading finger in Braille readers", *Brain*, Feb., 116 (Pt 1):39-52.

PHELPS, E. A. (2006): "Emotion and cognition: Insights from Studies of the Human Amygdala", *Annual Review of Psychology*, 57, 27-53.

PRICE, Donald (2008): "A Comprehensive Review of the Placebo Effect: Recent Advances and Current Thought", *Annual Review of Psychology*, 59:565-90.

ROCK, D. (2008): "SCARF: a brain-based model for collaborating with and influencing others", *NeuroLeadership Journal*, 2008.

RODIN, J. (1986): "Aging and health: effects of the sense of control", *Science*, 233, 1271-1276.

SAPOLSKI, R. M. (2002): *A Primate's Memoir: A Neuroscientist's Unconventional Life Among the Baboons*, Scribner.

SHAVER, Philip: *Attachment in Adulthood: Structure, Dynamics, and Change*, The Guilford Press, first edition, January 4, 2010.

SCHWARTZ, J., H. STAPP & M. BEAUREGARD (2005): "Quantum physics in neuroscience and psychology: a neurophysical model of mind-brain interaction", *Philosophical Transactions of the Royal Society*, published online.

SCHULTZ, W. (1999): *The Reward Signal of Midbrain Dopamine Neurons. News in Physiological Sciences*, 14(6), 249-255.

SEYMOUR, B., T. SINGER & R. DOLAN (2007): "The neurobiology of punishment", *Nature Reviews Neuroscience*, 8, 300-311.

SINGER, T., B. SEYMOUR, J. P. O'DOHERTY, K. E. STEPHAN, R. J. DOLAN, C. D. FRITH (2006): "Empathic neural responses are modulated by the perceived fairness of others", *Nature*, 439, 466-469.

SUDARSHAN, E. C. G. & B. MISRA (1977): "The Zeno's paradox in quantum theory", *Journal of Mathematical Physics*, 18, 756.

TABIBNIA, G. & M. D. LIEBERMAN (2007): "Fairness and Cooperation Are Rewarding: Evidence from Social Cognitive Neuroscience", *Annals of the New York Academy of Sciences*, 1118, 90-101.

ZAK, P. J., R. KURZBAN & W. T. MATZNER (2005): "Oxytocin is associated with human trustworthiness", *Hormones and Behavior*, 48(5), 522-527.

ZINK, C. F., Y. TONG, Q. CHEN, D. S. BASSETT, J. L. STEIN & A. MEYER-LINDENBERG: (2008): *Know Your Place: Neural Processing of Social Hierarchy in Humans*, NEURON, 58, 273-283.

EnCambio, de Estanislao Bachrach
se terminó de imprimir en febrero de 2015
en Quad/Graphics Querétaro, S. A. de C. V.,
Fracc. Agro Industrial La Cruz El Marqués
Querétaro, México.